大コラム

平成思潮

◎後半戦 平成14＝2002年〜◎

鷲田小彌太
washida koyata

言視舎

まえがき

1 「過渡」期をどう見るか

明治期(1868~1912)や昭和期(1926~1988)に比べ、一見して、大正期は時期が短いだけでなく、印象も薄いように思える。つまりは橋渡し=中間=過渡期といえる。すっきりしない。その通りだが、大正期こそ明治期の課題に「決着」をつけ、昭和期に新しい課題を「手渡」した、決定重要期なのだ。この期の正しい理解抜きに、昭和期の激・変動を直視することはできない。たとえば、大正期に生起した、「デモクラシィ」であり「世界大戦I」、そして「国家社会主義」だ。

平成期も過渡期ということができる。昭和期の「決着」であり、新しい次のステージへと鳴らすゴングだ。社会主義国の後始末、「バブル」とともに自民「独裁」政治の崩壊、高度消費資本主義・情報社会への本格始動、グローバリズムの大潮流がはじまった。平成三十年、過ぎてみればあっというまに思えるが、大激動の時代であった。

2 「少子高齢化」、何のその

平成期のなかでわたし(たち)が見誤ったのは、国家(共産党)独裁チャイナの大躍進だ。ポスト平成期においても、日本（人）は、チャイナとアメリカの二国間に挟まれて、翻弄される（だろう）。しかしこれは動かしえない前提なので、この波頭をわたしたちは越えてゆく以外に道はない。溺れるって。なに、明治期の「困難」に比べたら、小さい、小さい。

平成期、日本（人）の論調は、マスコミで顕著だったように、「悲観」論が主流だった。特徴的なのが、「少子高齢化」と「気候変動」への「杞憂」だ。だが「少子高齢化」は、人口「過密」の漸次的「解消」であり、日本は人口問題（少子・高齢化）で世界の最先端を進んでいるのだ。それに気候変動は「四季」が顕著な日本の特徴で、火山（地震）国日本とともに、一大「長所」といえる。不幸の「種」として、騒ぎすぎるに及ばないわけだ。

3　「思潮」は「時代と寝る」こと抜きには成り立たない

「思潮」である。「思想」とどう違うのか？　同じだ。時代思潮（思想）＝the current ideas [thoughts] of the times である。ただし、雑誌『思想』（岩波書店）と『現代思想』（青土社）との違い程度はある。『思想』は雑多な思想（考え）を取り扱うことはあるが、例外としてだ。『現代思想』はヘーゲル哲学を取り上げるが、同時に、「思考」（thought）のジャンルを問わず、雑多な生きた思考（contemporary thought）を精力的にとりあげる。本書が、平成「思想」といわず「思潮」と表した含意である。

本書は『大コラム平成思潮』（2018年9月）の続編である。

この二五年間、「時代と寝る」スリルをぞんぶんに堪能した。幸運であった。最後に、過疎地に逼塞する筆者を起用し、存分に書かせてくれた編集者諸氏に深甚の意を表したい。（なお書誌データ、人物の肩書等は発表当時のもの。）

平成日本の思潮30年、7つのテーゼ

＊新稿　大雑把《おおづかみ》にいう。

1　昭和天皇の死は、社会主義世界体制の終焉ならびに日本「バブル」の崩壊と軌を一する。根元が一つだからだ。人類史があたらしいステージに移る画期で、情報＝消費資本主義の本格離陸期に当たる。インターナショナリズム（国家・間中心）とグローバリズム（国家＝超国家）の相克期だ。

2　「失われた十年」か「大躍進の十年」か？　大躍進の十（〜三十）年だ。
（1）政権選択（「洗濯」）＝小選挙区制の結果、自民単独から、非自民連合・自社連立・自自（公）連立・民主単独、自公連立政権等々、民主主義政治型へのオンパレードがあった。
（2）中央省庁等改革基本法（平成13年）の施行によって、官僚主導の政治が終わる端緒をえた。国会・「内閣」（→政府）主導の政治がはじまった。
（3）高度消費・情報・投機・個人中心の社会が進展し、「超」資本主義＋「超」民主主義への離陸があった。
（4）高度大衆（多数＝民主）社会だ。マスコミの表現は大衆の素顔に近づく。ポピュリズムとはマスコミ「政治」の素顔だ。もちろんその「素顔」には表裏がある。
（5）　政治経済で、構造改革の実（「一歩前進・二歩後退」）があった。日本と日本人は自力で自走する力を強めた。

3　政治（政府）主導と民活には「言葉の力」が必須だ。小泉と安倍の違いである。もちろん「清く貧しく美しい」言葉で政治を動かすことはできない。

4　思想家、四態。
丸山真男＝社会主義とは民主主義の徹底だ＝民主主義の徹底が（民主主義を乗り越え）社会主義に到る道だ（レーニン）。
山崎正和＝「大躍進の十年」（→「大躍進の三十年」）
司馬遼太郎＝この「国」の「体《かたち》」とは「不易」（＝「皇統」）にある
吉本隆明＝「現在」とは消費中心社会であり、「反原発は猿だ！」

5　民主党政権の蹉跌は貴重な経験であった。「公約《きょへき》」を捨てる「典型」例である。

6　「アベノミクス」のアキレス腱は、マイナス金利下における「インフレターゲット」だ。景気刺激策をとり（アクセルを踏み）ながら、物価・賃金上昇を抑え（ブレーキを踏ま）ざるをえない高度消費資本主義の困難を抱え込んでいるからだ。不可避の困難で、この困難を簡単に解消できるとする言説を信用してはならない。

7　平成思潮で、最後で最大の事件は、平成天皇退位だ。この「退位」は、下手を打てば、「皇統」廃絶の要素になりうる。

（1）天皇「発意」による「退位」はあるのか？　ない。天皇の「内意」を実現するには、憲法と皇室典範の規定によって、「退位」せずとも、皇太子の代位（摂政）等で、まったく可能だった。

（2）「特例法」も「法」で、「前例」となりうる。「退位」や「皇位継承」は、「誰」のいかなる「内意」によっても左右されてはならない。

（3）天皇は憲法内存在である。この天皇をして、憲法の埒外に置こうとする契機《モメント》が今回の「退位」に含まれている。皇統廃絶の道は「善意で敷きつめられている」の一ケースだ。

2002年＝平成14　＊山崎正和「大躍進の10年」（『朝日新聞』12/30）
2003年＝平成15　欧州連合（EU）誕生（11）
2004年＝平成16　イラク日本人人質事件（4）→「人命か、自衛隊撤退か」
2005年＝平成17　インターネット普及（個人）率70%超
「郵政民営化」選挙で小泉自民「大勝」（9）
＊藤原正彦『国家の品格』（11）＝ローカリズム日本論
2006年＝平成18　安倍自民（→福田→麻生）混迷内閣（9）
2008年＝平成20　リーマンショック、世界同時金融危機（9）

◆EU亀裂と「迷走」民主→「混線」安倍政権

2009年＝平成21　裁判員制度（5）
民主鳩山（→菅→野田）政権誕生（9/16）：「最低でも県外」
2010年＝平成22　尖閣諸島中国漁船衝突事件（9）
2011年＝平成23　東日本大震災（M9.0）巨大津波発生（3/11）福島原発爆発
2012年＝平成24　＊戦後思想のトップランナー＝吉本隆明（「反原発は猿だ！」）死去（3/16）
円相場戦後最高値＝1ドル75円（10）
自民安倍政権奪還（12/26）「アベノミックス」
2013年＝平成25　韓国政・民の反日言・動過激化
2014年＝平成26　朝日新聞＝慰安婦強制連行の記事取り消し（8/5）
2015年＝平成27　トヨタ当期純利益＝2兆円超
平和安全法制（国際平和支援法）可決（9/30）
2016年＝平成28　原油安＝1バーレル28ドル
日本銀行マイナス金利導入（1/29）
イギリスEU離脱（国民投票　6/23）
＊天皇「退位」表明（宮内省　8/8）
トランプ米大統領選勝利（11/9）＝「アメリカ・ファースト」
2017年＝平成29　天皇退位特例法（6）
自民（安倍）総選挙で圧勝（10/10）
2018年＝平成30　ＴＰＰ（環太平洋パートナーシップ）11発進、国会決定（6/13）

平成日本思潮年表

＊この「年表」は、「時代」を読む著者の「道標〔みちしるべ〕」だ。単純を旨とした。標識が多すぎると、時代の主潮が見えなくなる。

◆世紀末＝大変動《グローバリズム》の時代

――昭和天皇崩御、社会主義自壊、バブル崩壊、
　　高度消費資本主義・情報社会へ離陸《テイク・オフ》

1989年＝平成1　平成改元（1/8）
1990年＝平成2　東西ドイツ統一（10/3）
1991年＝平成3　湾岸戦争勃発（1～2）、ソ連崩壊（12）
「バブル」経済崩壊＝土地・株価の大暴落
1992年＝平成4　自衛隊カンボジア派遣（PKO協力法）（9）
＊中野孝次『清貧の思想』（3）
1993年＝平成5　＊小沢一郎『日本改造計画』（5）
非自民細川政権誕生（8/9）
1994年＝平成6　自・社村山（社会）政権（～96/1）→社会党衰滅
1995年＝平成7　Windows95発売・PC普及
阪神淡路大震災（M7.3）発生（1/17）
オウム真理教地下鉄サリン事件（3/20）
1996年＝平成8　民主党結党（9）
金融ビッグバン（大改造）
＊戦後思想の「旗手」＝司馬遼太郎（2/12）・丸山真男（8/15）死去
1997年＝平成9　北海道拓殖銀行破綻（11）
1998年＝平成10　不良債権に関する特別措置法（10）
1999年＝平成11　ITバブル（～07）
2000年＝平成12　iPod発売

◆21世紀＝日本構造改革《リストラ》と世界金融危機

2001年＝平成13　小渕内閣（自自連立）＝中央省庁再編統合（1/6）
小泉政権誕生（4/26）＝「自民党をぶっ壊す」「構造改革なくして成長なし」
アメリカ同時多発テロ（9/11）
チャイナ＝「世界の工場」（ＷＴＯ＝世界貿易機構加盟 11/10）

06年＝平成18　140

◆国難1　自民政権の迷走＝安倍・福田・麻生政権

08年＝平成20　

◆国難2　世界同時金融危機　

192 枯衰日本と日本人を立ち直らせるには、勤勉《インダストリー》しかありません

193 大韓航空機爆破実行犯を「国賓」待遇で招致した民主党政権の破廉恥ぶりは長く世界の「大珍事」として記憶されるだろう

194 「ゲゲの女房」は人間の美質、仕事に奔命し依存を嫌う自立自尊の夫婦愛ドラマである

195 世界の泰斗に学び、ソ連崩壊を予見した学問一筋の小室直樹が亡くなった

196 日中間に領土問題はなく、日ロ間に領土問題はある。だが菅民主党政府は直視できない

197 栄枯盛衰というが、アップルがマイクロソフトを逆転した。MSの逆襲はあるか

198 難易二種類の入試センター試験は、改善か改悪＝差別助長か

199 民主党政府の要、「悪役」を演じる仙谷由人の吉凶を占えば

200 ミラノで、アイルランド破産、朝鮮戦争勃発かと驚いたが、イタリアも日本も対岸の火事を見るごとし

11年＝平成23 369

201 価格競争は共倒れを招くなどと「弱音」を吐いては、日本人がすたるよ

202 「反古」など気にするな。第二次菅内閣は、やりかたさえ間違わなければ、日本を再浮揚のレールに乗せることができる

203 ああ、菅首相の施政方針演説は、「断行」の意志が出ず、倒閣運動にエネルギーを贈ることになった

204 戦後世界の展望を与え続けてきた、思想巨人ベルの死去を悼む

205 中東の長期独裁政権のドミノ倒し。社会主義武断政権に最後の弔鐘が鳴りはじめた

大コラム　平成思潮　正編　目次

5　署名・無署名コラム「一刀両断」等

＊夕刊紙『日刊さっぽろ』、現『日刊ゲンダイ』（札幌版）連載（２００２・１・５〜１２・12・19）。通し表題は、署名「好きにならずにはいられない」「日々是荒日」「日進月歩」「一刀両断」、匿名「異議あり」等々で、編集部長鈴木義郎氏の勧めと注文によって、01年末から書き始めて、12年末に至った。休日等での休刊以外は週１・２回の連載を一度も欠かしていない。嬉々として書いた。あまりに多い分量のため、地域の私的話題に偏しすぎたものを中心に大幅（６割）カットした。５は正編の４につづく、の意。

02年＝平成14

1　税金の二重取り、自治労の黒い資金

二〇〇一年に怒りは数々あるが、その最たるものは、十月に発覚した、一〇〇万人組合員を誇る日本最大労組、自治労の巨額の裏金つくりと流用である。闇資金は数十億にのぼると推定される。この舞台回しの中心にいたのが、元自治労道本部委員長（67）で、自治労本部委員長にまでのぼりつめた本道出身のGである。彼は横路や堀道政を支える陰の「プレジデント」ともいわれる辣腕家である。当初、知らぬ存ぜぬ、あずかり知らぬとシラを切っていたが、足がついた。自宅購入費に二〇〇〇万円を流用したというのだから、破廉恥のかぎりだ。

道庁の裏金つくりとカラ出張等が発覚したのは一九九五年であった。この年のトップ事件で、ススキノの灯がいっぺんに薄れたのも、この事件を契機にしていた。責任は知事以下の役人の公費流用、着服に帰せられた。しかし、「役人」とはだれのことか？　公費をカラ出張や飲み食いで流用したのはだれか？　いうまでもなく、道庁職員である。自治体職員でもある。

ところが、当時、公費流用批判の網の目から逃れていたのが、自治体労組の幹部たちであった。案の定、トンネル会社を作って、組織ぐるみで裏金つくりを続けていたのだ。

自治体職員は税金で雇われている。その職員の組合費を原資に、闇の資金を作って、黒い活動に流用してきたのだ。

今回の第一番目の被害者は、組合費を流用された自治労組合員ではない。この点を忘れてはならない。ある労組の内部腐敗問題ではない、ということだ。

税金で自治体職員を雇っているのは国民であり、道民である。自治労幹部は、大本でいえば、税金を流用し、その資金を政治活動に「流用」し、リモコン知事をはじめとする自治労主導の行政を実現してきた。自治労はいらない。こう声を上げるべきではないか。（1・5）

2　デフレを受け入れ、まず、ススキノが元気になろう！

北海道の縮図はススキノにある。どんどん店がつぶれる。あるいは逼塞している。つらく、悲しい。

インフレとバブル時代のやり方を続けている店は、暗い。しかし、料金を下げ、サービスをよくしている店や新規店には、客の入りに絶え間がない。工夫と努力のない店がつぶれて当然。ロープライス・ハイクオリティ（低価格・高品質）がデフレの法則なのだ。

デフレを嘆いても仕方ない。今後、十年から二十年は続くのだ。デフレとは、物の値段が下がるだけではない。人間の値段も下がる。この傾向はどうしようもない。とりわけ日本にきつい。なぜか？

国際市場経済に本格参入した中国の人件費は、日本の一〇分の一以下。しかも、中国農村にまだ数億の予備軍がいる。この日中の格差、十年は縮まらない。台湾、韓国、シンガポールが直撃を受けた。日本も例外ではない。日本の生産場がいっせいに中国に引っ越してゆく。高級品だって例外ではない。ユニクロを見ればいい。農業だってそうだ。

物の、人の値が下がる。これがデフレだ。もちろん、長所はある。生産と経営は安くて良質の労働能力と原材料が、消費者は安くて高品質の物やサービスが手に入る。この「長所」を利用したものがハッピーになるのだ。

競馬の売り上げが落ちた。嘆く必要などない。経費を減らし、サービスをよくする。これしかない。賃金が下がった。なんてことはない。いっそうよく働くか、自己能力を高めればいいだけだ。ことは簡単ではないか。

ところがそれをしない。手をこまねいている。どこからか、神の救いの手がやってくるのを待っている。この傾向がもっとも強いのが、「官＝お上」依存の北海道人気質である。この宿痾《しゅくあ》とでもいうべき気質を吹っ飛ばそう。まず、ススキノの店から。（1・11）

3　小泉の構造改革は国家改造のはしりである

「構造改革」とは何か。それは単に小泉政権のキャッチワード（惹句）にすぎないものなのか？

福澤諭吉は、攘夷派の薩長政府を、深い猜疑の目で見ていた。その開国・文明路線を、権力を簒奪した武断勢力の一時しのぎ、人気取りの方便と感じていた。しかし、廃藩置県（明4）が実施されるに及んで、政府の基本政策に賛同し、官民協調を説きに説いた。もっとも、明治の改革が、その新国家形成の制度的保証を得たのは、明治二十三年の憲法施行と国会開設にまで待たねばならなかったが。

今回、橋本内閣が提起したが放棄し、小渕内閣が拾い直し、小泉に引き継がれた「構造改革」は、憲法改正をも含む壮大な国家改造プランの「はしり」なのである。構造改革とは、いうまでもなく、民主主義的立法プロセスを経て実現される法制度の改革であり、最低でも十年を要するようなプランである。一小泉内閣で仕上がるものではない。

じゃあ、成果を十年後を待て、なのか。そうではない。すでに、「はしり」ではあるが、中央省庁等改革基本法が平成十三年一月実施に移され、明治憲法以来の官僚主導の政治を転換する法的根拠を得たのである。その中での小泉の行財政を中核とする構造改革である。

奇妙なことにというか、当然というべきか、小泉の構造改革の具体は、小沢一郎が『日本改造計画』（講談社　1993）で示した基本点と同じである。日本型資本主義＝社会主義国を「普通の国」にしようという試みである。そういえば、中央省庁等改革関連法を成立させたのは、小渕・小沢連立内閣であった。

その小沢は、現在、一見して、反小泉の急先鋒を走っている。自民党の手で構造改革はできない、という主旨からだ。これも正論である。しかし、はっきりしているのは、予算編成、独立法人の再編、健康保険法の改正等で、明らかにイニシアティブを発揮しているのは、党や官僚ではなく、内閣である。小泉独裁、といわれるほどにである。

（2・1）

4　「弱さ」に積極的意義は何もない

非常に不思議でかつ不満に思っていることがある。

福祉施設に働く職員、あるいは公務員、教員という公的サービス業にかかわる人々が、他人のボランティアを当然のごとく受け入れながら、自らはほとんどボランティアに参加する姿勢に、熱意が欠けることである。

ある老人大学の「講演」で、定年後の楽しみにボランティアがある、ゲートボールやパークゴルフをやるのもいいが、車からポイ捨てされる空き缶拾いくらいは、率先してやってもいいのではないだろうか、といったことがある。反応はなかった。行政のやることだ。老人をいたわる気持がないのでは、という空気である。

福祉施設で理事長を十年あまり務めたことがある。もちろんボランティアだ。ボランティアとは、自発的活動のことで、他人の私が強制するものではないのだから、いいたくはなかったが、職員も、園生（利用者）も、地域のために奉仕活動を計画してもいいのではないのか、と施設長に提案したことがある。何か、とんでもない筋違いのことをいわれた、という表情をされた。ことはボランティアだけではない。

「『恵まれない立場にある人々』は、自らの属する国家なり周囲の社会に対して、具体的な貢献を行ってみせる。わたしは、そこにこそ、人間の示す究極の『高貴』があると考えている」と櫻井淳は記す。最新刊『「弱者救済」の幻影』（春秋社）においてだ。ところが、「『弱者』のなかには、『弱者』としての立場に平然と居直り、『数の力』を背景にして『弱者』としての権利を公然と行使する人々が登場する」のである。

「弱さ」には、積極的な意義というものは、何もない、というのが櫻井の「哲学」である。「弱者救済」という視点で福祉政策を進める、求める「虚妄」を衝く本書を一読して、強く納得するところがあった。

（2・8）

5　高貴で稀な書評家、向井敏の死

書評のありようは、一国の文化水準を決めるバロメーターだとは、よくいわれる。日本の書評は、イギリスはもとより、アメリカと比べてもはなはだ落ちる、というわれ方をしてきた。
たしかに、新聞や雑誌、週刊誌を見るに、仲間誉めや提灯持ちとしか思われないような書評がやたら目につく。見るに耐えない。しかし、イギリスやアメリカでも、事情はそんなに違わないのではないだろうか。

そして、稀ではあるが、日本にも書評家はいるのだ。何ごとであれ、高貴なものは稀である。

この一月四日急逝した向井敏さんはその稀な書評家の一人である。まだまだ現役で、蓄積した分のほんのわずかしか吐き出さずに亡くなった向井さんの死は、残念としかいいようがない。

稀な書評家に百目鬼《どめき》恭三郎がいた。『週刊文春』の匿名（風）書評欄「ブックエンド」で、無知、破廉恥、駄文、法螺《ほら》等を書き連ねた本に天誅を加えるの感があった。また、東の百目鬼に対して、西の辛口批評の代表者とされた谷沢永一がいる。これも匿名批評（銀）で「紙礫《かみつぶて》」を投げ続けたが、その書評の極意は、書物のエキスを一行で抜き出して、著者を励ます、という点にあった。さらに、これまた匿名で『日刊ゲンダイ』を舞台に硬軟取り混ぜ、「書評」を読む楽しみを満喫させてくれている孤高の書評家（狐）がいる。この人、まだ現役で、覆面は脱いでいない。

向井さんは、この三人のいずれとも似ていない。文学研究者・小説家・詩人・翻訳家・コピーライター・評論家のいずれかになることを断念して、唯一書評家になったのが向井さんだ。文章のいい著者の本だけを評し続けた。その向井さんの最後の本が『残る人 残る本』（新潮社）である。なお、二月二十八日、向井さんの「お別れの会」があった。

（3・8）

6　中国の低価格製品はグローバリズムだ

グローバリズムとは自由市場経済のことで、アメリカ資本の、ひいてはアメリカ国家の基本戦略である。しかし、国であろうと、企業であろうと、個人であろうと、長所を前面に押し出し、短所をカバーする、というのが基本だ。

家電製品が安い。もっと安くなる。野菜が安い。もっと安くなる。人件費が安い。もっと安くなる。これは、安売り競争をしているからか？

問題の根本は、なぜ安売りが可能か、である。中国は、市場経済を採用し、優秀な労働力を安価な賃金で雇い、生産コストを抑えることができる地上最強の生産現場である。

低品質・低価格の製品ばかりでない。高品質・低価格の製品、たとえば自動車の生産現場が、中国に移転してゆく。日本からばかりではない。安価な労働力という長所を武器に、中国はグローバリズムを展開しているのだ。もちろん、中国の国益に適っている。

中国の安い野菜、安いスーツ、安いＴＶが日本市場に入ってくる。日本の生産現場が破壊される。じゃあ、日本は関税障壁を高くして、流入を防ぐか？　しかし、そうなると、高品質・高価格の日本製品に報復措置が待っていないか？　日本の「短所」をカバーするために、日本の長所を殺すというのは、国益に反していないか？

安い野菜、スーツ、家電を買うのは、日本人の利益になるからだ。ひいては、国益になる。ただし、野菜、スーツ、家電を生産していた日本人には、過酷な選択を強いることになる。でも、それが経済の法則である。

台湾や韓国がそうだったように、中国の賃金が、日本の一〇～二〇分の一ではなく、二分の一くらいになるまで、同程度の品質なら、日本製も英国製も中国製に負け続ける。

グローバリズムはアメリカの主戦略だが、低賃金・低価格の中国の戦略でもある。高品質・高価格の日本の戦略でもある。日本は、日本流にグローバリズムを貫くしかないのだ。（3・29）

7 宮崎駿作品は豊かな現実を見いだすための手引き書じゃないの？

宮崎駿監督の『千と千尋の神隠し』がベルリン映画祭で金熊賞（グランプリ）を受賞した。カンヌ映画祭やアカデミー賞と違って、わりと地味な作品が受賞してきたので、「派手」な宮崎作品が、というので一瞬びっくりもした。しかし、監督の作品をずーっと観てきたものにとっては、遅きに失した受賞であった、というのが偽りのない実感である。

むしろ驚いたのは、受賞のとき語った宮崎監督の言葉のほうだった。

ビデオで『となりのトトロ』を見る時間があったら、もっと豊かな現実に触れる機会を多くもつべきだ。こういう主旨の発言である。

いうまでもないが、宮崎さんは、自作を否定してこれをいっているのではない。自作が、自然の疑似体験として消費されて、それで終わり、という扱われ方をされていることに対する疑問や不満を呈したわけだろう。

しかしである。そうならば、アニメ（＝仮想現実）は、現実のコピーであり、そのコピーはついに現実に及ばない、ということになる。そうだろうか？　そういう程度でいいのだろうか？　宮崎作品を観てきたものにとっては、つまらない意見をいうな、というのが本当のところだ。

豊かな現実を、豊かなものとして看取できるには、たんにそれを体験するだけでなく、その豊かさのエキスを像や言葉や音で取り出し、示し、理解させることが必要なのだ。子供（と大人）を豊かな現実の前に連れてゆくと同時に、その豊かさを理解させる手引きが必要である。

像も、言葉も音も、全部コピーである。コピーだからこそ、豊かさの本源を明確に指し示すことができる。私は、宮崎作品を、豊かな現実のエキスを示すことで、現実それ自体に子どもたちをつれてゆく誘因力をもった優れたコピーとして、読んできた。

「豊かな現実に触れるためには、『となりのトトロ』をもっとよく見なさい」こういって欲しかった。ま、それが宮崎さんの本心かな？

（4・5）

8　「ゾルゲ事件」で篠田正浩監督は有終の美を飾れるか？

篠田正浩監督が「ゾルゲ事件」を撮って、有終の美を飾るらしい。ま、それはいい。しかし、どうも失敗作になりそうである。

ゾルゲは、ドイツの新聞特派員を装って日本に潜入した、スターリン直属の共産スパイ（諜報員）である。これが、朝日新聞記者で共産主義者であった尾崎秀実《ほつみ》と連携して、近衛文麿に近づき、対日工作をした。「事件」は発覚し、二人は逮捕の上、それぞれ処刑された。

尾崎は、戦後、反戦平和主義者として「英雄」の扱いを受けてきた。獄中から家族宛に出された書簡集『愛情は降る星のごとく』は、戦後、ミリオンセラーとなった。尾崎の死刑を戦前の軍国主義の蛮行である、と断罪する人は、現在もいる。

はたして、尾崎は「反戦平和」を訴えたのだろうか？

ソ連が、西からナチス・ドイツに攻め込まれた。ウラル山脈の東に中枢部を移さなければならなくなった。このとき、日本軍が北進し、東からソ連に攻め込んだらどうなるか？　ソ連崩壊の危機である。なんとしても、日本軍の北進論を葬り去らなければならない。関東軍の北進を阻止しなければならない。その調略を、スターリンはゾルゲに託した。

ゾルゲと尾崎は逮捕され、処刑された。しかし、二人の工作は、近衛を動かし、官僚、軍を巻き込んで、日本軍を「南進」へと向かわせることに成功した。こうして、宣戦布告なき戦争、近衛の「国民政府は対手せず」の、戦争相手国政府のないエンドレスの泥沼戦争へ突入していったのである。

尾崎の反戦平和とは、日本の敗北で終わるしかない、戦争ではない戦争、「自国の敗北↓ソ連の侵略＝革命↓平和」という、スターリンが描いた路線そのままをなぞったに過ぎなかった、といえる。そういえば、北海道はすんでの所でソ連領になることを免れたのだっけ。

さて、篠田さん。こういうスターリンの手先で国家破壊者、ゾルゲと尾崎を肯定的に描けますか?

（4・19）

9 チャイナへのODAを根本から見直すべきだ

曾野綾子さんが「私日記」（第29回『Voice』5月号）に書いてる。

鈴木宗男氏からアフガニスタン復興に関する国際会議への出席を断られた大西氏のNGOは、予算の半分以上の二億八千万円を政府から受けている。むしろこういうグループは、GCO（ガバメント・コポラティヴ・オーガニゼーション、政府協力組織）とうたうべきで、曾野さんたちの「海外邦人宣教者活動援助後援会」のように、政府から一円も受けない群小のNGO（非政府組織）と、はっきり一線を画してはどうか、と。正論である。

そういえば、PKO（Peace Keeping Operation）を「平和維持活動」と訳し、戦闘のある地域へ出動するのは、その主旨に反する、という人がいる。しかし、「オペレーション」は、戦争用語で、正しくは「平和維持作戦」である。もっといえば、「戦争」である。

ODA（Official Development Assistance 政府開発援助）は、「発展途上国の経済開発促進のために先進諸国が行なう経済協力のうち、政府によるもの」（外来語辞典）とされる。この援助の総額は年間五〇〇億ドルを超え、日本はその（負担額）トップである。

ところで、日本のODA対援助国のトップは、チャイナで、年間一〇億ドルを超えている。このチャイナは「発展途上国」であることは間違いないだろう。ところが、チャイナは、一方では日本から巨額の円借款等の援助を受けているのに、パキスタン等に、武器をはじめとする援助を提供しているのである。軍事援助が可能な国が、巨額の援助を受けているというのは、おかしくないだろうか？

しかも、チャイナは、日本全域を攻撃目標とする核ミサイルの配備を着々と進めている。察するに、日本の円借款は、日本と日本人を核攻撃するための財源になっている、という推測も成り立つのである。

日本が不況で苦しんでいるのに、ＯＤＡなどとんでもない、という意見はどうかと思う。しかし、チャイナへの援助は明らかに見直されてしかるべきだろう。

（5・3）

10 責任の比は、日・中・鮮のいずれに重いか？

五月八日、中国の瀋陽（旧奉天）で、北朝鮮から逃亡し、在日本領事館に亡命を希望して駆け込んだ五人が、中国の武装警官によって領事館内から拘引、連行された。この事件は、外交特権の一つである領事館の無断立ち入り禁止を侵す行為で、中国が日本の「領土」を侵犯したと同じ意味をもつ。許せざる行為である。

また、これとは別に、日本領事館が、中国（他国）官憲の領事館内侵入を許した責任は大きい。しかし、中国武装警官の強引な侵入に対して、日本領事館が「抗議」以上の有効な手段で、拘引、連行をはたして阻止できただろうか。はなはだ疑わしい。

中国側は、日本領事館員の「同意」をえて連行した、と主張する。日本側は「同意」を与えたことはない、という。いずれが「真」か？　平行線である。

また、日本側が、武装警官の強制連行に対して、これを実効的に阻止する手段をもたないがゆえに、「衝突」を回避し、連行を許諾せざるをえなかった。これは致し方なかったか？　然りである。日本の外交官の危機意識の稀薄、危機管理能力の低劣、人道上の配慮のなさ、これらについて大いに批判すべきである。

だが、忘れてならないことがある。第一に、自国国民を迫害し、ために国外逃亡（亡命）を余儀なくさせている国の存在である。この場合は、北朝鮮（朝鮮人民民主主義共和国）である。純然たる社会主義国だ。第二は、亡命者を本国に強制送還してはならないという国際的協約を無視してきた中国（中華人民共和国）の存在である。これも純然たる社会主義国だ。

今回の事件を、「人道」問題や外交官の危機管理能力の欠如から取り上げるだけではまったく不十分である。自国の国民の生命を虫けらのように扱う北朝鮮、亡命者を拘束して本国に強制送還する中国、この二社会主義独裁国の悪の本性を俎上にあげないからである。（5・24）

11　ざるでいいのか、防衛庁の情報管理は！

防衛庁が、情報公開法にもとづいて資料請求した人たちの個人情報を集め、リスト化していたことが漏れた。当初、マスコミ各社や野党は、今国会に上程されている個人情報保護法案や有事法制関連案にからませて、個人情報を集めリスト化すること自体が、国民のプライバシーを侵害するものだ、暗黒政治のはじまりだ、許しがたい、と大騒ぎした。

だが、企業、新聞社、大学、個人を問わず、個人情報を収集するのは当たり前ではないか。特に、国防をあずかる防衛庁においては、コンタクトをとってくる個人や組織の情報収集と管理は、(自)組織の死活問題に属する。組織的な収集と管理こそが基本原則である。

問題は、収集した個人情報が関係者以外に漏れてはならないことだ。機密保持システムが必須なのだ。ところが、個人名を記した情報リストが、省内にランで流され、省内員なら簡単に閲覧できる管理体制であったとは、なんたる杜撰《ずさん》さか!?

収集された情報リストは、消去された(そうである)。なんたることか! 収集した情報を簡単に破棄する理由がわからない。情報リストの内容が明らかになると、防衛庁に不利になるとでもいうのか? 情報リストは、マスコミはもちろん、たとえ政府の圧力であろうとも、秘密保持を貫く、それが情報管理の基本である。

豈図《あにはか》らんやというべきか、当然というべきか、消去され、この世にないはずの情報リストの一部が漏れた。防衛庁の機密情報管理はまさに「ざる」なのだ。

ことは個人情報リストにかぎらない。情報収集と管理は国防の基本である。防衛庁は早急に漏れない、漏らさない情報システムを構築すべし。そのうえで、漏れる情報リストを作成した者、それを消去した者、外部に漏らしたものを処分せよ。そして、まったく方向違いの対応に終始している、防衛庁長官以下幹部の首をすげ替えるべきだ。（6・21）

12　官僚の失敗を守る国家公務員法

五月八日、中国瀋陽の日本総領事館で起きた亡命者強制連行事件は、日本外交官の無為無能な実態をさらけ出した。その処分が七月四日出された。総領事と首席領事の更迭、中国大使の厳重訓告をはじめとする一三人の処分である。

この処分内容は、従来の外務省の例でいけば、厳しい。しかし、「領土」（不可侵権）を侵されたのである。日本の国家威信を著しく低めたのである。大使以下、中国の不法行為を黙過したのである。

大使以下、誰一人として、自らの進退を問う者はいなかった。自分に甘く、身内に甘い、それほどまでに外務省の、否、官僚一般の処分は甘かったのである。

これが一般企業だったらどうだろう。自店内にやってきた顧客を他社のセールスマンに暴力的に連れ去られたのである。それに手をこまねいていたのである。従来からも、こんな暴挙に、見てみないふりをしていたのである。

支店のことだ。出先で起きた、小さな損害にすぎない。衝突よりも、穏便に。客の利益よりも、店どうしの融和が大切。できれば、出先内のこととして、隠蔽しよう。

このことを本社が知り、マスコミ等でその対応が批判された場合、支店長以下はどのようなことになったか。企業利益はもとより、企業イメージを損ねたという理由で、支店は閉鎖、彼らは馘首の対象になったのではないだろうか。処分は、本社のトップ以下にも及んだのではないだろうか。それほどまでに、企業が激しい競争のなかで生き抜いていくためには、自分自身に厳しい態度で臨まなければならない時代なのだ。

ところが、官僚（国家公務員）は、法律違反を犯さないかぎり、どんなに職務怠慢、無為無能、破廉恥の国益無私でも、国家公務員法にもとづいて、その身分を守られているのである。阿南惟茂（大使）、岡崎清（総領事）、西山厚（首席領事）の名前を覚えておくといい。そんなに遠くない日に、なんとはなしに復位しているだろう。（7・12）

13 入試の「公正」さを破るものは、許されない

日本でなにが「公正」さを求められるって、入学試験に勝るものはないだろう。先日も、帝京大学医学部の入学試験に「口利き」をしたということで、宮路自民党議員が副大臣のポストを棒に振った。理由は、国会審議の停滞を招かないために、ではあったが。

口利きといっても、選挙民サービスの一つだ。それも帝京大学ではないか。たいした大学じゃない。こういって、もし宮路議員を擁護するような政府首脳がいたら、マスコミも国民も黙ってはいなかっただろう。

日本に身分制も、階級制もない。しかし、大学階級制がある。大学のシステムのことではなくて、どの大学を卒業したかで歴然と区別と差別があるシステムのことである。

いや、実力の時代だ。どの大学を出たかが問題になるのは、せいぜい三十歳くらいまでで、後は能力次第になる。こういわれる。然り、かつ、否、である。

どの大学を出たかで仕事の能力が決まるわけではない。偏差値の高い大学を出たからといって、人生を成功裏に、かつ、有意義に渡ることができるわけではない。それに、どの大学を出たか、をいつまでも振り回すヤツに、ろくなやつはいない。その通りである。

しかし、十八歳時のたった一回の試験の選抜が、就職、結婚、葬式等、一生ついて回る厳然たる事実がある。どうしてか。

いったように、日本には、社会階層を分ける「公正な統一基準」は、大学卒別しかないからだ。その公正さが少しでも破られると、学閥の恩恵を受けているいないにかかわらず、「公正さ」を否定されたと感じるからだ。

曾野綾子さんが笑いながらいったものだ。たんに東大を出ればいいというものじゃない。一中、一高、東大がエライの。あのエリートさんたちの集まりでは。

しかし、これは一人、エリートの、東大の問題ではない。帝京大学の、その他無印大学も含む、日本国民の階級制、大学階級制度全体の問題である。大げさですかね。

（7・21）

14　開高は『夏の闇』を書いて、修羅の巷を生きた

開高健が亡くなって、十三年目の年である。十三回忌という言い方もあるが、開高的ではないだろう。

亡くなったのが、十二月九日。翌正月、葬儀のため上京し、開高の怪作『白い天体』の仕掛け人で、作中、大蔵省の局長の一人として実名で登場する、潮出版の背戸逸夫とあって、浅草は藪蕎麦で痛飲した。鴨鍋を肴に、広い座卓にハイピッチで銚子を並べていったが、二人ともいっこうに酔いが回ってこなかった。その折りも、その後も、遺作『珠玉』の女はだれか、『夏の闇』の女はだれであったか、ということは、話の端にのぼることがあった。背戸も知らないというし、私もその手の話には乗らない質である。

ところが、そうもいっておられなくなった。菊谷匡祐『開高健のいる風景』（集英社）がでたからである。菊谷は、開高より五つ下で、一九五七年から死までつきあいがあったわけだから、デビュー作「パニック」以来ということになる。

開高は女性を、わけても女性との情交を描くことの少なかった作家である。それが『輝ける闇』でベトナム女性素蛾（トーガ）とは清、『夏の闇』で外国の小さな首都の大学で客員研究員となっている女とは濃、そして『珠玉』の「一滴の光」の阿佐緒とは淡、の情交を描いたのである。密やかに嘆声をあげたくなるほどの見事さであった。

『夏の闇』を書いてから、開高は、登場する「女」をめぐって、妻の牧洋子の執拗な「嫉妬」に苦しめられるようになる。開高の外国逃亡がはじまる。

菊谷は、『夏の闇』を一読して、その「女」のモデルを指摘して、開高を驚かす。しかし、開高は、その菊谷にも、妻の牧洋子にも、明かさなかったことがあった。かの女が、『夏の闇』を書く前に、日本で自動車事故のためすでに亡くなっていたことだ。

かの女が死んだからこそ、開高は『夏の闇』を書くことができたのだ、と菊谷はいう。書いたからこそ、開高も牧も悩まされた。その悩みを抱いたまま、開高も、牧も亡くなった。（8・8）

15　有給のボランティア市職員だって⁉

「行政パートナー」とはあまり聞かない言葉である。人生のパートナーとは夫婦のことだが、行政パートナーとは、終身雇用の公務員以外の行政職員のことで、パートタイムの職員だけではなく、どうもボランティアを含むようである。

埼玉県志木市は、現在、人口六七〇〇〇人弱で、正規の市職員は六一九人である。十五年間で、正規職員を半減し、人件費を抑えながら、行政サービスの質を落とさない「自立計画」を立て、有給の市民ボランティアとして「行政パートナー」を採用する、と発表した。これで、年間人件費は、三九億円から二六億円へ削減できるというわけだ。すばらしい⁉

行政改革とは、行政のスリム化である。職員数と人件費の削減である。単純計算でいえば、基本は、職員が二倍の能力を発揮することである。ならば数を半減できる。これは十分可能だが、公務員であるかぎり、非常に困難だ。効率が問題となる民営にならないかぎり、難しい。

志木市の案は、正規の職員補充をおこなわず、パートで補おうというものだが、「有給の市民ボランティア」としたところが目新しい。

しかし、ボランティアとは、自発的奉仕のことで、無給のことなのである。したがって、当然のこと、持ち出しである。やりたいからやるのだ。慈善奉仕である。市職員が、「有給」の研修を受けるとか、「有給」のデモに参加するのと同じように、有給のボランティアとは、形容矛盾である。言葉はきちんと使わなくてはいけない。

職員組合と対立せず、行政活動に市民の活力を導入するということで、有給のボランティアといいたいのだろう。おそらく、これは形の上では「成功」するだろう。しかし、この行政パートナーは、はたして行政サービスの質の向上に貢献するだろうか?

問題は報酬の多寡ではない。正規であろうが無かろうが、公務員のサービス(勤労)能力と精神にある。パートの市職員が、正規の職員より、サービス意欲と能力に富んでいる、という保証はどこにもない。

(9・6)

16 小林秀雄賞・斎藤美奈子さん賛

評論家といえば、かつては文芸評論家の代名詞であった。もっとも、政治家たちが「評論家」という場合、口先だけのきれい事をならべ、実効性のないことをぺらぺらとしゃべる「三百代言」をさす。あからさまな軽蔑語である。

まあ、文芸評論家は、プロの政治家から見れば、評論家中の評論家、口だけの人に見えるだろう。といっても、政治家には舌が無数になければやってはいられないらしい。

たとえば、日朝首脳会談で明らかにされた拉致事件の結末だ。民主党の鳩山代表は、許し難い、正常化交渉の再開決定は「時期尚早」であった、と小泉首相を批判している。だが、その鳩山はどうなのか。九七年四月、拉致事件解決を前提にしなければ援助できないというのであれば、北朝鮮の「気持ちは和らげることができないのではないか」などと述べているのである。

「君子豹変す」の君子とは、徳のある人で、知識人を指した。政治家には、知識も人格も必要ない、ということなのだろう。

評論家は、いちおう知識人である。文芸評論が振るわないのは、評論の対象となる大本の文芸が振るわない、あるいは、評論するに値する文芸が振るわない、という理由もあるだろう。

そんななかで、一人（?）気を吐いているのが、斎藤美奈子である。このたび『文芸読本さん江』（筑摩書房）で小林秀雄賞を受けた。とにかく勉強家である。細かいところまでよく読んでいる。文芸評論は、小説の書けない、勉強の嫌いな人がする、と決まっていた。したがって、小林秀雄のように、他人の作品をダシに自説を吐く、したがって荘重なモノローグ（独白）体というのが通常だった。

斎藤は違う。この人、よほど料理が好きらしい。材料（文芸）をとやかくいわない。その材料の選択、調理の仕方、盛りつけが実に多彩なのである。材料を生かしつつ、絞め殺すのである。なによりも、本人の活きがいい。一押しですぞ。（9・27）

17 文学ブローカーによる句碑や詩碑

句碑や詩碑は、お墓と同じように、建ててもらうものだと思っていた。墓と違って、文人の偉業の顕彰という意味もあるだろう。

もっとも、建ててもらったとはいえ、戦後日本共産党の書記長だった徳田球一の墓が、多磨墓地の入り口近くに、「ドーダ！」といわんばかりに、そびえるように建っている。人間の平等を標榜する共産主義者たちの腹の中が透けて見えたような気がした。それに、無趣味というより悪趣味の極みに思えた。「なにが無産者の代表か？」という理由もある。

ところが、句碑や詩碑を、金を集める人がいて、自分たちで建てるおもしろい趣味の人たちが現れたのである。実際、道北のほうに、詩碑の道とか句碑の道があるらしい。企画者は、ちゃっかり自分の碑も建てたそうだ。

なるほど、芭蕉の句碑はいたるところにある。釧路に行けば、石川啄木の銅像や歌碑に突き当たる。まあ、こういうのは観光資産としての意味もあるだろう。地域おこしに貢献もしているのだろう。それに、彼らが文学史上に残した功績を顕彰することを、悪趣味だ、という理由だけで、排斥する必要はないのかもしれない。

飯田龍太はその芭蕉の句を引きながら、こんなことをいっている。

芭蕉の「菊の香や奈良には古き仏達」は古都の句碑によく似合う。しかし、芭蕉漂白の全人生を凝縮した「此秋は何で年よる雲に鳥」は、句を建てるべき場所がない。しかし、この句碑にならない作品こそ、第一級の作品の証である、と。

これは、今年なくなった向井敏の「最新作」である『背たけにあわせて本を読む』（文藝春秋）に紹介されている。そーだよな、と強く納得できる。

もし、自分の作品が、第一級の作品だと思えたら、碑など建てるなぞは、とんでもないことだ、に違いない。俳趣や詩魂に大いに反する。そう思えたら、文学ブローカーまがいの人間に煽られて、自ら碑を建てるの愚を犯さないことだ。（12・28）

03年＝平成15

18　「大進歩の十年」後を生きるために

口を開けば、「失われた十年」などという。政治家、学者、ジャーナリストばかりではない。「そうではない」とささやかながら抵抗してきたつもりだ。

そんなとき、いつもながら胸のすくような啖呵を切ったのが、山崎正和である。二〇〇二年十二月三十日の朝日新聞においてだ。

「バブルの後始末と重なっている日本では構造改革は見えにくいが、不良債権問題が解決しても、人はモノの消費より充実した時間の消費に向かうだろう」。その意味で、「大進歩の十年」だった、と山崎は断じる。

いうまでもないが、「モノではなく心」などと早とちりしないようにしたい。「充実した時間」を「労働ではなくレジャー」と短絡しないように。

なぜ銀行が不良債権処理からさえ脱却できないのか？　三時で、店のシャッターをピシャーッと降ろすような「仕事」ぶりで、どうしてサービス業といえるだろうか？　顧客に対する姿勢がまるでなっていない。そんな非サービス業の銀行など、いらないのだ。

北海道の観光が軒並み不振である。理由は簡単だ。「安かろう、悪かろう」のサービスなのだ。「安くて、いいサービス」などというところを、目を皿のように探しても、皆無である。特に、北海道の観光と断らなくていい。最近、那須温泉郷に長期滞在した。湯本・板室・北温泉等々、ただ一軒をのぞいて、不振にあえいでいる。「サービス」がないのである。

しかし、「いいサービス」は、やろうと思えば、どこでも、誰でもできるのである。しかも、「安く」だ。政治・経済・文化、それに人間生活の隅々にいたるまで、可能なのだ。

ただし、「いいサービス」の提供者になるためには、時間も費用もかかる。「いい人間」にならなければならないからだ。「いい」とは「良質＝高質」（ハイクオリティ）ということだ。この意味で、「構造改革」とは、高質な人間になろうとする「人間改革」なしには不可能なのだ。（1・10）

19　リストラでマーケットが大きくなった

出版界の「バブル」がつぶれたのは、つい最近である。他産業より遅かった。その分、反動はきつい。それで、各社一斉にリストラをはじめた。

リストラ策の第一は、書物制作（生産）の管理で、端的には、売れない本は作らない。さらに、刷り数の縮小である。初版の刷り部数は、かつて一万のものが八千になる。八千のものは五千。文庫では、一律三〜四万だったのが、一万台から五千台まで、差がつく。

さらに、重刷り決定が慎重になる。在庫が底をつくという条件の下で、はじめてOKが出る。徹底した在庫管理である。

リストラの第二は、人員削減と配置転換である。世に編集者志望はいる。しかし、編集者は編集しかしない、できない（と思っている）。営業に回されたら、辞める。したがって、編集者の転職が増大する。

私の関係している出版社でも、この数年間で、四十代の編集者がかなり辞めた。辞める事情はリストラによらない人もいる。が、リストラで居づらくなった人たちだ。そういう人の転職先は他出版社の編集部である。

私が一緒に仕事をした人たちだけでも、A社から、B社へHさん、C社へOさん、D社へIさん、E社へF、Sさん。F社からG社へNさん。H社からG社へSさん。H社からI社へKさん。

計八人になる。

おもしろいことに、つきあいのある編集者が辞めた出版社で、従来通りの仕事がある。転職先の出版社で、新たに仕事がはじまる。私の場合、他社に移った六人と、従来通り（以上）につきあいがある。

リストラとは、「再構築」（リストラクチャリング）である。私は、この出版界のリストラで、一方では、一書あたりの「収入」は減ったが、マーケットが広がり、注文数が増えたのである。はっきりいえば、売れそうな本の注文とともに、意欲的なテーマの本が欲しい、という要求も出てきた。リストラの効用である。

（2・21）

20 寒い日にもミステリは似合うよ

寒い日の昼過ぎ、新札幌駅で東直己にあった。しけた気分としけた店だった。おまけに東は、転んで小指を折っていた。腹の出っ張りも一段と大きくなったように見える。確実に〇・一トンは超えているのではないか？

東とは、『残光』で第五四回日本推理作家協会賞というビッグなプレゼントをゲットした、在札のミステリ作家である。もう十年以上前になるか。浅田次郎が本格的に小説を書き始めの頃のことだ。いま、「誰の小説がいいか？」と聞いたところ、たちどころに「浅田次郎の文章がいい」という答えが返ってきた。浅田がブレイクしたのはその直後ではなかったろうか？

この日も同じ質問をぶっつけてみた。「横山秀夫の文章がいい」という。最近、古いものばかり読んでいて、またそれがおもしろくて、この作家の名前を迂闊にも知らなかったのである。すぐに近くの丸善で横山の本を三冊買い求めた。『動機』所収の「動機」で、第五三回日本推理作家協会賞（短編部門）を受賞している。東より一歳年下だ。

たしかに文章がいい。しかし、なによりもミステリの命である構成力が秀抜だ。しかし、もっといいのは、正当な警察小説であることだ。政治には汚職、企業には暴利、警察には強圧しか見ない「反面」小説とは異なる。高村薫のたとえば『レディ・ジョーカー』を反警察小説とするなら、横山の『半落ち』は正警察小説といえる。「正」とは警察を擁護しているという意味ではない。警察や警官の社会的存在を、つまり、そのシステムと警官個人のライフスタイルを基本「肯定」しているからだ。

もちろん、最新刊『第三の時効』を含めて、道警の稲葉警部のような犯罪を繰り返して恥じない警官が登場する。それを許し、隠蔽してきた警察の組織犯罪も存在する。しかし、警察と警察官を励ます新しい小説がここに生まれた。そう確信させうるものがある。こういう作品に出くわすから、ブレイクするから、小説はやめられないのだ。

（2・28）

21　仏子さん、露君、かわいい子でいられるかな？

強者は憎まれる。否、憎まれるほど強くて、はじめて強者である。たとえば北の湖がそうだった。同時に、「強者は驕るなかれ」という言葉がある。「驕る平家は久しからず」である。北の湖に奢りはなかった。憎まれたが、賢明であった、というべきだろう。だからこそ、小部屋出身なのに、相撲協会の理事長になれた。

アメリカは強い。その強大さは、軍事力という点にかんしていえば、アメリカ対その他全部である。一人横綱がいて、あとは全部幕下以下、という図である。もうこれだけで、アメリカは憎まれる、嫌われる理由がある。その上、アメリカは驕慢だ。

ここに無法者がいる。一人はフセイン・イラクである。もう一人は金・北朝鮮である。明らかにテロの前科がある。現に国際法を犯して少しも恥じるところがない。化学兵器を大量製造する。日常茶飯事に国境を侵す。ミサイルを他国に飛ばすと脅しをかける。誰もが凶事の元凶だとみなしている。

ところが、この無法者の蛮行を止める「公権力」がない。アメリカはいかに強大でも「公」ではない。「私」である。しかし、アメリカの「私」力なくして、この蛮行を阻止できないのである。アメリカ抜きの英仏を先頭とするヨーロッパ諸国の力では、ユーゴの内戦を止めることができなかったようにである。

マスコミを先頭とする「世論」は、アメリカよ驕るなかれ、である（かのようだ）。仏・独・露がアメリカの「私」力行使を批判し、拒否している（かに見える）。しかし、世界の多数意見は、元凶がなくなってほしい、である。仏をはじめ、アメリカは単独でも懲罰してほしい、である。私にはそう思える。アメリカは憎まれていい、自分はかわいい子でいたい、である。

しかし、ブッシュは国連安保理に最後通牒を突きつけた。査察期限は過ぎた。攻撃、是か否か、である。仏と露は拒否権を発動できるか？　発動したらどうなるか？　仏と露に、フセイン・イラクの蛮行を停止させる役回りがくる、でなければ、フセインの凶悪は放置される。そのとき、かわいい子でいられるか？

（3・7）

22　殺されたくない、ならば、自主防衛力を

学位授与式の後の祝賀会で、「日本はいつまでも米国のポチ？」と学生に問われ、正確に答えるのは難しい（読売新聞　3・27）と下川哲央（小樽商大教授）はいう。

正確でなくとも、自分の思うところで、ぴしっと答えてやればいいじゃないか？　ただし、日本はアメリカのポチ＝飼い犬ではない、ということくらいは正確に説明できなければならない。日本は、一見して、アメリカ軍を番犬代わりにしているからだ。

「殺すな。米国は戦争をやめろ。日本政府はべったりの支持をやめろ」（北海道新聞　3・28）と友人の加藤多一（文筆業）はいう。

「戦争反対の根拠を、自分が殺されたくないということに求めるほうがいい」（朝日新聞　3・24夕）と大好きな鶴見俊輔（哲学者）がいう。

「私は殺されたくない、だから、殺さない」が女性の立場だ、と女にいわれた。はっきりいうが、

「殺されたくない」と「殺さない」が、「だから」(ビコーズ)で結ばれるのは、「平時」である。「非常時」では、「殺されたくない、だから(殺される前に)殺す」、同じことだが、「殺す。殺されたくないからだ」、だろう。

「殺されたくない」「殺すな」は、何のことはない、平時で、「戦争をやめろ」、「戦争反対」といっているのである。こんな誰でも気楽にいえる程度のことを、せっぱ詰まった貴重な発言だなどと、思い違いしているのでなければ、幸いだ。

ところで、アメリカ軍は日本の番犬である、は、もちろん、「一見」である。実態は、日本はアメリカ軍によってガードされている、「属国」である。そのガードがキャンセルされたら、湾岸戦争時のクウェート同然になるのだ。だから、アメリカが孤立したときこそ、世論の圧倒的不支持にもかかわらず、アメリカを支持する要がある、というのが小泉の選択である。国益にあった正しい決断だ。

もちろん、アメリカはアメリカ益にしたがって行動する。ガードは自力で、がいいに決まっている。「殺されたくない、ならば、自主防衛力を」だろう。(4・4)

23　第二次大戦後の平和=戦争は米英軍が担ってきた

米英軍は、砂嵐に進軍を阻まれ、バグダッドの市街戦に引きずり込まれ、数ヶ月、あるいは一年、地獄の苦しみを味わうだろう。これが「ブッシュの戦争」に反対する、毎度マスコミ登場コメンテーターたちの発言である。もっとも、あの江畑さんだけは、いたってクールに分析していた。ほぼその分析通りにことが進んだ。

しかし、戦争は冷徹である。空爆三週間でバグダッドは陥落した。フセイン政権の要人たちは、いっせいに姿を眩ませた。彼らは「逃亡者」になった。現地報道陣も発言調子をがらりと変えた。カメラの後ろにいる軍が変わったのだから、当然か。

一転して、こんな調子の発言が現れた。すべてはアメリカの、ブッシュのお膳立て通りに進行したのだ。イラク軍は「強敵」だ、と宣伝する。バグダッドを一気に落とさず、さも苦戦を強いられている、と喧伝する。バグダッド陥落後は、敵は北部に逃げた、と情報を流し、イラクのすみずみまで空爆と砲弾の雨を降らせ続けている。まさに、やらずぶったくりである。

その通り。アメリカはやりたいようにやっているのである。この戦争で、米英軍は、たっぷりと実戦経験を積んだ。この力はすごい。おそらく戦慄したのは、フランスであり、ロシアであり、チャイナであるだろう。

フランスで大規模なテロが起こったら、自主解決できるだろうか？　ロシアで内戦はやんでいないが、米軍の力を借りなかったら、収まりがつかないだろう。

米英軍のイラク制圧に、一番胸をなで下ろしているのは、日本政府だろう。しかし、自国の安全を他国に委ねているのである。日米軍事同盟（安保）があるから日本は安全なのか？　日米同盟は日本の生命線だが、軍事同盟である。英軍程度の軍事貢献なしに、米のパートナーになれるだろうか？　不確定だ。

第二次大戦の戦勝国は、米と英だけだった。露は火事場泥棒であり、仏もチャイナも、戦勝していない。そして、戦後世界の平和は米英で担ってきたのだ。今回もそうだった。（4・18）

24　原田さんの歴史小説は「開拓」魂を揺さぶるよ

大ベストセラーになったのだから、別に珍しくはないだろうが、原田康子さんの『挽歌』（東都書房）をもっている。残念ながら初版ではなく、三「版」である。ただし、巻末に、映画のスティールそのままの、オーバーの襟を立てた原田さんの写真が載っている。貴重で素敵だ。

原田さんは、ベストセラーから出発した作家の「不幸」というのか、賞に恵まれてこなかった。受賞と作品の出来映えとは一致しないとはいえ、読者にとっては残念に思えた。それが、七十歳を過ぎて、平成十一年には『蝋涙』で女流文学賞、そして、この平成十五年四月に大作『海霧』で吉川英治文学賞をえた。

吉川英治文学賞といっても、何だ、と思われる人もいるかもしれない。しかし、松本清張（第1回）、司馬遼太郎（第6回）というような、錚々《そうそう》たる作家が名を連ねているのだ。原田さんにとっても、釧路、さらには、札幌、ひいては北海道にとって大きな贈りものである。

『海霧』は、原田さんの生家をモデルにした女三代の歴史小説である。本庄陸男《むつお》が残した、当別入植の武士集団をモデルにした歴史小説『石狩川』（昭和14）とは別趣の、北海道を記念する作品が生まれた。

北海道を知ろうと思えば、歴史小説を読むにしくはない。歴史はつねに書き換えられてゆく。テーマは同じようでも、いま生きる私たちの胸に強く訴えかける小説が書かれなければならない。原田さんの次の作品が待ち望まれる。

そういえば、自伝色の強い作品を書き続けている小檜山博さんの小説も、北海道に多くある「流民」的移民の歴史の一齣を活写しているように思える。その小檜山さんが、『光る大雪』で木山捷《しょう》平《へい》文学賞をえた。おめでとう。『光る女』で泉鏡花文学賞をえたが、「光る」はよほど縁起がいいようだ。

（4・25）

25 浜の真砂はつきるとも、世にニセブランドは尽きまじ

隣町に、それも僻村で、交通不便な隘路とでもいうべきところに、納屋を改造した（ような）、手作りの家族経営の料理店ができる。若い嫁さんの発案らしい。口コミで、それも中年の夫婦を中心に、客足もじょじょに伸びている。

カレーライスとパンが売りで、出てくるまで少し時間がかかったが、ロケーションがよく、サービスも過剰にすぎず、なかなかのものと感じられる。それにビールがうまい。ところが、ＴＶで取り上げられる。連日客が押しかけ、さばききれず、あっという間に、家族経営は不能となり、閉店に追い込まれる。

これはつい最近、身近に起こった例だが、いたるところで、急激に「人気」が出て、商売がダメになるというケースが生じている。

旭川・江丹別産のソバが、産地直送で人気をえ、注文量に応じられず、中国産ソバを偽って売ったなども、同じようなパターンである。生産量が六百トンのところ、ピーク時には千六百トン「出荷」したというのだから、自作自演の悪質な詐欺である。

しかし、偽物が出て、はじめて「ブランド」（銘柄）品である。夕張メロン、魚沼コシヒカリ、関サバは、自産品を保護するためにさまざまな工夫を凝らしているが、ニセブランド品が出まわるのをシャットアウトするのは至難の業らしい。

コシヒカリのニセ表示品かどうかを見極める検査に、ついにＤＮＡ鑑定が現れ、摘発が相次いでいる。法改正で、違反業者の名前を公表するようにもなった。ために、魚沼産コシヒカリの品不足を見込んで、買い占めに走る流通業者が増える。結果、一〇kg、店頭で八千円という高値を生んでいるという。長沼産きららの倍値ではないか。

ＤＮＡ鑑定の登場で、コシヒカリの偽物はなくなるか？　否だ。危険はあっても、一〇kgで三〜四千円儲かる商売はやまない。高値で、コシヒカリの生産者も、懐が膨らみ、願ったり、叶ったりなのだ。「歓迎、ニセブランド！」と無音の歓声をあげている業者はいるのだ。（5・9）

26　低出生率全国四位、北海道は超先進地

二〇〇二年度、出生率が一・三二と過去最低を記録、少子化に歯止めがかかっていない。各新聞がこのように報じている。人口減少は衰退社会の象徴である、という意見がまことしやかにささやかれ続けている。アホらしい。

「人口問題」とは「人口増＝食料難」問題であった。ならば、人口減少とは、大いに結構ではないか。一方で「世界＝人口爆発」、他方で「日本＝人口激減」と大騒ぎし、「危機」到来と色めき続けたのが、この四十年間であった。バッカじゃないか?

先進国で出生率が低下するのは当たり前。中進国でも低下なのだ。世界でも、すでに出生率は低下をはじめ、二〇〇〇年に六〇億人を超えた人口が、二〇三三年ピークで七四億、二〇五〇年に七〇億を割り込む、と予想されている。戦争や自然災害での死亡数が激減するのに、である。

北海道は、低出生率順で、東京、京都、奈良に次ぎ全国四位。神奈川、大阪と同位である。いうなら、超先進地域である。素晴らしい。しかも、日本は、世界「最初」の人口減少社会に突入しつつある。これは超先進国の印であって、その逆ではない。喜ばしいことなのだ。

私は、三人子どもがいるが、少なくとも五人ほしかった。ところが連れあい（専業主婦）は、三人が限度だという。残念ながら、私（男）に産む自由はない。私の私設助手は、一人でもうたくさん、という。共働きだからだ（ろう）。生活が豊かになって、子どもの数が減る。貧乏人の子沢

山。これが歴史の経験則である。豊かになった若い男女は、「産む余裕があっても産みたくない」といっているのである。経験則に適っている。産みやすい環境整備が、出生率の回復につながらない、と知るべきだろう。
（6・12）

27 大学の教育と研究を活性化させる秘策あり

入江昭さんは、アメリカの知識人のあいだで、もっとも高名な日本人の一人といっていいだろう。ハーバード大学の教授（歴史学科）で、外交史の専門家。一九八八年には、アメリカ歴史学会会長になっている。日本人初だ。

「チャールズ・ウォレン・プロフェッサー・オブ・アメリカン・ヒストリー」という長い名が、入江さんの正式職である。「チャールズ・ウォレン」は、人名だが「寄付」＝「冠」講座を示す。日本流にいうと、内藤湖南記念基金支那史教授である。寄付金で雇われる、アメリカでは著名な教授の証である。

ところが、日本の学問世界には、「ひもつき」を蔑視し、忌避する伝統がある。松下幸之助基金教授などと名刺に刷り込むと、まちがいなく軽蔑の対象になる。それが変わってきた。新しい波である。

大阪大学学長の岸本忠三（免疫学 64）は、任期切れの九月に、中外製薬の寄付（五年間・五億円）で開設された講座の客員教授になる。かつては考えられないことで、退官後は、製薬会社に招かれた。

これは大規模な講座開設のケースだろう。校友会や個人が基金を大学に寄付して、公開講座や特別講義を開くケースは、全国にある。一年間、たいていは、百から五百万円までだ。

大学は常に社会に開かれていなければならない。だが、新規で緊急な研究テーマが現れても、開設講座をすぐに新設したり、廃止するのは難しい。高速で変化する時代、寄付＝冠講座がどんどん増える必要は常にある。

北大にも、一九九六年度から、ＪＲ北海道と東日本からの寄付で、工学部の大学院に講座が開設されている。来年度は「寒冷地工学」で、三年間・一億二千万円がもたらされる。

基金だけでなく、「知力」を寄付する冠講座も計画されていい。ボランティア客員教授制度で、教育や多様な分野の研究に意欲をもつ人たちを、輩出する契機にもなる。

（７・３）

◆日本構造改革《リストラ》の進展

28 誰にでもできそうなコピーやCF。これが難しいのだ

今年の三年生の専門ゼミに、ＣＭ（commercial message）あるいは、ＣＦ（commercial film）の制作者になりたい、という学生が二人いる。

一人は広告代理店に、もう一人はＴＶ局に入りたいという。ところが、「太い」というのか、「アホ」というのか、筆記試験があることを知っていながら、そのための準備をする気はさらさらないのである。もっとも、「電通」の名さえ知らないのだから、まあ、いうだけ、勘違い、と受け取っておけば腹も立たない。

転職雑誌『クルー』で連載したとき、一緒に仕事をしたエルグの舛田直人さんは、クリエイティブディレクターだ。

「髪を切った。　あ、心が動いた。　iモードにした。」

「カッコだけのケータイなら、いらない。」

「15歳。ヨシエも。ｉモード。　ドコモ」

は、画像を見た人も多いだろう。北海道電通と共同制作した舛田さんの作品である。テレビＣＭ

部門賞を取った。

拙著を読んでくれる友人に、よくいわれる。「題名が悪い。本のデザイン（装丁）が悪い。あれじゃ売れないよ。」

デザイナーや絵描きからもいわれる。「私にやらせたら、もっといいのができる。」図々しいのは「一回やらせろ」だ。

しかし、コピー（広告文）やポスターはもとより、少部数しか作らない本の装丁でさえ、ビジネスである。素人がやると、たいていはとんでもないものができる。著者本人がやると、最悪のものになる。本を台無しにし、出版社に損害を与える。

できあがったコピーやデザインを見ると、誰にでもできそうである。ところが素人は、自分にしかできないもの、つまりは、独りよがりのものを作る。

舛田さんは、ピヴォのポスターで全北海道広告協会賞の個人大賞（栗谷川賞）を取った。ムダがない。これぞプロの作品である。画像を見せることができず、残念。（7・24）

29 「狐」の書評は終わってしまったのか？

『日刊サッポロ』をめくっていて、何か物足りない。何か大事なものを見落としている。そんな気持ちにさせられていた。イタリアの熱波にやられて惚けてしまったせいなのか、と思おうとした。そう思った瞬間、ハッとした。

「狐」がいない。「(狐)」署名の匿名書評「新刊書読みどころ」がいつの間にか消えているのである。あわてて、バックナンバーを調べてみた。最後が七月三十一日付である。八月七日は、無署名で、「狐」が書いたとも思える。だが、そうでもなさそうだ。

何だ、書評欄一つくらいが消えて、騒ぐことなどない、などと思うなかれ。書評にもいろいろある。特に、匿名書評はそうだ。名前が知られないのをいいことに、私怨を晴らすような、素寒貧で恥知らずのものもある。しかし、「匿名」は独立した一個の「人格」である。匿名が消えるということは、その作品が終わった、ということだ。匿名とその作品の「死亡」通知である。

『読売新聞』の「銀」署名の「紙つぶて」、『週刊文春』の「風」署名の「ブックエンド」が、近来の匿名書評コラムの双璧である。その衣鉢をひそかについだのが、一九八一年からはじまる、『日刊ゲンダイ』連載の「狐」署名のコラムである(だろう)。

覆面を脱いで、「銀」は谷沢永一、「風」は百目鬼恭三郎であると判明した。後に単行本になった『紙つぶて』や『風の書評』を書いたのは、この二人に違いない。そう刻印されている。しかし、そうではあっても、「銀」と「風」の作品以外ではないのである。それほど、この二作品は、自立した独自の性格を持っている。

「狐」が消えたのが、私の見誤りならいい。一時休筆なら、もっといい。というのも、最近さえないのがしばしば見られたからだ。完了でも構わない。二十年余健筆を振るってきたのである。おそらく一二〇〇回になるだろう。尋常な量ではない。一端は終止符を打って、その作品の全貌を読んでみたい、というのは私ばかりではないだろう。

さらにいえば、「狐」が終わる。その意志を継ぐ、しかし、異なったスタイルのものが出てくる。そう願うし、そう信じたい。（9・11）

30 「指導力不足」教師が二八九人だって?!

二三都道府県（政令指定都市三市を含む）の教育委員会は、二〇〇二年度、国公立小中高の「指導力不足」教師を認定した。その数二八九人。この認定を受けたら、研修を義務づけられる。結果、学校復帰したのが九四人。依願退職したのは五六人。処分者は、降格一人、休職一五人、免職三人の計一九人。数が合わないが、「二八九－一六九」＝一二〇人は、まだ研修続行ということなのか？（このほかに、正式認定前に退職したのが三〇人いた。）

どんなに無知で無能でも、首を切ること（分限処分）ができなかったのが国公立学校教員であった。それが、まがりなりにも、二〇〇〇年度から「指導力不足」の認定制度ができた。二〇〇三年度には、全国で実施されるという。歓迎できる。

しかし、はじまったばかりだとはいえ、国公立小中高教師九〇万人余のうち、「指導力不足」が二八九人だって。開いた口がふさがらない。北海道は四人だって。笑ってしまう。こんな程度では、指導力、正しくは、教育能力向上は、夢のまた夢になってしまう。

大学教員も含めて、「教える能力」に欠けている教師は、少なく見積もっても、半数はいる。こう断言してもいい。

適性の問題もあるが、若いときの教育能力不足はある程度目をつむることができる。できなければならない。問題は、その不足を改善し、教育能力を高めてゆく努力がないことにある。免職処分にあった英語の教師は、四十歳であった。「自習」の常習犯で、研修を拒否したそうだ。

教師は忙しくて、自己研修時間がない、とぼやく。本当だろうか？ 逆じゃないのか？ いそがしいから、自分の能力を高めて、迅速的確に仕事を処理する必要が生じるのである。これはビジネス世界となんら変わらない。

自己研修しないものには、強制研修を課す他ない。ここは厳しく行く必要がある。研修期間は無給でゆく。もちろん、研修費は自前である。この程度のことをしないと、「指導力不足」の解消に大きな効果は期待できない。

（9・25）

31 小泉首相はブッシュのポチなのか？

最近新聞記者から、「それにしても、小泉首相の対米追随はどうにかならないのか？」という質問を受けた。

イラク戦争とその戦後処理で、たしかに小泉首相は、ブッシュ政権を支持した。野党はいっせいに反発した。「小泉はブッシュのポチ」だという意見は、マスコミはもちろん、自民党内にも強い。

十月十八日の日米首脳会談でも、イラク復興資金を「強奪」されたかのような意見が目についた。しかし、よく考えてみるといい。

アメリカのイラク戦後処理は、当初の目算が大きくはずれた。アメリカは戦略変更を余儀なくされた。ただし、アメリカ国内には、ベトナム戦争時のような「イラク撤退」などという声はほとんどない。

日米首脳会談前後のことを反芻してみよう。金のことだけに絞る。

10／15　日本政府、04年度分無償分15億ドル無償拠出決定

10／16　国連安保理　米提出のイラク復興決議案可決

10／18　日米首脳会談

10／24　イラク復興基金各国拠出総額３３０億ドル（目標５５０）　米２０３　日50　ＥＵ15　サウジ10

10／29　米議会　イラク復興無償拠出１８５億ドル可決

米政府は、イラク戦後処理で軌道修正し、国連参入と議会承認に成功した。こう見ていい。この戦略修正成功の鍵を握ったのが、日本政府の強い支持と後押しである。

日米首脳会談で特段の議案があったわけではない。ブッシュは、謝辞を言いに来たのである。これもおそらく初のことだろう。ブッシュの振る舞いはポチの頭をなでる、という体のものではなかった。

もちろん日本はアメリカに従属している。しかし、湾岸戦争時と現在とでは、両首脳・政権の関

係は大きく変わった。この変化を読み取らないで、自国のトップをポチ呼ばわりするのは、よほど目の見えない人ではないだろうか。（11・6）

32　小津映画を熟読玩味した中澤千磨夫の労作

二〇〇三年十二月十二日は、小津安二郎生誕百年である。日本のみならず世界各地で、映画祭を始めイベントがひっきりなしに行なわれている。なんといってもすばらしいのは、『小津安二郎ＤＶＤ－ＢＯＸ』（全４集）が出だし、全部で一〇万円近いとはいえ、いつでもどこでも、そして、だれでも、小津映画を堪能できることになったことだ。映画も小説のように、熟読玩味する時代になったのである。

小津にかんする書物もたくさん出ている。その中で異彩を放っているのが、札幌の武蔵野女子短期大で国文学を教える中澤千磨夫『小津安二郎　生きる哀しみ』（ＰＨＰ新書）だろう。「ビデオで読む小津安二郎」論である。

この本は、この十年間、ひたすら小津を追ってきた中澤さんの、執念というか、端から見るとあほらしいほどの惚れ込みようの一端を示す、労作である。映画を小説のように読む、読解する。その技法を、お節介にも中澤さんは伝授してくれるのだ。そして、新しい「発見」が随所に示される。

一読して、小津映画の新しいおもしろさに触れた、と感じるに違いない。そして、「小津映画って、そんなに面白いの？」とちょっと首を傾げたくもなる。

この感じは、小津が傾倒してやまなかった志賀直哉の小説に対する感じ方と、同じように思える。たしかに、福田蘭堂（あの、ヒャラーリヒャラリーコ……の「笛吹童子」の尺八の奏者で作曲者、画家青木繁の子、クレージーキャッツ石橋エータロウの父）『志賀先生の台所』にでてくる志賀は、神経がいきとどいて、非常に面白く、好ましい。しかし、小説になるとどうかと思うことしきりなのだ。

小津の映画も、中澤さんの小津論ほどには面白く感じられない。映画館にまで出向いて、見たいとは思えない。それに、小津作品に頻繁に登場する笠智衆が、あまり好きになれないのだ。これは、「世界の小津」に対するちょっとしたやっかみの類かもしれない。

このすばらしい小津論を書いた中澤さんの出版記念会が、この十二月十七日にある。おめでとう。（11・27）

33　市町村合併を阻むな！　かつての一村は、現在の一県より広い

私は、「古い」地名を、新住民の「意志」で簡単に消すのを、遺憾とする。容易に地名変更してもいい、という思考法に反対したい。たとえば、戦後、私の妻の父は野幌原始林（国有林）に「無断」入植した。一村を立て、「新野幌」と名付けた。国道一二号線にバスが開通した。大変なことだった。バス停名を「新野幌」。野幌と小野幌の境目にあったから、この村名はぴったりだなあ、

と子ども心に思ったものだ。

ところが、大麻に団地ができた。新野幌にも開発の手が入ってきた。「日本列島改造」期に当たっていた。道立図書館が建ち、大学が建ち、住民が増えた。バス停名が「道女子短前」、地名が「文教台」、「文教台南」へと変えられていった。現在では、そこが新野幌という地名をもった場所であったことを憶えている人は、ほとんどいないだろう。

しかし、自分の生まれた、住んだ場所の地名が変わる。だから町村合併は、反対ではないが、合併しなくてもやっていけるのなら、しないほうがいい。こういう消極思考には、与したくない。

おそらく、これから生じるであろう道州制と対になった市町村合併は、明治維新の「廃藩置県」に匹敵する、大変化なのだ。私は、長沼、北広島をへて札幌へ通っている。交通手段は車しかない。最近あった大阪の友人は、毎日、吹田市、大阪市、堺市、和泉市の四市を車で往復しているという。けっして稀なケースではない。

過疎地が増えたが、人間の行動範囲が、断然、広がったのである。かつて、新野幌は陸の孤島だった。バスが通って、私の生まれ育った厚別に通うことができるようになった。大麻駅ができて、札幌まで通勤圏がのびた。現在は、まちがいなく札幌圏である。かつての一村単位の行動半径が、現在では、一～数県程度に変じているのである。

「広域行政では細かいところまで目と手が届かなくなる」というのは、この時勢の変化に目を閉じた意見である。合併しても、旧地域名を残す工夫は簡単にできる。たとえば、千歳と長沼が合併すれば、千歳市長沼町字加賀団体。

しかし、アンケートを採ると、合併反対派が多くなる。これは遺憾だが、どう打破できるか？

（12・11）

04年＝平成16

34　若い才能が評価され、老人を励ますの弁

第一三〇回芥川賞は、十九歳の綿矢りさ「蹴りたい背中」と、二十歳の金原ひとみ「蛇にピアス」が、ダブル受賞した。授賞式の盛況さは異常であった（そうだ）。新聞各紙が一面トップで報じた。

現代詩人で評論家の荒川洋治さんが、二作とも「物怖じしない自由で直線的なかきぶりが光る。人間観察も鋭利だが行間に新鮮な『あたたかさ』が漂う。文字の引力が感じられる秀作だ。」（産経新聞1・16）と評する。

マスコミの話題は、受賞者が女性でしかも抜群に若い（それにプリティだ）、ということに集中している。しかし、文学に性も年齢もないのだ。もちろん若くても「ベテラン」がいれば、高齢者でも「アマチュア」がいる。少しもおかしくない。

それよりも強調しておきたいのは、辛口の文芸評論家の斎藤美奈子が、「話題作りだ」とか「文学の水準が下がった証拠だ」と嘆く人に、痛棒を食らわしている点だ。

現在の文学界はすでに女性作家でもっている。それに、「10～20代前半でデビューし、いまも第一線で活躍している女性作家は少なくない。かつての芥川賞にはそれを評価するセンスがなかっただけの話」（朝日新聞1・16）

斎藤のいうとおりだ。しかし、もう少しつっこんでいうと、二人の作品には、想像以上に多彩な読書の背景を窺うことができる、という指摘である。

二作には「どこへも行けない人、それを静に抱きとる人の姿など、いくつもの人影をまじえたひとときが書き込まれているが、それは本を読むなど、自分一人の世界とは別の、広い場所と、彼女たちの心が結ばれている印でもある」と荒川はていねいに分析する。その通りだと思う。

私は、受賞の二作を読まないで、これを書くという乱暴をあえてしている。まず、この点を陳謝する。その上で、一つつけ加えれば、若い人の優れた作品が受賞したこと、それが老人をおおいに励ます、という点だ。あらためて、「若い者には負けたくない」という思いを強くするからだ。

（1・22）

35　少子化で、いい教育が生まれるって？

最近、北海道の私学の経営者数人と話をする機会があった。「少子化が進行するなかで、学生数をいかに獲得するか？」「ドンドン小さくなるパイを奪い合って、倒産が続出するのではないか？」という共通の悩みで困っている。「打開策はないか？」と聞かれた。

第一解答。少子化の進行は、もう十八年間、決定済みである。それを折り込んで、競争して生き残る。生き残れないところは淘汰される。それが経済法則であり、私学であろうが、なかろうが、例外はない。

しかも、競争によって、学校経営がよくなる、教師の能力が上がる、児童・生徒・学生の能力や意欲が上がる。いままでのような、経営力のない理事者、教育能力に欠ける教師、意欲も努力もしない生徒では、学校が衰退と破産に追い込まれる。

この経済法則の必然はおおいにけっこうではないか。卒業しさえすれば、就職が可能で、しかも何社も入社ＯＫがでる。そういう売り手市場の就職状況下で、学生にどんなに勉強の発破をかけても、およそ九〇パーセント以上は、馬耳東風である。ムダに等しい。

いまや売り手市場が、買い手市場に変わった。全員就職可、などという状況ではない。学生も、努力の傾注に応じて、就職が決まるようになったのだ。おおいにけっこうではないか。これと同じことだ。

第二解答。十八年後のことを考えて、少子化対策をしてはどうか？　子どもを産めば、国家補助がでる。一人宛一万円などというケチなことをいわず、フランスで「成功」したように、三～四人も産めば、養育補助金で夫婦が楽に暮らせる額を出せばいい。たとえば、一人当て一〇万円である。こういう国民運動を展開することだ。

ただし、子どもをダシにして、ダニのように生きる人間が、多少は、あるいは、大量に生まれる。それを覚悟しなければならないだろう。それに産みたくもないのに、子どもを産んで、養育して、それでいい子どもに育つだろうか？　無理だろう。教育政策に反するだろう。（1・29）

36　箕輪さん、護憲のみなさん、日米安保破棄を主張しますか？

自民党道連の会長をやり、防衛族で田中派の一員でもあった箕輪登さんが、イラクへの自衛隊派遣に強く抗議し、提訴した。記者会見の反対（提訴）理由である。

①小泉首相は、イラク派遣を日米軍事同盟（安全保障条約）国として当然という。しかし、「片務条約」である、というのが歴代首相の答弁だった。②復興支援というが、国外で積極的に武力を行使する国になろうとしている。③防衛庁長官の派遣命令は、「自衛隊員の本来の任務に反する行為を行わせ、国民のイラク戦争への事実上の『参戦』を強いるものだ」。イラク派遣は、したがって、憲法九条違反であり、自衛隊法違反である、と。

一。歴代首相の、岸、佐藤、田中、中曽根が、もし、現在首相なら、イラクの自衛隊派遣をストップさせたであろうか？　中曽根は生きている。派遣賛成である。

二。アメリカの同盟国として、あるいは、同盟国であるかないかにかかわらず、武装した自衛隊が海外に出動し、平和維持活動し、復興を支援するのは、日本と日本人の当然の義務ではないのか？

三。「イラク戦争への事実上の『参戦』を強いる」という。じゃあ、湾岸戦争で日本が払った

「費用」は、「戦費」ではないのか？　「事実上」の参戦ではなかったのか？

箕輪氏は、金も人間も出さない、出してはいけない、といっているのか？

日本国憲法を、文字通り解したら、自衛隊法も自衛隊も違憲である。しかし、国際情勢の変化（朝鮮戦争）によって、占領軍が、再軍備（警察予備隊→自衛隊）を強いたのだ。その占領軍が、敗戦時、憲法を強いたのである。この二つを、ノウという力は、日本政府になかった。吉田首相は、「憲法改正・再軍備を強行すると、日本に革命政権ができますよ」と占領軍の意向をそらし、警察予備隊創設にとどめたのである。

この憲法と自衛隊の存在とのねじれは、護憲と軍事同盟維持の同在のものでは、解消できない。

護憲の箕輪さん。日米安保を破棄するの？　イエスといえば、箕輪さんの派遣＝違憲論も「詭弁」ではなく、理の通ったものになる。（2・5）

37　北海道の再生に「幻想」をおくなんて、とお思いでしょうが　上

過日、西部邁さんと「対談」した。西部さんが主宰する季報『北の発言』掲載（春号）のためである。

同じ村に育ち、三年先輩で、兄弟姉妹がほぼ同じ学年である。いつも「遠望」しきりの存在である。北海道が少しでもよくなれば、というのは共通な願いだが、現状認識もリフォームの手法も、対極にあることを承知しての議論である。

(1)北海道が日本でも、世界でも独自のポジションを占るためには、公的資金を導入してでも文化施設はもとより、学術・研究をはじめとする人的交流の場を構築する必要がある。

(2)国と個人をつなぐ中間体がずたずたにされ、家族をはじめとする日本のよき伝統（各種共同体）が破壊されてきた。小泉の構造改革は、それの仕上げに等しい。北海道のみならず日本も解体されている。

(3)北海道経済に元気がない。その回復には、官の力を殺ぐのではなく、金も人脈も、積極的に活用すべきだ。

私流に翻訳した西部さんの主張の大筋である。

①北海道を日本と世界に開かれた独自な場にすることは大賛成。しかし、その構想も、手法も官主導の従来の北海道の政財学文界のありようでは不可能だ。

②家族の、日本的経営をはじめとする中間体の再構築は必要だ。しかし、農村共同体はすでにない。自分の生命さえも国に預けること（＝国への寄生）がよき生き方である、とみなしているもとでは、家族の解体も避けられない。

③明治以来の中央依存、官主導の北海道のあり方を、一度は断ち切ってみなければ、北海道の自立は不可能だ。官僚には期待できない。

しかし、家族も国家も「幻想」であり、その幻想をしっかり紡いで生きることが人間にとって必須である、という点では、従来から西部さんと私では同じである。「幻想」の北海道をもう少しリアルでイデアルな形で論じたいものだ。それにしても、古き良き先輩に会うことがじつに悦ばしい年齢に私もなった、と実感。（2・26）

38　北海道の再生に「幻想」をおくなんて、とお思いでしょうが　下

「『幻想』の北海道」といった。過去から未来に続いてゆくような「想い」といってもいい。けっして、妄想の類を意味するのではない。端的には、北海道が日本の中で、あるいは世界のなかで独特の位置を占めることができるために、私たちが抱く「構想」である。

サウジアラビアは、サウド王家が一手に石油の利権を握り、それで得た金を「上」からばらまいて、社会を運営し維持している。同じように、イラクはフセイン家が石油の利権を握り、道路も、水も、病院も、何からなにまで供給してきた。自然（＝当然）、両国人は、自力では、水を確保することも、学校を建てることも、病院を運営することもできなくなった。しようとしなくなった。石油の利権がなくなると、他国の援助なしには、生きてゆけない、と感じるようになった。援助を当然とみなすのだ。

日本はそこまでは行かない。その通りだ。

しかし、自力ないしは子どもの力で老後を生きることを断念するのがいい。自分の生命＝生存を国家に預けることは当然だ。こうみなすようになった。子どもを産み育てるのは、厄介だ、金がかかる、自分たちの楽しみが奪われる、と考える。それでいて、老後は国頼り、年金の積み立てはい

やだ、という。

日本人も、イラク人も、自立して生きようとせず、自分の命を、国家に預けっぱなしにすることに安んじようとしているのではないのか？　道民は、特にその傾向が強いのではないのか？　西部さんと一献傾けながら、二人ともかつては反対してきた「北海道独立論」でもぶちあげてみようか。独立して、何からなにまで自力でやってみよう、と主張しようじゃないか。などと皮肉な感情が共通に湧いてきた。もっとも、西部さんは、独立不能なのだから、もっと官民学が、金でも、人材でも協調する必要があるという。私は、独立して、道民が自力で生きる力を獲得するところからはじめなければ、という。道民がダメなのは、過去と現在において、できる、やろう、という「幻想」をもたなかったことにあるのではないのか。（3・4）

39　医師会会長を変えて、医療制度改革の足を引っ張る気かい。そうはゆくまい

テーマが「日々荒日」になった。編集長の独断である。書き手は唯々諾々と受ける他はない。やけに恐ろしいテーマだが、もちろん、「日々是好日」をもじったものだ。もっとハードに行け、というおっしゃりようらしい。もっとも、もはや駿馬ではない。そんな時代もあったっけ。いまや馬齢を重ねて、駄馬に等しい。ハードばかりじゃこちらがもたない。

しかし、ハードさは、何歳になろうと男の生きる糧である。そして、やさしさは男の資格である。チャンドラーにいわれるまでもなくだ。剛と柔が折り合う日をもちたいものだ。

四月一日、日本医師会の会長交代が決まった。前会長の路線継承を唱った候補（副会長で北海道医師会参与）が、政府の進めている医療制度改革、端的には、診療報酬の引き下げ、患者の医療費負担増に反対する候補に、ダブルスコアー近くで負けた。

日本医師会は会員数一六万弱の巨大組織だ。医療制度「改悪」を許せば、開業医の倒産を含む医療機関のじり貧状態に落ち込む。それを跳ね返そう。こんな会員の危機意識が、闘う会長を登場させたかに思える。

医業もビジネス、もうけを追求して当然だ。だが医者の利益追求に有利な医療保険制度のもとで、過大な税・財政負担を国民と国家に強いて、自分たちの懐を過大に肥やしてきたのは、誰なのか？　医療保険制度破綻責任は、医業者と医療機関にもある、大いにあるのだ。

思ってても見るがいい。医者が、つねに各地の個人所得税納付額の上位を占めるというのは、あまりにも異常である。医者は清貧に甘んじろ、などと言いたいのではない。リーズナブルな報酬を、といいたいだけだ。

医者になるには金がかかる。病院経営には資金が必要。そうかね。大学教授になるには金がかかるよ。しかし、過大な金を得るためになるのじゃない。これが普通の職業意識だろう。札幌近辺にも泣かず飛ばずの医者がごろごろしている。腕も知識も磨かず、もうけ口を求める気かい。そうはゆくまいて。

（4・8）

40 恥知らずな人質とその家族にブーイングの嵐がやってきた。当然だね！

イラクのテロ集団に拉致・人質にあった三人（道民二人）が帰ってきた。とりあえずよかった、といおう。もちろん、本人や家族や「解放」支援者、マスコミや平和軍事評論家、そして、民主・共産党および一部の社民党の「自衛隊撤退」論者などに対して、「よかった」ではない。

この人たちに対してはこれからその言動にふさわしいお仕置きがあるだろう。なかなか厳しいよ。覚悟はあるのかな？

「よかった」のは、あまりにもたわけで恥知らずな人質とその家族やマスコミの手前勝手で、日本と日本人の国際貢献に対する泥を塗るような言動が、ともかくも収まるからだ。さあ、君らの好きな「人命尊重」はなったんだよ。これからどうする。どういう感謝の仕方をする。あいかわらず、政府は敵だ、「友人」たちの支援のおかげだ、テロリストはやさしかった、などとほざくのかい？

人道支援だって？　自分たちの行為が「人道」支援で、自衛隊や政府のそれが人道支援でない、とどうしていえる？　ボランティアだって？　言葉の意味を知っているの？　写真が撮りたい、がどうして人道でボランティアなの？　劣化爆弾の取材だって？　これほどバカな少年に、今のところ何をいってもわからないだろう。こんな少年の軽薄で軽率な言動を野放しにしておく親や学校は、人道やボランティアの意味を知っているのかい？　女性のほうは、一見して、人道に関するボランティアをやってきたようだ。私には、まともな正業に就くことを嫌うただのわがままな落ちこぼれに思えるが。

この三人と、その恥知らずに輪をかけたような家族が、少しでもまともと思えるような人道支援とボランティアをやっていたら、同情の余地もあるだろう。ところが、自分と自分の家族の命と、日本と日本人の威信（国際信頼）とを天秤にかけて、自分たちの生命を優先させる論理を振り回すのだから、万一殺害されても自業自得だ、と思えてしょうがなかった。

経済産業大臣の中川昭一は、たまにだが、いいことをいった。家族たちは、道庁の北海道事務所を使ったが、その費用はだれが払うのかな？　これも「人道」でチャラなの？　（4・22）

41　破廉知なマスコミコメンテーターの破廉恥ぶり

小泉改革は画餅である。インチキだ。弱者切り捨てである。不良債権処理も財政再建もまったく進まない。竹中のような「青葉マーク」のドライバーに日本経済の舵取りをまかせておいたら、大事故続発間違いなし。まずは積極的な財政出動でデフレを脱却すべきだ。小泉の自民党総裁再選は二〇〇パーセントありえない。

昨年九月の自民党総裁選挙で、痛烈な小泉批判を展開していた亀井静香たちが口にしていた共通の言葉である。その後押しをしていた経済学者が植草一秀（早大教授）であり、経済通を自認する榊原英資（慶大教授）である。二人ともエリート官僚出身であるところが似ている。

榊原は亀井派や橋本派と手を握るかと思いきや、総選挙直前、政権奪取後の民主党の主要閣僚

（経済・金融担当）に就任するというふれこみで、突然、久米のニュースステーションに顔を出した。現在も、その政治経済見通しの誤りに蓋をしたまま、イラクから自衛隊を撤退させるべきだ、などと「痛烈」な小泉批判を続けている。その破廉恥ぶりはとどまるところを知らずである。

植草は自説の経済見通しとまったく逆に現実の経済が進んだので、さすがに正面から小泉改革に異を唱えなくなった。ところがそのボルテージが下がった分、ストレスが強まったのか、破廉恥罪の容疑で現行犯逮捕され、これまで培ってきたものを根こそぎ失った。

北海道に不況脱出の気運が欠けているのは、官依存の体質だけでなく、官が弱者救済措置をとり続けているからで、その逆ではない。これが本当のところだろう。

小泉改革は「遅々として進んでいる」。問題は、弱者に厳しい政策を回避しているため、国民に危機感がなく、改革の合意も形成されていない。たとえばゼロ金利政策である。脆弱な銀行や企業の破綻を防ぐために、十年以上にわたって「弱者救済」措置を続けている。現在のデフレは不況の原因ではない。小林慶一郎（経済産業研究所）はこのようにいう。ようやくというべきか、官庁エコノミストの中にも、まともな論者が現れた感がする。（4・27）

42　小泉訪朝の成果は「最悪だった」だって？

イラクでテロ集団の人質になった三人のうち、千歳の高遠さんは、産経新聞のインタビューに応じて、小泉首相が「自衛隊撤退を拒否したのは当然だった」と答えた、と報じられた（産経新聞5・

21)。記事だけでは、正確な文脈がつかめないので、速断しかねるが、この通りなら、常識を取りもどしたか、と思える。

国運・国命と人運・人命を、差し違える、ましてや刺し違えることなど、できない相談なのだ。もとより、国は人運、人命を尊重しなければならない。最大限の努力をすべきである。実際に、日本の政府は（そう）しているように思える。しかし、国命と人命を引き替えることなどできないのだ。ましてや、テロなどの要求によってである。自衛隊派遣は、日米軍事同盟と、日本の国際援助・貢献のゆえであり、国運・国命がかかっているのである。

五月二十二日、小泉首相が訪朝した評価を、北朝鮮のテロによって拉致された被害者の会の代表者が「最悪の結果だった」と発言した。びっくりした。尋常ではないように思えた。

拉致はテロに拠ったが、日本政府の交渉相手はテロ集団ではなく、国家である。正確には、テロ集団でもある国家である。一国と一国の交渉である。外交交渉には、即時に解決できる点とできない点がある。

今回の交渉では、曽我さんの夫に、日本政府の意志だけでは解決できない問題があった。ジェンキンスさんは、テロの被害者の曽我さんの夫ではあるが、テロの被害者でもないし、日本人でもない。米軍の脱走兵である。米国の軍法会議で責を問われることを免れえない。法の裁きでは、形式上、罰が下る。恩赦があってもだ。米国は超法的措置をしない。してはならない。ましてや日本にはできない。

この「関門」を通過して、はじめて日本政府は氏に滞在許可を出せる。これが国運・国命にかかわる問題の常識である。この点で、小泉首相は最大限の努力をし、成果を引き出した。拉致被害者の代表は、この常識をわきまえ、デリケートに発言しないと、イラクの拉致三人とつながりかねない。

（5・27）

43　年金未加入、未納に政治責任があるって。バッカじゃなかろか！

年金未加入・未払い問題で受けに入っているのは、社会保険庁でしょうね。濡れ手に粟で、納入者、加入者が増えるのだから、ウハウハでしょう。実際、未納者等の情報源は、社会保険庁の内部のようですね。あまりはしゃぐと矢が飛んできますよ。もう飛び始めたか。

マスコミは、未払い議員や首長を摘発し、辞職を迫り、まるで判官気取りでガンガンやってましたが、マスコミのマスコットたるＴＶキャスター連が、筑紫も、田原も、安藤も、小宮も未納で、一気に腰が引けたようです。最近では、市町村民の未払い状況を公表したりで、当たり障りのない報道に終始してきました。いいことです。

いちばん無惨だったのが民主党で、「未納三兄弟」などとはしゃぎ回った菅は自ら墓穴を掘って辞任に追い込まれました。小沢も、未加入期間（ただし任意の時代）があったとして代表就任を断念します。これを小沢の自爆とみるむきが多数ですが、そうでしょうか。小沢の辞退は、参院選を控え、ドロ船民主の船頭なぞになって泥をかぶり、政治生命を縮める愚を回避するという腹つもりなんだ、というまことしやかな説もありますよ。岡田新代表は、小沢と刺し違えて小泉（任意期間に未加入）も辞任すべきを主張するらしいですが、おやめなさい。この人、鈍の鈍ですね。「未納・未加入で辞任」のつまらなくも非政治的な事例をつくったのが福田官房長官でした。福田には、この表向きとは異なる、いま辞めなければ重大な政治責任の一端を負わなければならない、あるいは政治生命を絶たれるかもわからない理由があったはずです。はずだ、などと意味ありげな言い方をしましたが、これたんなる推量です。まあ、正直、辞めたくてしょうがなかったのでしょう。

どうして、任意期間の年金未加入はもとより、義務化以降の未加入や未納が、政治責任に通じるのでしょう。議員や党首の席、ましてや首相の地位を棒に振る理由になるのでしょう。バッカじゃなかろうか。虚偽や、詐欺や、政治的背信行為を犯したわけでもあるまいし。公選の結果をないがしろにするにもほどがある。（6・1）

44 岡田民主党代表の政治感覚は児戯に等しい

民主党の岡田代表、年金法案阻止に「秘策」あり、と自信満々であった。ほーっと思った。まさかと思ったが、自民党の一部でも抱き込むことに成功したのかな？　一九九三年六月十八日、宮沢内閣不信任決議に、賛成票を投じた自民党竹下派のグループ、小沢や羽田の行動の可能性もありかな？　と一瞬頭をよぎるものがあった。

ところが、六月四日、午後一時、はじまったのは、もう記憶からとぎれかけていた、マラソン演説であり、牛歩戦術だった。参議院厚生労働委員長解任決議案の提案説明を、民主二人、共産一人が終えたのが、午後八時過ぎだった。五日〇時再開後、解任決議は否決された。続いて、参議院議長の不信任決議案が提出された。野党はあくまでも審議引き延ばし戦術かな、何のことはない、と思えた。ところがである、出た、「秘策！」である。

議長の不信任決議案が出ると、議長は退席し、副議長が議長代理になる。民主党出身の副議長、席に着くやいなや、決議案を否決し、散会宣言をしたのである。同時に、野党議員はいっせいに退出した。エッ、と思えた。ウルトラEか？

すぐに、江川がジャイアンツと交わした選手契約、「空白の一日」を思い出した。前年ドラフト会議で江川の指名権を得たクラウンライターライオンズの優先交渉権が切れたドラフト前日、ジャイアンツが江川と契約を交わしたのである。球界はもとより、ファンやマスコミばかりでなく、野球のヤの字も知らない主婦でさえ、ジャイアンツと江川の常識はずれの「不正」をなじったのである。ドラフト会議では、阪神が江川の指名権を得て、もめにもめた末、コミッショナー裁定によって、「阪神入団後巨人移籍」となった。江川と交換して阪神に移ったのが、エースの小林だった。何にしても、気分の悪い事件だった。

もちろん、与党はすでに察知済みで、議長が戻り、副議長の散会宣言は無効とした。かくして野党不在のまま、議長不信任案は否決され、年金改革関連法案は可決された。何で、こんなのが「秘

れて、ものもいえない。

策」なの？「非策」だろう。すでにバレバレの、頭隠して尻隠さずのトンズラではないか。あき

（6・10）

45 マスコミさん、墓穴を掘ることを恐れて、「悪所」の暴露を控えるな

菅前民主党代表やTVニュースキャスターの筑紫が、さかんに国民年金未納を批判し、当事者たちをボロカスに叩いた。ところが、手前の未納が発覚、墓穴を掘って、一時退場の仕儀になった。（私には、退場する必要などない、と思えるが。）

年金未納や未加入「情報」はどこから漏れ出てきたのか？　社会保険庁の「内部」（？）である。ところが、いまや矛先が変わって、社会保険庁がマスコミにたたかれる番になった。産経新聞は一面トップで「伏魔殿」として三回連続の批判を展開する。

六月四日夕刊で、朝日新聞は、一面トップで日本テレビの所得隠しを報じた。「スポーツうるぐす」で、経費水増しをはかって二千万円を還流したなどで、所得隠し三年総計で一億一千万円だった、というもの。ついで、六月五日朝刊社会面で、TBSも経費水増し裏金三千五百万円の所得隠しがあった、と報じた。いいね。仲良し同盟で、相手の傷口を見てみないふりをする因習をやめるのは。

ところが、六月五日読売新聞朝刊（社会面）は、日テレとTBSの所得隠しを報じつつ、テレ朝の所得隠し八百万円を指摘した。何だ。朝日、おまえもか、である。

この所得隠し、主として、番組出演者の接待や社員の出張費や飲み食いに使われたそうである。ならば、道警の裏金作りと同じではないの？　道警のは公金（税金）だが、TV局のは社金だって？　そうじゃないだろう。その一部を税金として当然納めるべきはずの金だろう。そんなんで、警察の裏金作りを批判できるの？　腰が引けるんじゃないの？

私は、マスコミが公明正大・清廉潔癖であるべきだ、などといいたいのではない。そんなこと、要求しても無理である。（もちろん、要求したいが。）しかし、自分の手がどんなに汚れていても、ガンガン「事実」をほじくり出して、報道すべきなのだ。自らの汚れが発覚したら、これまたガンガン報道すべきなのだ。腰を引くな。間違っても、清廉潔白でいきましょう、とか、告発禁止の箝口令を敷くな。報道の死命が制せられるぜ。（6・15）

46　讃・猪瀬！　道路公団民営化で、郵政民営化に拍車がかかるのは、おおいに結構

猪瀬直樹は作家の肩書きをもつ。代表作は、特殊法人の実態を究明した『日本国の研究』。立花隆の同類と見られてきたが、着眼点が抜群で、調査も綿密、タブーに筆を進める点においても、他の追随を許さない。それに、『ペルソナ　三島由紀夫伝』『マガジン青春譜　川端康成と大宅壮一』『ピカレスク　太宰治と井伏鱒二』の三部作は、これまた類種を見ない文学評伝というか、日本近代史の分析になっている。『ミカドの肖像』（87年）で本格デビューしたとき、これほどの作家になるなどと、誰が予想しただろうか？

この猪瀬の最近の仕事が、道路公団の民営化推進委員会委員としての活動だった。一人前の作家が、右からも左からも、さらに、委員会のなかでも左右から、痛罵のかぎりを尽くして叩かれ、孤立に耐え続けた例はなかっただろう。小泉首相、竹中金融相と同じタイプと見た。

六月二日、猪瀬懸案の道路公団民営化法がすんなりと成立した。「東日本」「中日本」「西日本」の三社と、首都、阪神、本州四国連絡の各高速道路会社、の六株式会社に分割され、新たに独立行政法人日本高速道路保有・債務返済機構が設立された。

民営化は骨抜きにされた、道路族が送り込んだ「トロヤの馬」の裏切り者猪瀬、といまでも金切り声を上げるものもいるが、勝負はついた。たしかに、問題は残っている。高速道路はこれからも造られる。しかし、鉄道と高速道路はまったく違うのだ。自動車の時代である。高速道路がこれからもできなくてどうする。問題は、採算性である。これまでのように、無尽蔵の税金注入に歯止めが掛かっている。それに、料金を下げても、現金収入は確実に見込める。道路沿線における多様な営業活動ができる。族議員など入り込むスキがうんと狭まる。税金注入は返済される。猪瀬は、できは六〇点という。八〇点やってもいいのではないだろうか？　これで、郵政民営化に弾みがつく。

さあ郵政公社の有能な諸君、われこそ経営者だ、と名乗り出ていいのでは？　郵政事業は、儲かる、と公社化で実証された。さらに儲かる株式会社にどうして反対する理由があるの？　（6・17）

47 資本主義は人類のゴールではないが、人間の本性に適応するシステムだ

こんなメールをもらった。「僕は高校二年生のSといいます。先生の『マルクスとマルクス主義』拝見しました。僕の家は共産党でもなく僕も共産党には興味はないのですが、共産主義に強い関心を持っております。（資本論も読んでるんですよ！）先生の本はとてもわかりやすく、良い参考となりました。いまや、共産主義は過去のものになりつつありますが、その理想はすばらしいと思っています。今は革命を起こす時なんかではけっしてありませんが、新たな共産主義理論を打ち立てる時としては絶好だと思ってます。マルクスを越えた共産主義が必要だと思うんです。先生は資本主義が人類のゴールだと思いますか？」

世の中、こういう人がいるから恐ろしい（感心してのことだが）。同じ日、的場昭弘『マルクスを再読する』（五月書房）をいただいた。学生時代からの友人の田畑稔が『マルクスの哲学』（新泉社）をだした。いずれもマルクスの、新しい読み直しと、実践的理論的可能性を探る意欲作だ。その意欲に水を差すことになるが、断言しよう。

一。マルクス主義思想は消滅したのではない。思想は、それを「発見」する人がいるかぎり、死に絶えない。しかし、このことと、その思想が間違っており、有害であったこと、あり続けることとは関係ない。もちろん、マルクスは間違っていない、後続者たちが間違った、という遁辞は吐けるが。

二。共産主義の理想はすばらしい。だが「どこにもない」理想だ。しかも、自由・平等・豊かさ・平和という理想を、マルクス主義はことごとく踏みにじった。「革命を戦争によって」が、マルクス主義の理論と実践が示した実績である。

三。人類に「ゴール」はない。いうまでもなくマルクスが漠然と語った「共産主義」という人類のゴールは、ただの戯言だ。それに反して、言葉をもつ人間は、この言葉で喚起した「欲望」（無限な欲望）を「無制限」に実現しようとする。これが人間の「本性」(natural identity)で、それに資本主義は適応しており、共産主義は不適である。（7・1）

48　現行の年金法による受給者にも痛みを分かってもらう年金法改正を

これが載るころは、すでに参議院選挙の趨勢が判明しているのでしょうね。大部分のマスコミは、民主党の勝利を予想していましたが、いずれにしろ自公連立政府が続行します。小泉政権が倒れるわけじゃないの。

どうも自民党は年金法改正で味噌をつけたが、あれは公明のごり押しで決まった法律。辛いとこでしょう。選挙結果がバッと出たら、小泉は厚生労働大臣を更迭して、再改正に臨むでしょう。まあ、それが常道ってとこじゃない。もっとも、一本化したからといっても、国民の負担分が減るわけじゃないのよ。ここのところ誤解なきように。

それにしても日本人は、自分の生命も生活も政府にあずけっぱなしの方が安心と考えているらしいが、とんでもないんじゃない。社会主義は国家に命も生活も牛耳られっぱなしのシステムだったのですよ。えっ、日本は国民主権であって、社会主義とは違うっていうんですか？　その通り。でも、国民主権をはき違えちゃいけないよ。国民多数の思い通りになる、と考えるのは、早計というより、愚の骨頂なのね。どんなに望んだといっても、国から引き出せる金は決まってるの。

第一に、年金問題は、財源問題でしょう。これまでの世代がとりすぎたから、これからの世代は不自由になったのね。でも覆水盆に返らずでしょう。できるのは、とりすぎを是正し、これからの展望をたてることが肝心。いま年金をもらっている人にも痛みを分かちあってもらいましょう。支払い分の二倍も三倍ももらおうたって、むりザンスなの。

もっと怖いことになっているのが、健康保険システム。さらに怖いのが郵貯。郵便局が財投を通じて特別法人等につぎ込んだ金は、戻ってくるの。銀行の不良債権どころの額ではないのよ。数百兆円にのぼるわけでしょう。国の保証があるって？　つまりは国民の税金なの。民営化で、何とか道路公団の借金を返すめどは立ったでしょう。郵貯はどうかな。本格的なペイオフが始まり、銀行預金が一斉に郵貯にシフトするといわれているが、ここが考えどきですよ。（7・13）

49　自民惨敗。さあ政権交代の本格レースが始まったよ

民主党の圧勝だった。全国の投票率五六・五七％は前回並みである。その中で、自民は改選五〇→四九（三四＋一五）と数字の上では微減に見える。しかし、前回の参院選六一にはるかに及ば

ず、単独過半数六一を下回り、惨敗である。民主は三八↓五〇（三一＋一九）と激増し、全国比例区では自民を四〇〇万票余上回った。ただし、もっと議席数を伸ばせたはずだ。

公明は一〇↓一一（三＋八）で微増に見えるが、大健闘である。共産は予想されたとおり、一五↓四（〇＋四）と大激減し、民社は改選二を守ったが、ともにぎりぎりの健闘だった。そう、票の動きだけを見れば、共産の票が民主に移動した、ということになるだろう。

民主は、自民の三倍の無党派層の支持を集めたのだから、大きな「風」を受けたことになる。これは投票率が六一・七四％で、前回を三％余上回った北海道地区でより顕著に表れた。たしかに、自民の中川義雄の七四万票は、民主峰崎直樹を一二万票余上回ったが、自公の連合でだ。五五万票の西川と峰崎の民主連合は一一七万票なのである。四三万票の差で自民の惨敗である。それに鈴木宗男の四八万票は、予想外の大善戦で、実体は自公に対する強烈な批判パンチだった。

どうしてこうなったか？　一つは、争点となった年金問題とイラク自衛隊派遣問題で、小泉政権の政策が信任をえなかったことによる。国民多数は、まだ低負担高福祉と一国平和主義という従来の「特殊な日本」を振り切れていないのだ。それも、小泉の構造改革がある程度進み、景気が回復基調に乗ったことで、痛みを伴わないコースが可能であるかのようなムードが生まれつつある。それに民主（と自公の過半）が秋波を送ったからなのだ。二つは、行財政改革の進展が、地方や公益集団に流れる金を減じ、地域や公共事業の景気停滞を招いたことで、自民の従来の地盤が崩壊しはじめたからである。一人区、二人区の結果がそれを物語っている。

小泉は引き続き政権を担当して、一を突破できるだろう。しかし、二は突破できない。次回から、いよいよ政権交代の選択選挙がはじまる。ただし、民主が行財政を含む構造改革と対米協調の外交の具体政策を提示できればの話だが。これ難しいよ。（7・15）

50 「景気が悪いので……」はもはや通りませんよ！

日本経済は、確実な回復基調を歩みはじめた。東京＝中央の好況がようやく地方＝末端にも波及しはじめた、といわれる。しかし、正確ではない。中央からの波及ばかりでなく、地域での独自な取り組みが芽を吹き、花を咲かせはじめてきた、というべきだろう。北海道も例外ではない。

○四年四〜六月の道内完全失業率は五・六％で、昨年同期より○・六ポイント低下した。全国平均（四・八％）より依然高水準だが、着実に改善されている。これは大学生の就職状況を見ても、好転ぶりが一目瞭然である。

また、○三年度道内法人申告所得額は、四千万円以上の法人二四五○社で、五千八百億円となり、○二年より八・八％増加した。○四年度は、いっそうの増加が見込めることは確実だ。

この上昇傾向は、経営者の意識にも反映している。道が七月二十三日に発表した○四年四〜六月期の「企業経営者の意識調査」で、「上昇」と答えた企業の割合から「下降」と答えた割合を引いた値、景気予想指数が、マイナス一八となり、一〜三月期に比べ、一五ポイント改善したのである。指標が一○台になったのは、九九年以来のことだ。

しかも、この景気改善あるいは上昇は、開発局事業を含む公共事業等の大削減や、道をはじめとする全市町村の財政立て直し（歳出削減）のなかで、実現された数字なのである。

特に見逃せないのが、高橋道政の活発な動きである。登庁以来一年余、体調も回復されたのか、道州制、道警裏金問題、道財政の立て直しのプラン策定とその実行推進等で、いっときの停滞ぶりを完全に振り払う、活発な動きをしている。

日本ハムファイターズの強化と同じように、北海道の中央依存型経済の改革は、一進一退を余儀なくされるだろう。しかし、「私立活計」の旗印を掲げて、北海道の政治経済は、かつての旧体制から確実に脱却しはじめたのである。ただし、中央依存体質から転換しても、道庁や市町村役場への依存を強める企業ならびに住民体質の転換という、より重大な課題が控えている、ということも心に留めておこう。

（8・5）

51　少子化で社会保障制度が崩壊するって。逆だろう。

少子化が進行している。それに対する危惧の念がさまざまな方面から起こっている。全部が方向違いである。

人類は、その発生以来「人口問題」を最大課題としてきた。単純化していえば、人口の増加が食糧の増産を上回り、出産制限をしないと飢餓が襲う、人類死滅につながる、というものである。戦争が、意識するとしないとにかかわらず「歓迎」されたのは、人口調整役を果たしてきたからなのだ。ところが、大規模な戦争がなくなった。戦死を予想しなくてよくなった。当然、少子化になる。

少子化が、国民年金制度を含む社会保障制度の維持を困難にする、と騒がれている。逆だろう。社会保障制度を充実すれば、少子化は進行する。なぜか？

最も大きいのは、「老人にやさしい社会」である。子どもは親の老後の面倒をみなくていい。親は自分の老後を子どもに託す必要はない。これが「老人にやさしい社会」の本音である。

ならば、親は子どもをもつ必要があるだろうか？　若い人たちが自分たちの現在生活を「犠牲」にして、子育てにエネルギーを注ぎ込む必要があるのか？　自分たちの人生をエンジョイしたほうがいいではないか？　こう多数の人が思っている。つまり、子がなければ老後の生活は惨めになる、という因果応報システムがないのだ。少子化になって当然だろう。

私（夫）は、子どもをもつ、可能なかぎりたくさんもつ喜びは他に代え難い、と思っている。しかし、子どもを産み育てる私の連れ合い（妻）は、最大限三人でいい、といって、実行した。息子や娘は、最大限一人でいい、と思っているのではないだろうか？

親が子どもを産み、育て、一人前にする。老後、子が親を扶養する。この親と子の「循環」システムが家族制度の根幹である。過度な公的保障制度は、どんな性格のものであれ、人間とその社会をダメにする。家族関係を崩壊に導くのだ。もうここいらへんで、国や行政に、自分の老後を丸ごと預ける生き方を断ち切ろうではないか。

（8・24）

52　北海道を渦中に巻き込む、極東で進行中の軍事力シフトにどう対処するのか

アメリカのブッシュ政権が、ヨーロッパのドイツと極東からそれぞれ数万規模の駐留軍撤退計画を発表している。イラク派兵増強とワンセットになった措置かと思われる。

韓国から一万余の撤退がまず決まっている。日本では、沖縄基地や厚木基地からの撤退が「候補」に上がっている。これに対して、民主党のケリー大統領候補は、友好国からの駐留軍撤退に強く反対している。

ところが、日本政府や報道機関は、米軍撤退を日本の防衛問題の死活にかかわる問題としてほとんど報じていないのだ。それに、日本の防衛問題で、ブッシュとケリーいずれが妥当なのか、という議論もほとんどない。おかしいではないか。

しかも、ロシアもチャイナも軍事予算を大幅に拡大し、軍の近代化を推し進めているのだ。特に、ロシアの急激な軍拡の勢いである。警戒や対策の必要はないのか？

極東で、アメリカ軍が大幅に削減され、ロシアとチャイナの軍事力が増強されるということは、極東の軍事バランスが崩れるということを意味する。日本、韓国、台湾にとって、ゆゆしき問題ではないか。ロシアの軍拡は、とりわけ北海道にとって脅威である。

ロシアはモンゴル帝国から独立して、急速に領土を拡大し、日本をもっとも早くから侵犯してきた国である。いまなお日本の領土である千島四島を返還していない。しかも、日本の敗戦時、危う

く北海道の半分は、ロシアに領有されるところだったのだ。

共産ロシアは崩壊した。しかし、ロシアの領土拡大熱は、消失したのではない。停止中だと見るべきだろう。もちろん、ロシア軍が日本に侵攻して来るというのではない。極東の軍事バランスが崩れ、ロシアやチャイナの軍事圧力が強まる結果がどうなるか、が重要なのだ。

もし、米軍撤退が実行に移され、日本や韓国がその削減分を補わなければ、米軍の軍事支配下にあった極東が、米・露・支三国の共同管理になる可能性が大になる。それでいいのか？　（9・9）

53　民間さん、郵政民営化反対なの？　役人仕事のままが、いいかも？

郵政民営化の基本方針が九月十日に閣議決定された。公社化に続き、民営化も、小泉の全面勝利である。
①〇七年四月に民営化。持ち株会社を設立し、窓口ネットワーク会社、郵便事業会社、郵便貯金会社、郵便保険会社の四事業会社に、分社化する。②一七年三月末に最終民営化。③設立時、国が全株式保有、民営化完了後も、三分の一超の株式を保有する。
重要なのはただ一点、民営化である。営業活動の自由と競争の拡大である。

自民党だけでなく、民主党をはじめ、野党からもいっせいに、「党」を無視した愚挙だと反発の声があがる。アホか⁉　政府は党の出先機関ではない。

またすでに、銀行や、保険会社、それにクロネコヤマトをはじめとする運輸会社が、反発や反対を強めている。巨大資金と組織をもつ郵政の各事業体が、民営化によって、既存の民間企業の活動を圧迫する、という理由からだ。

じゃあ、銀行や損保会社は、郵政の民営化に反対なの？　公社化のまま、営業活動に縛りを入れたままがいいの？　たしかに、民間は、役人仕事の相手なら戦いやすいだろう。

民間になったら、競争の自由である。よいサービスと商品を提供したところが勝つ。最初から勝負は決まっていないのだ。クロネコが、宅急便で郵便にガンガン攻勢をかけた。ところが、公社化によって、事業展開のそうとう程度の自由をえた郵便が、コンビニ参入で、クロネコに反攻している。クロネコは事業を開発したのはわがほうだ、と猛反発しているが、基本は自由競争ではないか。規制撤廃はクロネコのお株だったのではないか。

ＪＲは、高い営業コストに悲鳴を上げながら、車と飛行機の挟撃を跳ね返そうと奮戦している。銀行、保険会社、輸送会社は営業効率優先でゆけるが、郵政はそうはゆかない。全国津々浦々にまでゆきわたった郵政のネットワークを、簡単に統廃合はできない。これが、強力な武器になるか、非効率的な営業基盤になるか、これからの競争次第なのだ。

（9・23）

54　ブッシュ圧勝で、小泉首相の改革に弾みがつくよ

ブッシュがケリーを破った。ＮＨＫをはじめとする報道、新聞はこぞって「まれに見る接戦」と報じている。とんでもない。ブッシュの「圧勝」だった。前回とはまったく違って、勝つべき選挙

区は危なげなく勝った。

投票率が最高で、第三の候補者がいなく、イラク戦争で世論が真っ二つの中、ブッシュ共和党陣営が、①選挙人数（34）②一般投票数（350万）③上院議員数（34）、④下院議員数（29）で、ケリー民主党陣営に前回よりも差をあけた（数字はその差）。

この結果をもっとも喜んでいるのは、いうまでもなくイギリスのブレアであり、日本の小泉（とわが町村外相）である。胸をなで下ろしたに違いない。そして心中ひそかに笑いが絶えないのは、民主党の次期大統領候補と目されているクリントン（ヒラリー）上院議員だろう。次は私よ、である。

日本の与野党の大部分、マスコミ、評論家、タダのおしゃべりは、こぞってブッシュ再選を憎々しげに迎えたに違いない。しかし、まともに働き、まじめに将来を慮っている国民にとって、同盟国で親日の大統領再選は最良の結果だった。私にはそう思える。

ブッシュとケリー最大の争点は、イラク戦争ではない。ブッシュは、わずか五％の富裕層ならびに巨大企業に優遇減税をしている。五％の金持ちの代表である。対して、私は大多数の貧しいアメリカ人の代表だ。こうケリーがくりかえし論陣を張った。

ブッシュは、減税し、企業が元気になり、結果、景気が回復し、雇用が増えた、一般国民を益する減税である。こう切り返した。企業が儲かる、経済が活性化し、働く人が潤う。これがビジネスの「法則」だ。しかし、アメリカ国民がこれを理解しただろうか？　「？」である。ましてや、日本人の耳にとどくだろうか？　困難だ。

東西のもっとも貧富の差が大きい、富の集中する沿岸ベルト地帯が民主党、全土のほぼ九〇％を占める「あんこ」の部分が共和党支持。二期目のブッシュはこの地政学をどう変えるか？　同じ地政学上にある日本としても、興味津々だ。


（11・11）

55　極貧の一葉さんが五千円札に登場して、儲ける人がいるらしい

新札五千円に樋口一葉が登場した。予想通り、一葉文学の研究家の木村真佐幸先生が新札図柄への登場に絡めて、「職業作家を目指した一葉の過酷な人生」（北海道新聞11・17夕）を書かれた。「戸主」一葉の愛と貧乏との闘いについてである。木村先生は、すでに退職されたが、私が勤める札幌大学の学長としてばかりでなく、高校の先生としても、私には親しいお人だ。

文人一葉と交代に、お札（五千円）から姿を消したのが、夏目漱石である。どこに書いてあったか忘れたが、実現しなかったとはいえ、帝大生時代の漱石と一葉に見合い話が持ち上がった、ということがあったらしい。漱石時代の東京は狭かったといったら妙に聞こえるが、人の住む町場はかぎられていた。

ある夏の盛りに、東大の赤門から、Tさんと目的もなく歩いたことがある。地図の上では、千駄木の団子坂（江戸川乱歩「D坂の殺人事件」の舞台となった）の森鷗外や漱石が住んだ地や、吉原に隣接する竜泉寺の一葉の家（一葉記念館）、白山通りの一葉終焉の地、湯島の泉鏡花の筆塚など、

一度にぐるりと数時間で一回りすることができるほど近い距離だ。

極貧のなかで借金生活を送った一葉が、五千円札としてお目見えするのは皮肉である。ところがとんでもない人がいる。Tさんだ。ある年の暮れ、たまたま目にしたオークションで、樋口一葉の「たけくらべ」の生原稿が出ると知り、うん千万円で落札したそうだ。衝動買いである。

私のようなせこい人間からすると、びっくりするだけでなく、よくそんな無駄なことをするものだなあ、と思える。しかし、金持ちには金運がついて回るらしい。

一葉が五千円で登場した。おそらく、一葉株がグンと上がり、かの生原稿も値上がるということになるのではあるまいか。われながらさもしい推測だが、そう考えるのが自然だろう。それにしても気がかりなことがある。かの原稿、近代文学館に預けてあるそうだが、保管、大丈夫だろうか？

これって、人の財布の中身を心配するのに似ているのかな？


（11・18）

56 義務教育費の国庫負担削減反対だって！ 日本人は教育文化の国家統制がよほど好きらしい

国と地方の税財政改革（三位一体改革）に関連して、義務教育費の国庫負担削減に反対する声がいっせいにあがっている。まあ、文部科学省や文教族から声があがるのは当然だろう。その筆頭に森前首相がいる。
(1)使用目的が省庁によって特定される（ひも付きの）国庫支出を減らし、(2)税源を地方に移譲し、(3)地方交付税を見直す。これが、地方分権推進を図る三位一体改革の基本だ。当然、地方は、権限が拡大し、自主的に使用できる財源が増大するので、歓迎だ。対して、国会や中央省庁の権限と財源が縮小する。ある国会議員が、地方議員のほうが偉くなる制度改革だ、といいはなったが、本音だろう。

ところが、義務教育費の国庫負担の軽減案に対して、東京芸大学長の平山郁夫、芸術院長の三浦朱門、梅原猛、黒川紀章、新藤兼人、山折哲雄等二〇人が、「要望書」を中山文部科学相に提出した。中山文相、援護射撃をえて、ウハウハだろう。「国は義務教育に責任を持て」という要望で、国は全国一律の教育サービスを保証せよ、したがって、国庫負担の削減はあってはならない、となる。

私自身は義務教育廃止を主張したいところだ。文部科学省の廃止はただちにでもいい。（しかし、ここの議論ではない。）だが、文部科学省が権限を地方に大幅に移譲し、恣意的な文部科学省による教科書検定を廃止し、小中学校（ならびに私立・公立・国立の高校、大学等）教員給与の国庫負担率を削減する、はすぐにでも取りかかるべきだろう。

ただしこの問題と、国が教育に対して責任を持つべきだ、ということとは少しも矛盾しない。戦後教育に壊滅的打撃を与えたのは、文部科学省のその場限りの教育政策と支配であった。もっとも、地方もそれに追随してきたのだが。

義務教育だから、平等の教育サービスが保障される、というのは、郵政民営化に反対する論拠と同じである。しかし、地方の僻地に行くほど質のいい教育があるのじゃない。少人数教育である。

57 憲法「改正」上程にまで走り出しそうな小泉首相は、変人ではなく、天才じゃない

（11・30）

自民党は奇妙な政党だ。いくつかあるが、その第一は、その政治綱領と政治行動の極端な矛盾である。自民党は、その政治目的をしめす政治綱領に、はっきりと日本国憲法を破棄して、自主憲法を制定する、と明記している。

ところが、その自民党の主流といわれる派閥が改憲論でないのだ。一つは池田勇人の宏池会の流れをくむ宮沢派である。二つは、佐藤栄作の流れを汲み、田中派→竹下派→橋本派ときた党内最大派閥である。まあ、自民党は権力欲＝政権担当でつながる派閥集団だから、改憲論あるいは改憲慎重論であっても、いいだろう。

しかし、自民党の政府が、一度も憲法改正の必要を口にしたことも、それを政治課題のテーブルに載せたこともないのは、やはり異常であった。

たしかに、政府にかぎらず、国会議員も、はては公務員にいたるまで、憲法を遵守すべきことを、憲法で規定されている。しかし、そのことと憲法改正を議論し、政治課題にすることとはまったく別である。もしそれさえも禁じられるなら、国会が憲法改正を発議するなどは、そもそも不可能になる。ただし、これまで日本＝自民党政治は「発議せず」の政治選択をしてきたのである。

ところが、小泉内閣は、政府の方針の一つとして、憲法改正を含む議論を盛んにし、その議案提出を自民党に求めた。自民党政府としてははじめてのことである。ここにも、変人（歴代の自民党政治家とは異なった）小泉首相の面目躍如たるものがある。

しかも奇妙なのは、議会も、自民党も、それにあんなに憲法改正に喧しい新聞も、非難の声を上げていないことである。小泉の常套手段である、反対派を煽って議論を巻き起こし、反対論をあぶり出して追い落とす戦法に警戒を示しているのだろうか？

道路公団の民営化をやり、銀行の不良債権処理にめどを立て、郵政民営化を指呼の間におき、憲法改正の上程にまでこぎつけようというのだったら、この人、変人ではなく「天才」だろう。

（1・13）

58　天皇に戦争責任を問えるのか？　問えるとしていかなる性質のものか？　1「戦争責任」とは

平成十三年の放映番組をめぐって、NHKのプロデューサーが「政治的圧力で番組内容が改変された」と内部告発した。その尻馬に乗る形で大きく報じた朝日新聞が、NHKならびに二人の大物政治家、安倍と中川に、政治的圧力の「事実」はなかった、と反撃され、窮地に立たされている。これはこれできちっと解明されてしかるべきだ。

問題にしたいのは、当の番組が報じた「女性国際戦犯法廷」なるものが下した、天皇の「戦争責任」である。

最初にはっきりさせたい。「戦争責任」なるものは存在するやいなやの問題だ。

たしかに、「戦争犯罪」は、国際法上、存在する。軍隊員による戦時法規の違反（禁止された兵器使用や捕虜虐待等）、一般市民を含む非戦闘員の敵対的な戦闘行為、戦時下における間諜や反逆、窃盗や略奪の犯罪行為を指す。ただし、戦勝国が敗戦国を裁いた東京裁判で採用された「平和に対する罪」と「人道に対する罪」は、戦後、新たにつけ加えられた「法律なくして罪なし」の原則に背く、違法行為である。当時の敗戦国日本政府が東京裁判の「判決」を認めざるをえなかったとしても、こんな無法が歴史上行なわれたことを日本人は忘れるべきではない。

また「戦後補償」はある。敗戦国が戦勝国あるいは戦争被害にあった当事国に対して支払う補償だ。第一次大戦の反省を踏まえ、「補償」は、賠償金主体ではなく、敗戦国の徹底した経済の非軍事化と役務および実物賠償だった。軍事産業の解体や財閥の解体を主とした。日本はこれを誠実に実行してこなかったか？　してきた。

通常いわれている「戦争責任」は、「戦争犯罪」と「戦後補償」以外に何をつけ加えればいいのか？

いうまでもないが、戦勝国に「戦争責任」なるものはない。「戦争責任」は敗戦国にこそある。もし「戦争責任」という概念が成立するとしたら、敗戦国の戦争指導者が、自国を敗戦に導いた政治的・道義的責任である。

（1・20）

59 天皇に戦争責任を問えるのか? 問えるとしていかなる性質のものか? 2 道義的責任

自国を敗戦に導いた政治的・道義的責任のなかでも重要なのは、「開戦」に導いた政治的・道義的責任だろう。もちろん、この責任は、「裁判」問題には馴染まない。

開戦に、したがって敗戦に導いた最大の責任は、近衛文麿首相でありその後継の東条英機首相である。東条は東京裁判で極刑に処せられ、近衛は戦犯に指名されるにおよんで自殺した。しかし、この二人が、自国を敗戦に導いた政治的・道義的責任を、自国と自国民に対して取った、とはとうてい思えない。「戦争責任」が曖昧になった原因の第一だ。

では日本を敗戦に導いた政治的・道義的責任を、天皇には問えないのだろうか?

天皇は法体系上でいえば、国家主権者であり、四権(立法・行政・司法・軍)の統括者である。文字通りの元首だ。同時に、実体政治上でいえば、いかなる政治過程にも非介入を原則としていた。たとえば、日米開戦には天皇の「意志」を必要とした。しかし、内閣・議会・軍が決定した開戦の意志を、否定的にであろうと、肯定的にであろうと、「追認」ないしは「同意」する以上の意思表示はできない。つまり、政治の実体に即していえば、天皇に政治的責任は問えない、ということだ。

しかし、これを国民感情のレベルで考えてみよう。国民の圧倒的多数は、日本国と天皇を一体としてつかみ、国家=天皇のために戦争をしたのである。「皇軍」としてあることを誇りとしたのである。この国民感情を天皇自身も理解していた。

元首であり、日本国と一体化して感じられていた天皇の、開戦＝敗戦の道義的責任は、日本国民の誰ひとりこれを要求しなくても、天皇自身が感じ、表明すべきである。私にはそう確信できる。しかし、天皇は開戦＝敗戦にかんするご自身の戦争責任を表明しなかった。それが日本国民のあの戦争に対する奥深い「棘」（トラウマ）となった。誰にであれ、「戦争責任」で「告発」されると、頭が真っ白になり、腰抜け同然になる。

「女性国際戦犯法廷」をプロデュースするなぞは「白頭」のなせるわざなのだ。（1・27）

60　二万店舗の普通郵便局、特定郵便局のみなさん、民営化賛成の声を上げるべきじゃないの！

大学の在校生、卒業生に、いまこそ郵便局に入社したらいいよ。民営化の過程のなかで、存分に働けば、新会社で一躍頭角を現すことができるよ。こう勧めている。

マスコミは、郵政の民営化に「反対」しているが、本気だろうか？　理由がとんとわからない。政府は明確に郵便事業はユニバーサル基準でやるといっている。その他は民間と、移行期間を過ぎれば、同じ土俵で競争だ。

しかも、普通郵便局はもとより特定郵便局はどこも一等地にある。ネットワークを使えば、どんなビジネスを展開してもいいのだから、クロネコ（宅配便）はもとより、セブンイレブン（コンビニ）を吹っ飛ばすほどのパワーを発揮できるじゃないか。

たとえば、特定郵便局は土地も建物も「国有」ではない。法人化すれば、ただちにその属する地域住民に事業拡大のための資金と人材を募り、新しいビジネス展開の「ファンド」にすることができる。地域活性化の拠点になるのだ。

普通郵便局員なら、上も下も、新しい事業展開に手ぐすね引いているのではないだろうか？　電電公社や国鉄の民営化よりも、ずーっと有利な地点から出発するのだ。

しかも、民営化されると、膨大な事業が課税対象になる。まさに赤字財政削減の切り札になる。国益、国民益になるわけだ。

膨大な赤字を背負ってＪＲ北海道が発足したのが八七年。〇三年度にはじめて単年度黒字を計上した。誰もが予想し得なかった成果だ。これに比べると、郵政事業は現在ただいま「黒字」なのだ。

なるほど、金融事業はいいとして、郵便事業の縮小が懸念される。しかし、このままだと、葉書や封書の停滞、減少は不可避である。携帯やパソコン等のインターネットメールが急速に拡大しているからだ。新規事業を目指さないとじり貧、廃業必至になる。

郵政民営化に反対できるのは、やる気のない幹部・職員、郵政省の役人、それに族議員だけだろう。他にいるとしたら、公社化で変わった郵便局・局員の姿をまともに見ることのできない、マスコミの煙幕内にいる人に違いない。

（2・8）

61　イラクの選挙の「成功」は、イラク民主主義の出発ののろしだ

最近もっとも痛快だったのは、イラクの憲法制定議会選挙だった。日本や欧米のマスコミは、連日、テロの攻勢によって、選挙の実施が危ぶまれる、もし選挙を強行しても、過半が投票するのは困難で、もしそうなれば、イラクの正常化はますます混迷の度を深めるだろう、と報じてきた。ところがどうだろう。ボイコットを宣言していたスンニ派の中からも、投票者がかなりの数に上った。全体で六〇％前後の投票率だという。現在の治安の不安定を考えると、大成功である。

早くからこの選挙の成功を疑わなかったのは評論家の長谷川慶太郎だ。

〇四年十月に行なわれたアフガニスタンの第一回大統領選挙の結果を踏まえて、長谷川は主張する。自分の投じる一票、自由＝秘密投票で元首を決める。タリバンがテロでこの選挙を粉砕する、と豪語した。しかし、当日、爆発は一件もなかった。もし投票に向かう女性に無差別の攻撃を仕掛けたら、一挙にテロ集団は隠れた支持を失うからだ。

イラクにも同じことが起こった、とみなしていいだろう。初めての自由＝秘密選挙である。前日までの投票所を主目標としたテロ攻撃が嘘のようだった。選挙風景に写るのは、ゆったりした表情で辛抱強く順番を待つ老若男女の長い列である。

さすがに、日欧米のマスコミも、この選挙がアメリカ占領軍の監視の下に、唯々諾々と選挙に向かう羊の群れのごとくに描くことができなかった。

イラク人の選択は、この選挙の結果、自国の「独立」達成を、「アメリカの占領か、テロか」から、「民意か、テロか」に確実に変わってゆく。私にはそう思われる。

たしかに、一回の選挙で根本的に事態が解決するわけではない。しかし、自国の憲法＝政治システムを自国民の意志によって決定してゆく確実な第一歩が記されたのである。

イラク戦争で苦戦を強いられてきたブッシュに光明が見えてきた。そのブッシュを後押ししてきた小泉は、本当に運のいい男だ。あらためてそう思う。

（2・10）

62 地球温暖化を防ぐために、妙手ありや？ 日本の援助次第だって、知っている？

二十一世紀の政治経済ばかりでなく、日常生活のごく普通な場面を含めて、環境保全問題が最重要な問題である、ということは誰もが口にする。つい最近（2月16日）、ロシアの批准をえて、地球温暖化防止のために二酸化炭素等の排出量を規制する京都議定書が発効した。その実効性いかんは未知数だが、ロシアを巻き込んだことは、大成功だった。

ただし、この議定書には、当初に推進派だったアメリカが批准を拒否した。それにチャイナははじめから参加していない。アメリカは世界最大の二酸化炭素排出国である。「世界の工場」をめざすチャイナは、まさに「公害垂れ流し大国」なのだ。

世界最大の生産と消費国家であるアメリカの動向いかんが、これからの環境保全にとって決定的に重要だ。アメリカも無策ではない。対して、チャイナに環境保全のため有効な対策を打て、と望んでも無理というもの。政府も国民もやる気はない。そんな財政的、技術的「余裕」はないからだ。ロシアにやる気は見えない。

地球温暖化防止の実現にもっとも必要なのは、逸《はや》らないことだ。問題は総量規制である。経済成長を疎外する対策は長続きしない。当面、アメリカをどう引き込むか、チャイナ対策はどうするか、である。

京都議定書の通り、九〇年水準に排ガス量を戻すには、日米欧とも、およそ現在量の二〇%カットを実現しなければならない。

日本にとっては過重な負担だが、多少遅れても、おそらくやり抜くだろう。すでに実績がある。EUでは、国によってばらつきが出るだろう。達成可能なのは、人口の少ない国だけかもしれない。英独仏伊の経済が回復すると、目に見えて困難になる。アメリカは九〇年代からずーっと高成長を続けている。この機に、一挙に排ガス規制値を上げると、経済成長をストップさせかねない、という杞憂が労資ともにある。技術的困難も抱えている。

どうです。アメリカに排ガス技術を、チャイナやロシアに技術と資金と人材を、日本が提供するってのは？　そんな自己犠牲は真っ平、だって！

（3・3）

63　日本は自殺率が高い。格差＝酷死社会の証拠だって！　的はずれだ！

日本の自殺者数が三万五千人に達した。自殺率一〇万人につき二四人で、世界第一〇位、先進国ではトップである。これをもって、日本が格差社会であり、酷死社会である、という「通説」が闊歩している。「希望格差社会」(山田昌弘)などという新語も登場した。まったく的はずれである。

第一に、自殺率が日本より上の社会は、リトアニア、ロシアをはじめ、全部旧社会主義国だ。フランスが一八人で一九位、その上に、ベルギー、フィンランド、ルクセンブルグ、スイス等の高福祉社会がある。ちなみに、正真正銘の格差(階級)社会であるチャイナ一四人二七位、ドイツ一四人二八位、米一〇人四六位、英八人五七位である。(小数点以下四捨五入)

思うに、貧困の平等社会が競争社会に転じた国の自殺率が高い。日本は豊かな平等社会が格差拡大社会に移行しているのだ。ただし、米英のような格差社会は自殺率が高くない。

第二に、自殺率が低いのは、ヨルダン、エジプト、シリア、イラン等で、ほとんど〇人である。この社会は平等で住みやすいか? まったくそうではないだろう。ともに、自由度が少ない独裁国で大多数が貧困だ。

第三に、一見して、「過去より格差が拡大する」社会が共通に自殺率が高い。日本もそうだが、他の貧困国とは異なる。日本は、国際競争力を維持するために、「平等」で「豊か」な社会から、格差は進むが「より豊か」な社会への「変化」過程をたどった。それでも、英米独仏よりも遙かに格差が少ないのだ。もし日本が競争と格差の拡大を拒否したら、明らかに日本は英米はもとより、韓国、チャイナの後塵を拝し、ドイツ以下の停滞を免れなかっただろう。

日本で現在生じている格差や競争がもたらすストレス程度に耐えようではないか。自由に自分の実力を発揮できない社会のストレスを解消することのほうが、重要だからだ。

第四に、自殺を押しとどめる宗教的制約がない、旧社会主義国や日本のような無宗教社会が共通して高自殺率であることも、無視してはならない。

（4・13）

64 大変身！ 北海道の自治体は六つでけっこう

平成の大合併という。数からいえば、そういってもいい。九九年三月の三二三二から、〇六年三月には一八二二になる見込みである。一三一〇減だ。これが、多いというか、少ないというか、そこが問題である。

政府総務省が、財政支援という甘い汁を注いで、合併促進を進めた。それなのに、この結果だ。数が減ればいい、というわけではない。しかし、総じていえば、減らなければ政府補助金だより、借金まみれの地方自治体質から抜け出せない。逢坂町長のニセコは単独で行く方針だそうだが、借金が町民五千人に対して二〇〇億円だという。補助金削減をどう補填するか？

半減の県がある。鹿児島の九六→四九、宮城の七一→三六などだ。三分の二減もある。大分五八→一八、新潟一一二→三五などである。逆に、東京、大阪、神奈川のように、一〜二減というところもある。わが北海道は二一二→一八〇で、半数県が半減以上なのに比して、減少率が低い。広域市町村ということもあるが、岩手五九→三五や福島九〇→六一に比べても、極端に低い。

非常に対照的なのが、新潟一一二→三五と長野一二〇→八一で、知事や首長の合併に対する姿勢の違いが如実にでている。

北海道は広域である。だから、なおのこといっそうの広域化が可能だ。第一に、市町村などの区別は排する。第二に、合併の理念などというものは棚上げする。第三に、地政学を考慮に入れた、高度高速情報化社会に対応した道政図を作る。次はかつての提唱だ。今でも有効である。
①道都（札幌）、②道南（函館）、③札幌圏（札幌）、④道央（苫小牧）、⑤道東（釧路）、⑥道北（旭川）の六地方自治体（カッコ内は政庁所在地）である。
二一二→六は乱暴だろう。しかし、歴史が浅く、人口が少なく、空・鉄・道路で結ばれた、日本の道州制だけでなく、新しい世紀の世界モデルとなりうるような自治体図ができあがる。役人の数を減らす。民間の仕事を増やす。これが可能になる。地域行政のスリム化だ。（5・18）

65　ドイツの試練　長いトンネルを這ってきた国は怖いよ！

九〇年十月三日、東西ドイツの統一で、一時は、ビスマルクのあるいはヒットラーの「強国」ドイツが復活するのでは、という恐怖にも似た感情が世界を駆け抜けた。案に相違して、ほぼ十五年、ドイツはあらゆる分野で低迷を続けている。

ロシア社会主義の崩壊、冷戦構造の消滅、ヨーロッパ連合の成立、ユーロ圏の漸次的拡大等々、どれ一つをとっても、ヨーロッパの中心に位置するドイツに有利な要素ばかりが目立ったのである。

ところが、ドイツ経済は減速経済を強いられ、失業率は常に一〇%を超え、政治的にはこれといった独自路線を打ち出すことができず、常に派手なフランスの風下に立ってきた。

あの誇り高きドイツが、自国で開かれた世界医学会の公式言語を英語にする、という失態を演じる始末であった。科学も技術も、かつての面影なきがごとくである。たしかにベンツのダイムラー社はアメリカのクライスラー社を併合したが、低迷同士の合併である。日本車に追いまくられている。哲学と医学と技術の国ドイツの面目いずこに、という具合だ。

しかし、ドイツは東ドイツと一緒に社会主義を丸飲みしなければならなかったのだ。日本も、単一市場経済の下で、日本型社会主義解消のため、この十数年構造改革に取り組んでこざるをえなかった。一見して「失われた十年」といわれている。この改革に反対する勢力の合い言葉だ。この合唱は、いまなお続いている。しかし、山崎正和が喝破したように、「大躍進の十年」だったのだ。事実、ようやくトンネルの出口を見いだした。

ドイツも同じである。二度の世界大戦で国家崩壊に見舞われたドイツが、第三の敗戦としかいいようのない東ドイツ(=社会主義)崩壊を抱え込んだのである。その災難から必死で抜け出そうとした、試行錯誤の連続であったのだ。しかし、この危機に耐え、暗いトンネルを脱したドイツは、再び世界に覇を唱える愚がないかぎり、日本のもっとも恐ろしいライバルとして進出してくる。その日を日本は待ってるぜ!

(5・25)

66 A級「戦犯」はまだ名誉回復されていない。それが最重要の歴史問題じゃないの?

昭和史の中で、いまもって不可解なのは、近衛内閣発足直後の大方向転換である。昭和十二年に起こった「盧溝橋事件」を契機とする北支事変→支那事変→日支戦争への戦線拡大をさす。日本軍はこれを境に解決不能と思える泥沼戦争に陥ってゆく。

一つはっきりしているのは、スターリンの特命を受けたリヒャルト・ゾルゲのスパイ活動である。彼の日本の代理人が尾崎秀実《ほつみ》で、近衛のブレーンの一人であった。スターリンは、近衛をマインド・コントロールすることによって、対ロシアに備えた日本戦力を、対チャイナ、対アメリカに向けることにまんまと成功し、極東に張り付いていた重機動部隊を対ドイツ戦線に回すことができたのだ。近衛こそ、ロシアの大侵略を許し、日本を開戦に導いた第一の張本人である。これが私の意見だ。このゾルゲや尾崎を平和主義者で愛国者と呼ぶものがまだ絶えない。無知の極みだ。

日本は敗戦した。軍は無条件降伏し、解体された。国内外の戦没者を合祀してきた靖国神社は、所管の陸軍・海軍省を離れ、一宗教法人として再出発した。そこに、大東亜戦争の戦没者も合祀された。A級・B級戦犯ともどもにである。もちろん、誰も、どの国も文句をいわなかった。いえるはずもない。

靖国神社は、本来国が慰霊しなければならないはずの戦没者を、不当な東京裁判で日本敗戦の責任を一身に背負わされ、絞首刑にあった「戦犯」を祀ってきたのだ。彼らはまだ名誉回復されていない。

さらに忘れるべきではないのは、かのスターリンとともに日本と闘った毛沢東のチャイナ共産党と共産軍が、現在の共産チャイナの政治・軍事権力を独占していることだ。共産ロシアは倒れたが、共産チャイナは健在なのである。その共産チャイナの代理人のような発言をしてきた自民党（旧田中派・宮沢派）や民主党（旧社会党・旧田中派）の政治家、ジャーナリスト、TVのコメンテーターがうようよいる。近衛や尾崎のような振る舞いを恥じらいもなく演じている。歴史は何度でも繰り返す。チャイナ副首相のドタキャンに、周恩来の姿をだぶらせてみたのは、私だけだろうか？

（6・1）

67 常任理事国入りをめざして、何の自主外交ぞ？ 常任理事国制の廃止をこそめざせ！

日本政府が、国連安全保障理事会の常任理事国入りをめざして、外務省を中心に猛烈な運動をはじめたとき、まず走ったのは、強い違和感だった。

第一に、ともに常任理事国入りをめざすドイツ、インド、ブラジルの組み合わせである。G8の一員であるイタリアとカナダはどうなるの？　アルゼンチンは、オーストラリアは、南アフリカは？　しかし、それよりもまず、日本が主張すべき国連改革は、まず理不尽な常任理事国制の廃止であって、常任理事国入りではないのだ。

だいたい、第二次大戦の戦勝国（仏・支は勝ったの？）で構成する常任理事国制は、もうとっくの昔に使命を終えている。現ロシアも、チャイナも、終戦時の国ではない。会社でいうなら、一度破産し、社名も変わった別会社である。しかも、チャイナは共産党独裁の反民主主義国ではないか。

第二に、常任理事国入りを果たすために、外交攻勢といったら聞こえはいいが、賛成票漁りをはじめたことだ。まず常任理事国の賛成を勝ち取らなければならない。この好機をチャイナ政府が見のがすはずはない。小泉首相が、五月のアジア・アフリカ会議で、突如という形で平成七年の村山首相談話を持ち出し、過去の侵略戦争と植民地支配を謝罪したのも、ＯＤＡ（政府開発援助）拡大をはかろうとするのも、この外交路線上にある、と思える。（小泉さん、外務省の役人の口車に乗ったんじゃあるまいね。）

この動きは、チャイナや韓国が、靖国参拝反対をはじめとするあらたな反日攻勢の火の手をあげる重大なきっかけを与えた。ロシアも負けてはいない。他国も、この際、日本から（ひも付き）援助の約束手形の発行を暗々裏に求めている。金で票を漁る、こんな国は、軽蔑以外のなにものも獲得できないのだ。

第三に、常任理事国入りは、外務省や国連主義の小沢一郎と民主党の主張ではあっても、小泉政権の主要課題ではないだろう。

戦後六十年、米露戦勝国が世界を主導するなどという、名も実も失せた遺物にまとわりつこうとして、屈辱とばらまきの外交に逆戻りするのは許し難い。ま、小泉はすでに目を覚ましてはいるだ

ろうが。（6・29）

68　朝日が郵政民営化政府案に全面賛成！　参議院可決を訴えた。朝日になにかが起こっている

このコラムが活字になっているころ、参議院で郵政民営化法案が否決され、小泉首相が公言通りに衆議院解散を強行し、政局が一変しているかもしれない。政界は一寸先は闇である。何が起こるかわからない。いつものように亀井が腰砕けになり、法案は可決され、行財政の構造改革が一気に進む、と私は予想するが、どうだろう？

しかし、それにしても驚いた。朝日新聞（7・31）の社説である。郵政民営化の「法案を可決すべきだ」と見出しがついていたのだ。エッ、朝日は、民営化に賛成だったたって？

しかも、社説内容は、法案の審議過程で議論された政府見解に沿っているのである。

①民営化で、官から民へ資金の流れを変え、「国営銀行」が生みだす非効率を止める。

②巨大資金が、政府資金の打ち出の小槌の役割を担い、赤字財政のもととなった。

③公社の赤字化は目前で、かつての国鉄のように、税金で赤字を埋める羽目に陥る。

④法人税の徴収、株の売却益で、国庫を潤す。

⑤否決されれば、政府系金融機関の統廃合や規制改革等、構造改革が弾みを失う。

⑥民営化即バラ色ではない。多くの課題が残っている。また、当初の理念から後退もした。だが民営化の過程のなかでこそ具体的にその欠陥が解消されてゆくべきものである。

⑦小泉首相の強引な手法で反発を招いたが、良識の府の大局的な判断を望む。

大略はこのようなのだ。自民党の賛成派の議論と瓜二つではないか。豹変というべきではないか？ それに、政権交代（の可能性）を歓迎しない朝日「社説」も珍しい現象というべきだろう。

他方、朝日の夕刊にはシリーズ「ニッポン人・脈・記」で《「国家再建」の思想》（7・25〜）として中曽根康弘元首相の人脈と、その人脈の思想と行動が詳しく、しかも、魅力的に紹介されだしたのである。

朝日新聞の中でなにかが起こっている。権力闘争か、主張方針の徐々なる転換か、それはわからない。が、興味津々ではないか。

（8・10）

69 退路を断って、改革本丸を死守しようとする小泉の凄まじさ

八月八日、参議院で郵政民営化法案が否決された。政治の世界はまさに一寸先は闇である、ということをまたもや実証して見せた。

小泉首相は、即座に衆議院解散を閣議決定した。決定に署名を拒否した島村農水大臣を、即座に罷免し、衆議院は解散した。

小泉の言うところ、単純明快だ。「郵政解散」である。郵政民営化に賛成するか、反対するか、それを唯一絶対の論争点として、選挙を戦う気だ。自民公明で過半数をとれなかったなら、即退陣をする、と表明した。退路を断ったのだ。

これに対して、民主党は、岡田代表が政権を取る「千載一遇のチャンス」と発しながら、争点を明確に出せない。国会で終始掲げた「郵政民営化反対」を、まさか旗印にするわけにはゆかないだろう。一日おいて、岡田は、もし民主党が政権を奪取できなければ、代表の座を降りる、と表明したが、小泉の後では、まったく迫力がない。

憐れなのは、郵政法案に反対した自民党議員だろう。公認されない。対立候補を擁立される。公明党の支援を受けることができない。比例代表区から出た議員は、どうにもならない。政局にすべきでない案件で、火遊びした罰である。

もし、民主党が政権を取ったら、日米、イラク、日中、日朝、日韓問題等、日本をとりまく国家間問題が、ことごとく日本に不利に働く。政府が、アメリカとの間に距離を置くからだ。行財政を含む構造改革は、頓挫するだけでなく、またもや放漫財政の再現となる。ようやく踊り場を出つつある日本経済に痙攣がやってくる。

だから、民主党政権樹立に反対なのか、といわれれば、そうでもない。この際、短期間でも民主党に政権をゆだねて、日本をがたがたにしてみるのも、一興だからだ。しかし、これもう一つの火遊びだ、というのが私の意見だ。

日本の民意がどちらに振れるか？　政治には何が起こっても不思議ではない。小泉が、構造改革の「本丸」を掲げて、憤死するか、死守するか？　日本政治の一大岐路である。

（8・17）

70 「刺客」などという物騒な言葉が行き交っている。政界再編なんだよ！

「刺客」とは「暗殺者」の漢語的表現のことだ。

「党是」（党が実行するつもりの根本方針）である郵政民営化法案に反対票を投じた自民党議員を「公認」しない。当然、自民党公認の候補を立てる。これをもって公認候補をマスコミは「刺客」と呼ぶ。間違っているだけではない。まこと物騒なことをするものだ。

秦の始皇帝やフランス大統領ドゴールの暗殺をくわだてた者が、公然と姿を現して命を狙う、などということはありえない。暗殺は、どこの誰ともわからないか、暗殺の本心を隠してはじめて可能である。そして暗殺者は、成功失敗にかかわらず、抹殺される。

先の参議院選挙のとき、今回反対票を投じた（民主）荒井議員たちは、党是を受け入れ、郵政民営化反対を表明せず、当選した。こういうのを二心者（ダブルスタンダード）という。二心者をなあなあで認めてきたのが、これまでの自民党の実態だ。それが変わった。もちろん、政策で結びつく政治集団として当然の党のありかただ。

反対派は公認をえることができず、新党を立てる（らしい）。これも常道だ。しかし、「郵政民営化反対」を党是とできるか？　特定組織の利益誘導をはかる族議員であることを表明して、選挙を戦えるだろうか？　国民をなめるな！

「刺客」と名指される自民党の新人候補は、大喜びである。これまで、若手の政治家志望者は、地盤ががっちり固まって動かない自民党から出ることが困難だと知って、民主党から立候補せざるをえなかった。公募地区に応募者が続出しているのも当然だろう。

もっといいのは、派閥の解消が加速化していることだ。橋本派も堀内派も亀井派も、頭部を失って、解体過程にある。森派の森も影響力を失った。派閥＝政策集団がなくなるわけではないだろうが、「親分について行く」という派閥原理はなくなった。

今回の国政選挙は、政界再編の胎動ではなく、政界再編そのものなのだ。自民党が変わる。民主党は変わらない、改革は停止、で選挙に勝てるの？（8・24）

71 自民大勝の最高殊勲選手は、ななんと、武部勤幹事長なのだ！

自民党が圧勝したおかげでというのか、チャイナや朝鮮の共産党筋のマイク音が急にボリュームを下げたように感じられる。気持ちいいね。

この圧勝ドラマは、一年前から仕組まれていた、小泉の「奇襲」（新・桶狭間の戦い）である、などとまことしやかに解説する政治評論家がでてきた。予想通りだ。でもね、森田実、岸井某、三宅じいさん、福岡政行、あれもこれも、民主党の千載一遇のチャンス、小泉独裁（狂人）の崩壊、と宣ったのと違いますか？　なに間違ってもいいの。競馬の予想じゃないのだから。ただ知らん振りして、またもや珍解説におよばないことですね。謹慎、はお前さま方にこそ必要なのでしょう。

民主党は若手の前原誠司が代表になった。小沢や、菅や、横路なんぞに遠慮なしにがんがんやったらいいのだ。小泉がやったようにである。えっ、まとまりがとれないって。壊れるって。ならば、次回参院選挙で、大鉈を振るってごらん。小選挙区制なのだ。党公認以外は、議員に選出されるのが難しい。無所属で当選しても、行き場がなくなる。代表と幹事長で、単純明快に政策を訴え、候補者を決めて、直行したらいいのだ。

そう、憲法改正、行政＝公務員カットは小泉と共同歩調を取り、成果を競えばいい。外交を、対米からアジアにシフトするなら、その方途、チャイナと朝鮮、韓国の間違った要求を止める方法を提出しなくてはならない。できますかね？

そうそう、特筆大書しなければならないことがある。自民党圧勝原因だ。小泉の政治決断にあるが、その決断を完全履行した幹事長の「忠勤」にあるのだ。忠勤なんて古い用語を使うなって。違う。ローヤル・サービス（loyal service）である。誠実に履行したのだ。幹事長がもし総裁の方針に疑義をはさみ、手綱を少しでも緩めるようなことがあったら、圧勝はなかった。こう断言できる。

逆にいえば、自民と民主のいずれでも、どんないい政策を提起しても、組織が一丸となってその政策実現を訴えないと、勝利はありえない、ということだ。浮動票の底上げはないのだ。きついが簡明な選挙になったね。

（9・28）

72　憲法改正が政治課題にのぼりつつある。改正賛成！　しかし、反対！

××の一つ覚えのように、社民党の福島党首が、憲法九条を変えると「日本参戦」の歯止めを失う。戦争国家に逆戻りする。なのに憲法九条を変えますか？　こう小泉首相に問い質す。小泉さんは、九条を変えると参戦の歯止めを失う、というのは曲解だ。日本が自衛力＝戦力を保持する現状が憲法違反である、という法的矛盾を解決することを意味する、と答える。

同じようなことを最近聞かされた。私は、九条も含めて、憲法改正に賛成である。第一、現憲法は現状の法体系にあわない。第二、勝戦国が敗戦国を軍事的に丸裸にするという意図で押したもので、国連憲章とともに、早くから改正の必要があった。第三、翻訳憲法で、「主権在民」のように主権国家に関わる基本概念が誤っている。兵役の義務が明記されていない。したがって、第四、改正は九条だけではない。全文に及ぶ。第五、現憲法は不磨の典だった。改正のための手続き法を制定しなければならない。

だが、と思う。憲法改正にはにわかに賛成できない事情がある。一、現憲法が日本の歴史と伝統をまったく考慮せずに作られているからだ。中川八洋さんがいうように、日本の国柄（国体）にかなった憲法を作る能力をはたして現在の統治者や議員、それに学者たちは持ち合わせているか、はなはだ疑問なのだ（『国民の憲法改正』04年）。二、第二章天皇をめぐる議論や各種草案を見ると、改悪すら危惧される。「読売新聞」が音頭を取っている草案などには、「主権在民」が基本＝先で、「天皇」はそれに続くべきだ、などという異論さえある。これはたんなる異論ではない。憲法改正が政治課題の正面に据えられたとき、護憲派の中から当然出てくる意見である。

三、いまひとつ重要なのは、戦争は悪い、間違っている、なくさなければならない、という単純思考を「訂正」する必要がある。戦争はなくならない。防止できるだけだ。法体系も含めて、戦争に備えることが戦争防止の基本なのだ。この訂正は簡単ではない。（10・12）

73 黒沢明監督「七人の侍」はコピーだから、コピーされるから、創作であり、名作なのだ

平成十五年、ＮＨＫ大河ドラマ「武蔵」の第一回の最終場面、集団格闘が黒澤明監督「七人の侍」に酷似しているとして、黒沢監督の息子（元俳優でプロデューサー）久雄が著作権侵害を理由に巨額の賠償を求めて上告した。平成十七年十月十七日、最高裁は一、二審の判決を支持して、上告を棄却した。当然の判決だろう。

日本は模倣《コピー》文化といわれてきた。多くは日本文化を軽蔑してのことである。コピーは猿まね、想像力と主体性のなさの見本である、といわれる。しかし、日本文化は、古くはチャイナ、明治維新後は欧米、戦後はアメリカをモデルにしてきたものの、移植ではない。組み替えて日本に固有な文化を創造してきたのである。移植だけでは、日本の土壌に馴染まない。成長しない。

本来、創造とは、無からの創造ではなく、真似（まな）＝学んで、咀嚼し、新しくするということなのだ。複製文化は文化の本道なのだ。モデルのない「創造」は、もしあったとしても、荒唐無稽の類だと知るべきだろう。

したがって、名作、名品にはかならずモデルがある。特に映画がそうだろう。なるほど、「七人

の侍」は黒澤明の「創作」だろう。しかし、野盗から農民を守るというシナリオは、吉川英治「宮本武蔵」から借用し、集団劇化したものともいえる。黒沢が西部劇から大きな影響を受けたといわれるが、時代小説からだって、当然受けているわけだろう。

どうです、NHKも逆襲して、後年、一村を野武士の手から守る武蔵の活劇は、関ヶ原合戦後、野盗の襲撃から母娘を守る若き武蔵の拡大再生版である、と抗弁しては。黒沢こそ、吉川武蔵のコピーではないか、というわけだ。ただし、この程度では、裁判所などに提訴する問題ではない。

自作がコピーされる。リメークされる。パスティーシュはいわば創作の常道なのだ。コピーを無条件に礼賛するわけではないが、名作はコピーされてこそ名作の実を示すのだ。ちなみに、黒沢「用心棒」は、「荒野の用心棒」を生んで超名優クリント・イーストウッドを生み、さらにリメークされてブルース・ウィルスの「ラストスタンディングマン」が生まれ、アニメが生まれ、……。

（10・26）

74　若者＝フリーターやニートの自立支援だって。やるべきは、文部科学省の仕事減らしじゃない

行政改革、小さい政府の実現をめざすというのが小泉政権の、現在もっとも緊急な課題だろう。ところが、各省庁は、予算確保、増大のためにさまざまな、なくてもいい、ないほうがいい官主導の仕事プランを掲げて実行中だ。

その最たるものが文部科学省の「若者自立・挑戦プラン」である。

若年者の雇用問題に政府全体として取り組むという掛け声の下に、「若者自立戦略会議」を作り、平成十六年から実行に移している。十七年度のこの施策予算総額は一〇五億円で、

①中学を中心に五日以上の職場体験を通じたキャリア教育の充実（五億円・新規）

②専門高校等で将来の地域社会の担い手となる専門的職業人の育成（二・二億円）

③草の根eラーニングシステムの整備、eラーニングを活用した学習支援システム構築の支援（一・九億円・新規）などが目玉に掲げられている。

定職をもとうとしないフリーター。学校に行かない、職に就かない、ニート。それをどうやって学校に、職場に引っ張ってゆくの？ キャリア教育をほどこすの？ 彼らがeラーニング（学習）をするっての？ 笑わせちゃいけない。親が首に縄を付けるように、学校に行きなさい、職に就きなさいと促しても、おいそれとは動かない。ほとんどはあっちのほうを見るだけ。できもしないことをいうんじゃない。そんなものに大金を使うんじゃない。役人が新規に仕事を作るだけに終わる。

ほっときなさい。定職をもちたくないヤツ、働きたくないヤツ、学校に行きたくないヤツなんか。困るのはソイツラなんだ。国が困るわけじゃないだろう。ヤツら、まだ「軽くやばい！」と思っているんだ。世の中をなめているんだ。必要に迫られないと動かないのである。無理に動かそうとすると、彼らに自己存在感を与えるよ。自惚れるよ。

親に任せておきな。親が、ぎゃー、ぎゃー声も上げていないのに、文部科学省が声を上げる。

もっとやる仕事があるだろう。いちばんいいのは、何もしないことだ。役所の仕事をどんどん減らすことだ。リストラだよ、やるべきは文部科学省のね。

（11・16）

75 自民党結党五十年、自民党はぶっつぶれたのか、否か

自由民主党は五五年に結成された。社会党合同の後を受け、改憲再軍備の鳩山一郎民主党と親米軽武装の吉田茂自由党が合体したのだ。しかし、改憲再軍備を党是とする自民党が、結党五十年にして、はじめて再軍備改憲案を提出した。実に奇妙な成り行きに思える。

じゃあ、再軍備改憲に踏み切った小泉純一郎は鳩山一郎の系譜にあるのかというと、そうではない。「アメリカとの関係がうまくゆけば、他の国との関係がうまくゆく」といいきる小泉の思考は、親米第一主義であるからだ。日米軍事同盟の堅持によって、日本の自立を図ってゆくというのがその第一戦略である。

自民党の基本路線を敷いたのは、いうまでもなく戦後占領下で日本の政治を担当した吉田茂である。親米のスタイルを貫いて、非米的選択肢＝軽武装を行使することで、保守政権を維持するという高等戦術を取った。アメリカが強制した憲法を盾に、再軍備改憲を回避する行き方だ。その弟子たちはすべて護憲派で、池田勇人、大平正芳、佐藤栄作、宮沢喜一である。親米の度合いの強い順番に並べてみた。宮沢になると、非米護憲派といっていい。

田中角栄は、日中関係をテコに、対米相対自立を図った最初の首相である。しかし、護憲派に終

始した。それは最大派閥田中→竹下派に受け継がれ、七〇年代以降の自民党の暗々裏の基本スタイルになった。この点では田中に対立した三木武夫も、「戦後政治の総決算」と気炎を上げた中曽根康弘も同じである。再軍備改憲を口にした瞬間、権力棒を落とさざるをえなかったからだ。

非米親中護憲路線が極大化したのが自民社会連合政権下である。竹下→小渕→橋本派が主導する、変質自民党が誕生した。その走狗が、後藤田正晴であり、野中広務である。ここで、自民党は結党以来の党是をほぼ否定したといっていい。親米・再軍備改憲路線の放棄である。かくして社会党は変質し、解党した。

小泉純一郎が、明示的にではないが、「自民党をぶっ壊す」といったのは、非米再軍備護憲路線の橋本派支配の自民路線であったのだ。

（11・30）

76 東アジアサミット、子どもじみたチャイナ・韓国首相の言動にマジに対応してはいけません

東アジアサミットのことだ。チャイナのオン首相と韓国のノテウ首相は、小泉首相と目を合わせなかったそうだ。靖国参拝に対する不快感を表してである。首脳会談もなかった。日本とチャイナ・韓国の間は、冷凍庫内なみに冷え切っている。マスコミ新聞はこう書いている。

チャイナと韓国両首相の何と子どもじみた行為であることよ。子どもは、自分に気にくわないことがあれば、駄々をこねる。拗ねる。顔を合わせない。やさしくすると、身をすりつけてくる。非常に厄介なようだが、要するに単純なのだ。意をちょっと迎えればいいからだ。

でもね。子どものままじゃ、とげとげしくて、息が詰まってしまわない？　同質気分の大きな日本でも、どんな嫌なヤツとも、表面では、にこにこと対話を欠かさない工夫をしなければ、円滑に生きていけないんじゃない。俺あるいは私の意に染まらないヤツは、あっちに行けーっていってると、はっと気がついたら、自分一人になっていたりして。

もっとも、オン首相やノテウ首相を、無礼なヤツだ、許せない、なんて目くじらを立てる必要もないわけ。その点、小泉は大人なんじゃない。子どもなんだから、許してやりな。ただ、こんな子どもじみた単細胞の指導者をもつ国民は不幸だね。自分たちも、いちおうは、子どもの真似をして見せなければならなくなるからだ。親分の身振りを、子分たちもしなければしめしがつかないでしょう。

共通な歴史認識を持とう、なんて掛け声をかけている人がいるね。マジかい？　日本人の間だって、狭い学界の間でさえ、具体的な歴史過程について、共通の認識なんかもてるの？　きわめて限定された問題で、ある程度の共通了解が可能なことを否定するつもりはない。しかし、「戦争」と「責任」というような複雑で絡み合った問題で共通了解に達しようとすると、とたんに迷路に迷い込む。ましてや国益を背負った国家や政府の間でやろうなんて、狂気の沙汰だと思っていい。それも、子どもじみたチャイナや韓国政府との間でである。

（12・21）

77 景気が回復したという自覚症状は、景気が過熱しはじめたという証拠だ

景気回復が遅れている。東京は回復したが、北海道はそうじゃない。ここ数年、こんな声を聞かされ続けたきた。しかし景気回復とはどのような状態をいうのか？

工業生産指数はプラスだが、個人消費は前年比あいかわらずダウンである。好況感はない。個人の財布は萎んだままなのだ。これが一昨年までの統計概況である。

しかし、特殊な分野を除いて、物、人、サービスの価格がダウンしている。全面デフレの時代なのだ。実相は、個人消費量は伸びても、価格（額）が伸びない、だろう。

ところが昨年からここに来て個人消費（価格）も前年比プラスに転じはじめた。北海道も例外ではない。デフレ基調の下で、これはとてつもないことなのだ。

倒産が激減している。雇用問題は、失業から求人問題に移行した。これを後押ししているのが大量定年退職問題である。学生、高校生の就職問題が背景に退き、にわかに外国人労働力の問題がクローズアップされだした。北海道でも例外ではない。

戦後、日本は何度も景気後退期を経験した。そのつど繰り返し経験したのは、景気回復の兆候が生まれはじめたと感じたときは、すでに景気は過熱気味に達していたということだ。その逆も真で、景気がよくなったと感じたときには、景気後退がはじまりつつあるということだ。

しかし、デフレ期にはインフレ期の経済政策は無効である。またデフレ基調を「政策」（公共事業等への財政出動）によってインフレに転化するのは無効であり、無駄である。九〇年代の世界的なデフレ基調期、日本のバブル崩壊期に経験した苦さはこのことだった。

日本の景気回復は、政治経済システムをデフレ基調へと転換＝同調させることに功奏した現れである。この転換を民間が主導したが、政府もよく追走しだした。

景気が回復していちばん恐れるのは、税収が上がり、個人収入がまし、企業収益が上がるから、先行き不安が減じ、あらゆる方面で一休止しましょう、現状維持でいいんじゃや、というモードが強まることだ。（1・11）

78　ホリエモンの出現は小泉改革の不可避の結果である。経団連の奥田の責任は問われないの？

ようやくのこと日本各地で経済指標が上向きという結果が出た。むしろ過熱に向かっているのじゃないの？　そう見える。「改革なくして成長なし」をいいつづけてきた小泉改革の「成果」がようやく実を結んだ、ということだろう。

しかし、ここにきて耐震偽装問題、アメリカ産牛肉輸入再開問題、ライブドア問題が出てきた。いずれも民活と規制緩和等による市場の自由で多様な開放経済を押し進めてきた小泉改革から生まれる副作用である。こういって間違いない。

しかし問題の所在を誤ってはならない。「偽装」や「手抜き検査」や「粉飾決済」等は、民間検査機関の廃止、食肉の輸入禁止、株取引の制限やベンチャービジネスの規制の強化によって防ごうとするのは、間違っている。ビジネスや資金調達の規制緩和や民活化の流れを止めると日本は硬直化する。社会主義システムをますますのさばらせる。

なるほど、この問題を政局に絡ませて小泉内閣攻撃の目玉に使おうという民主党の台所事情はわかる。なにせこの間、菅、鳩山、小沢、岡田、前原、と猫の目のように対戦相手を変えたが、出れば負けるで、小泉にやられっぱなしであった。

しかし、市場の自由な展開と小さな政府をめざす小泉改革が、ようやく誰の目にも明らかな成果を上げてきたとき、それが生みだす不可避の「副作用」を止めるために、改革をあと戻ししようというのは、再び、日本の政治経済の舵取りを規制強化によって押し進めようとする「大きな政府」を狙う旧田中派型の政治集団と官僚の手に委ねることなのだ。

それに、ホリエモンの総選挙出馬を応援した小泉を批判するのは当然である。政治は結果だ。不明を詫びるしかない。しかし、マスコミも野党も、もっと重要なことを忘れていないか？　検察の手がおよぶ直前に、全員一致でライブドアを経団連の正式会員に認めた奥田会長以下の幹部の責任をどう問うのか？　「知らなかった」などと洞ヶ峠を決め込ませずに、釈明の機会くらい与えたらどうか？

（2・1）

79　「格差是正」とは日本では「格差」をうながすことなんですよ

一日の参院予算委員会で、自民党の市川議員が問う。「改革一本槍でいいのか?」

小泉即答す。「格差が出るのは別に悪いこととは思っていない。今まで影ばっかりだといわれたところを、ようやく光が見えてきた。光が見え出すと影のことをいい出す。この光をさらに伸ばしてゆく。」

社民党の福島党首が問う。「貧しい人が増えているという認識は?」

小泉即答す。「どの時代にも成功する人としない人がいる。成功する人を妬む風潮や能力ある者の足を引っ張る風潮を慎まないと、社会の発展はない。」「負け組にチャンスをたくさん提供する社会が小泉改革の進む道だ。」

さらに福島問う。「所得格差の拡大を認めるのかどうか?」

小泉即答す。「それは比較の問題だ。世界全体からみれば日本は豊かな社会だが、貧困層はある。その点の対策はしっかりやってゆく。」

小泉首相、マスコミの評判と違って、問答術を心得ている。

「光と影」の比喩は卓抜だ。質問者は面食らったに違いない。

日本はどんな社会主義社会より豊かで平等である。それはいまにして変わらない。むしろ、「平等主義」の弊害が大きくなりすぎた。その是正が、小泉の構造改革の一つの柱でもある。「格差是正社会」とは、日本の場合、欧米と逆方向なのだ。「格差拡大」に少し針を進める必要だ、である。

さらに「負け組」とは、そのほとんどは「貧困層」のことではない。日本の低所得者=貧困層の過半は、①働く場所がない。②働けど働けどわが暮らし楽にならず、ではなく、①働きたいと思える場所がないフリーター等。②働く意欲がなく、楽したいニート等である。もちろん、若者ばかりのことではない。

ちょっとの「格差」があっても我慢できず、嫉妬の念を燃やすのは、まさに平等主義から生まれる悪弊である。平等主義社会と嫉妬過大社会とは表裏一体なのだ。

（2・8）

80 「女系天皇」なんて、皇室伝統の想定外である。小泉首相は知っているのかな？

「女性天皇、いいじゃない。」だれあろう小泉首相の言葉だ。小泉さん、「織田信長が好きだ」といっているあいだはまだかわいい。しかし、この首相、歴史認識という点ではてんでダメなのだ。私は小泉首相と同じ年だ。同年代に小沢一郎、武部勤、横路孝弘がいるが、この世代以下に共通なのは、アプレゲールであることで、戦後教育の影響をもろに受けたせいか、歴史認識に欠ける点だ。特に皇室伝統に対しては、賛否を別にして、無関心で過ぎてきた。「天ちゃん」であり、「人畜無害がいい」であった。

ただし、ものごとを突き詰めて考える年頃になって、ようやく、皇室伝統について正面から考察しなければならなくなる。昭和天皇が崩御された直後、一つは福井市の労組関係で、もう一つは札幌教組の事務局で、もう一つは伊東秀子（当時社会党衆議院議員）さん関連の市民の会で、天皇制について講演をした。『天皇論』（三一書房）を書いていたときで、天皇制は必要不可欠だ、という事由を述べた。

講演のあと、なんでこんな講師を呼んだんだ、という主催者サイドの批判が福井であった。他は、よくわからない、というものだ。

日本の皇室伝統は一三〇〇年以上続いている。世界に類を見ない（世界に冠たる）「万世一系」である。明治維新は、民主主義が天皇制を要求した。天皇は民主主義の原理（人権）を超えており、民主主義が不可避に生みだす無秩序を補完する、国家の統一性を保証する「一者」（シンボル）である。こう述べた。

将軍はおろか、神を否定した織田信長でさえ、皇統（皇室伝統）を守った。その皇統の基礎にあったのが男系による皇位継承である。たしかに、女性の天皇は存在した。しかし、一つは皇后（持統他）や皇太子妃（元明）で、皇子孫が皇位を継ぐまでのリリーフ役である。いま一つは、独身（孝謙他）である。イギリス王室のように皇婿は存在しない。

「女系天皇」は皇統の想定外にあるのだ。小泉さんは知っているのかな？　知っていて、皇統の「脱線」を望んでいるのなら、この人、相当の悪党だ。（2・15）
＊こう書いたところ、秋篠宮妃紀子様が第三子を懐妊された、と報じられ、小泉首相のトーンが一気に下がり、慎重審議に変わった。しかし、ことの本質は、以上の通りである。

81　ダーティハリーをもう一度　反日映画制作はデマだった

読売新聞（06・1・18）を皮切りに、「アメリカ通信」の片岡鉄哉、「産経抄」（1・23）、桜井よしこ「『南京事件』映画化の謀略」（『Voice』5・2）等は、クリント・イーストウッド監督、メリル・ストリープ主演『南京・クリスマス・1937』が南京「虐殺」七十年を記念して制作される、と報じた。私も、HPの「読書日々」（2・12）で記した。

ところが、これがチャイナ側のデマ報道で、まったくのガサネタである、ということが判明した。永田議員や民主党を嗤えない。反省しきりだ。もちろん、読売を除いて、これが事実なら大変だ、という伝え方だった。

産経（2・26古森特派員）は、イーストウッドの代理人が「まったく事実に反する」と伝えた。チャイナ財界の後押しで、虚偽に満ちた「反日」映画をイーストウッドやストリープが作るという「衝撃」は、人騒がせだった、杞憂に終わった、というだけではすまない。

イーストウッドは、日米軍の硫黄島攻防戦をアメリカ軍の視点で描いた「父親たちの星条旗」(Flags Of Our Fathers) の撮影を終え、ついで、日本軍の視点で描こうとする「硫黄島からの手紙」(Lamps Before The Wind　風前のともしび) の撮影準備を進め、関係者の親族に取材するために来日している。そんな彼が、反日煽動映画を作るなんて、と半信半疑だった。もしイーストウッドが「南京虐殺」を映画化すれば、反日の嵐は世界を駆けめぐるに違いない、とだれにも想定できるからだ。

それよりもなによりも、いちばんビックリしたのが、イーストウッドだろう。ストリープだろう。

マカロニウエスタンで認められたイーストウッドは最初、「ダーティ・ハリー」で法を無視した暴力礼賛主義者として、ブーイングを浴びた。しかし、「法を守っている市民の権利よりも、犯罪者の権利の擁護に熱心」な流れが一九七〇年代の十年間で変わりはじめたのだ。「ダーティ・ハリー4」がニューヨークで喝采を浴びた。

鮎川信夫はこれを「ダーティ・ハリーの勝利」と書いた（84年）。新保守主義（ネオ・コン）の勝利である。（3・15）

82 もうけた企業がその益を従業員に吐き出さないでどうする

日本の企業は、減収だ、減益だ、競争力をつけなければならない。設備投資だ、技術革新だ、人員整理だ、とリストラを断行し、ガンガン給与を削ってきた。その結果もあって景気は明らかに上昇期を迎えた。すでにバブル期を超える長期上昇期になるという統計予測さえあるほどだ。

事実ここ数年、金融、鉄鋼、自動車、家電等々、空前の収益を上げてきた企業群がある。トヨタや松下の収益は半端じゃない。当然そうおうの賃上げがあってしかるべきだろう。ところがどこもここも勤労者への分配はじつに渋いのだ。おかしくないか？　マスコミもほとんどこの点をつかない。

一つに、格差拡大「化」社会に対するマスコミや国民のアパシーがある。格差拡大は非人間的だ。地域格差があるのは社会システムの歪みに起因する。しかし、アメリカやヨーロッパの格差「大」社会に対して、日本は明らかに、まだまだ格差「小」社会である。それなのに「格差拡大」の諸事実を持ち出して、政府や社会や企業を非難する。収益優良企業の従業員ばかりいい目をするのは許せない、という「世論」(臆見と嫉妬)が蔓延している。

二つに、デフレだ。消費者物価は上昇していない。わずかの賃上げでも、インフレ時代の賃上げよりも、実質でまさる。こういう空気が支配的だ。

そうなのか？　しかし、デフレであろうが、インフレであろうが、企業益が大きくなれば、従業員にも益があるのが資本主義、自由競争原理というものだろう。いうまでもないが、自由競争社会と格差社会はつながっている。

三つに、これ以上の高賃金では国際競争力を失う、という意見が企業側にある。だがハイクオリティ・ハイプライス(高質・高価)は「人間」にこそ当てはまる。いい人材にきちっとした手当を与えない企業は、人材流失を招き、結局のところ、国際競争力を失う。

企業益を従業員に回す。それが消費に回る。かくして社会全体の景気が上昇する。より多くの職場に金が回ってくる。これが好況継続の通常の過程ではないか？

(3・29)

83 「英語の壁」を乗りこえた先が「バカの壁」だったりなんかして！

この十数年インドは、チャイナとは違った意味で世界の注視を集めてきた。経営学の父ピーター・ドラッガーが日本と日本人に与えた最後の熱烈な言葉（『ドラッガーの遺言！』講談社）にあるように、その英語力、情報技術に関する豊富な知識、さらにきわめて安価な労働力が、グローバル経済の世界で特出しているからだ。

インドは、金融を基軸とした世界から、情報を基軸とする世界への移行期で特別な役割を演じる理由の一つが、言葉（英語）の壁を越えていることだ。それが情報技術の知識や生産と深く結びついている。こう指摘するドラッガーは間違っていない。

しかし、そのインドの英語力の長所が、同時にインドの致命的な欠陥でもある。インドに英語文明と非英語文化の亀裂を生みだすからだ。ついには、インドはインドでなくなる。インド人はこれでいいかもしれない。しかし日本人はそうはいかない。

三月二十八日、小学校で英語を必修にすべきだ、という文科省の中教審（中央教育審議会）の答申が出た。大いに結構だ。ただし、日本語がきちんとできて、英語もできるという意味で「英語」の壁を乗りこえるのでなければ、日本人は、早晩、日本語を、日本文化を失ってしまう。

チャイナ人や朝鮮人が「文字」を改変しただけで、その国の歴史や伝統の遺産を読み取ることができなくなっている。その猛烈な英語熱はいいとして、自国語や自国文化を失う代価を支払わなけ

ればならない形での「言葉の壁」ののりこえは、「バカの壁」になる。こう保証していい。（4・5）

84 政敵を正当に評価しない政治家は人気が出ないよ

自由党が民主党に吸収合併して二年半、ようやく小沢一郎が党の先頭に出てきた。小沢は、もう、逃げも隠れもできない。

考えてみれば、日本が「普通の国家」になるためには、構造改革、行財政改革を断行しなければならない、と最初にいったのは小沢一郎だった。自民党を飛び出てからの十数年は試行錯誤の連続だった。苦境の中をよく生き抜いてきたものだ。驚嘆の念を禁じ得ない。小沢に成功例がないわけではない。中央省庁の改革のための法改正をおこなったのは、自民党と自由党の連立の時だ。

小泉は、小沢が提唱した構造改革（金融をはじめとする市場の規制緩和）、行財政改革（小さな政府）の実現をはかってきた。公平に見て、小泉批判者がいうのとは異なって、まれに見る大胆な改革があった。この五年で、日本の「表情」が一変した。

もし小沢が自分の掲げた構造改革を実現に向かわせようとするのなら、官僚政治と正面から対決し、官主導の社会構造を打破しなければならない。その先鞭をつけ、道路族、郵政族を抛り出し、地方に権限と財源移譲をはかる、小泉改革を正当に評価しなければならない。

小沢のいう通り、旧竹下派、旧宮沢派が盤踞する、官僚政治と骨がらみになった自民党政権下では、構造改革も行財政改革も不十分なものに終わるだろう。

しかし、不十分なのは「改革」の常である。小沢も、自由競争の強化と同時に、終身雇用制と年功序列という社会主義システム＝セイフティネットの「温存」を主張している。セイフティネットのない資本主義は暴走する。これが事実だとして、強すぎるセイフティネット社会では、経済力が停滞する。社会主義になるのだ。民主党で強すぎる社会主義を抑えることができるのか。

小沢が、小泉改革を評価し、それをさらに徹底するという言動で臨めば、国民の支持は小沢に行く。そうではなくて、小泉改革は「見せかけ」であり、「まやかし」だ、などという言動で臨むなら、ニュー小沢時代はやってこない。こう予測する。（4・19）

85 円借款供与見合わせ 「大人げない対応」か？

「対中円借款　大人げない出し渋りだ」（3・24　北海道新聞）という表題の社説が出た。

対チャイナ円借款（円を長期に貸与して輸入代金支払いに回させる）は七九年に始まった。政府開発援助（ＯＤＡ）の約九割を占め、ピークの〇〇年度には二一五〇億円弱を供与し、その後減少し、〇五年度は八五九億円にまで減り、〇八年度で終了する予定になっている。

第一に、ＯＤＡとはなにか、を確認しておこう。「発展途上国」への政府援助のことだ。チャイナは発展途上国か？　いまや外貨保有額で日本を上回って世界一である。「世界の工場」を自負している。明らかにアジアで日本とインドとその中心を占めるべき大国である。ＯＤＡは即刻打ち切っていいのだ。他に援助すべき国がたくさんある。

それを続けてきたのだ。対チャイナＯＤＡが、いかに歴代の田中・竹下亜流↓非自民↓自社連立と経てきた政権がチャイナ共産党政権に甘い蜜を送りつづけ、なにがしかの見返り（バックペイ）を得てきたかの証左でもある。

小泉政権になって、日中両国が「対等」のつきあいをするために、ＯＤＡを削減するのは当然であった。開発途上国でないチャイナにどうしてＯＤＡを日本が実行しなければならないの？

しかも、チャイナは日本領海に近接した場所でおこなわれているガス田開発にＯＤＡを使っている。軍事費に流用されているという話もある。日本の国益を侵したり、日本攻撃強化のために使われてきた（かもしれない）のだ。（そうなら）踏んだり蹴ったりではないか。

しかもチャイナ共産党政府の指導者たちは、国際会議ではぷいと顔を背けたり、「小泉首相はもはや対手にせず」などと言明をしている。これなどは、「大人げない」を通り越している。

昭和十二年、北チャイナで対峙していた日本軍とチャイナ軍との間で衝突・交戦となった。これを日支全面戦争へと向けたのが近衛政権で、「国民政府（蒋介石）を対手とせず」と宣言した。チャイナの対日姿勢は、このときの近衛政権と同じじゃないか。

（４・26）

86　「和平」探った近衛文麿、は「虚像」である

日米開戦時の政治最高責任者＝首相は東条英機だった。東条はいまでも不当な東京裁判のＡ級戦

犯として、ヒットラーなみの「悪鬼」扱いを受けている。現チャイナ共産党政府は、東条ほかA級戦犯が分祀されれば、靖国参拝問題はチャラにしていい、というような暗示を与えている。信用できないね。昨年、小泉首相は靖国に「一般」参拝した。チャイナ政府がその程度なら矛を収める、という「暗示」に引っかかったに違いない。

ところで日米開戦の過程を見れば、日米開戦をお膳立てし、決断したのが東条の前任者近衛文麿であったことがわかる。ところが、この近衛が「平和主義者」の如くに描かれてきたのだ。皇族に最も近い貴種という出自もそれに加味されている。幅広い人材をブレーンにもち、より開明的で平和的な日本の進路を模索して、軍部の反対にあい、力尽きた、という同情をもって迎えられている。

最近も、戦争末期、近衛が国民政府（蒋介石）との間で和平交渉を模索したことを示す直筆資料が発見された、と大々的に報じられた。「中国を圧迫する必要も力も日本にはもうない。」（朝日新聞3・25）とある。こんな近衛の「虚像」には裏がある、とみたい。

近衛は、昭和十二年六月登場した。直後①日支の軍が衝突する「蘆溝橋事件」（7・7）が起こった。現地で停戦協定ができたのに、政府は北支派兵声明を出し、巨額の戦費をつけた。北支事変を支那事変に呼称変更し、チャイナ全土に軍を進めた。あまつさえ「国民政府を対手とせず」（13年1月）と声明し、戦火拡大、泥沼戦争に導いた。

②日本の対米戦争＝総力戦国家体制＝大政翼賛会（民主主義否定）＋統制計画経済（国家社会主

義）を敷いたのは近衛政府である。

③近衛は南進論者で、そのブレーンにコミンテルンのスパイ尾崎秀実がいた。当然、対ロシア共産党政権の侵略に主力を注ぐべきであるという北進論を葬り去った。

④戦後、近衛は「天皇退位」を勧める。

総じていえば、ヒットラーやスターリンに相当する政治家が日本にいるとしたら、近衛文麿に違いない、といっていいのだ。（5・16）

87 保守の「論客」となった藤原正彦『国家の品格』が売れる理由

論理偏重の病を説き、日本的情緒や武士道の復活を説く『国家の品格』が売れている。保守の立場に立ち、帝国主義や共産主義に反対し、日本の伝統を重んじる論調で貫かれた、一見、真面目な本に徹しているかに思える。

しかし、この本が売れている本当の理由は、この本が徹底した、反アメリカ＝反ブッシュ＝反共和党と反小泉＝反情報社会＝反消費社会＝反構造改革＝反小さな政府を唯一の標語にした、保守も革新も、共産も公明も、護憲派も自主防衛派も、朝日も産経も含む、大いなる「反動」意識をマキ散らかしているからだ。これは、小泉政権が「終わり」を迎えた時期に、その継続を許さないために投じられた、効果的な爆弾なのである。

藤原は、自由や平等や民主主義がギリシア生まれで西欧社会の専売特許とでも思っているらしい。しかし、自由や平等や民主主義という「言葉」がない以前から、日本は、世界でもっとも自由で平等で民意によって政治が行なわれる社会だったのだ。明治維新、ないしは敗戦後日本に持ち込まれた外来思想は、その偏向も含めて、日本伝来の自由で平等な意識の上で育った、と見るべきなのだ。

藤原は言葉を発すれば、武士道といい、惻隠の情という。しかし、いうまでもないが、本来の武士道は没義道なものである。弱肉強食の道（ジャングルの掟）である。荒ぶる非情の意識だ。それは、「戦争」のない江戸期、変形をこうむったとはいえ、基本的には変わっていない。それを「弱者」救済のようなわけのわからない意識と結びつけようというのだから、どだい無理がある。

この本がまったく見向きもしないのが、官僚（制）批判である。日本の官僚制は東大閥中心の選抜主義と重なり合っている。官僚制を批判しないエリート主義は、政治と経済の実権を霞が関の官僚たちの管理統制に委ねる意を表明しているのだ。

反ブッシュ、反小泉、容官僚を目すプロパガンダ（政治宣伝パンフレット）としてなら、本書を読む価値があるだろう。（5・17）

88　諸民族が分立するバルカン半島にまた一つ新しい国ができた

五月二十一日の国民投票で、モンテネグロがセルビアから分離・独立することが決まった。これで旧ユーゴスラビア（社会主義連邦共和国）の中核を担った二国家の連合が解消し、連邦を構成した六共和国がすべて独立国になったことになる。

旧ユーゴスラビア国は、チトー元大統領の名とともに、社会主義と結びつく。しかし、「南スラブ人の国」という意味で、一九一八年に生まれた「セルビア人・クロアチア人・スロベニア人王国」が一九二九年に改称して「ユーゴスラビア王国」となった歴史に由来するのだ。（ちなみに東スラブ人はロシア人等で、西スラブ人はポーランド人等からなり、またスラブ人はヨーロッパの三分の一を占める。）

旧ユーゴは本州に四国を加えたほどの大きさしかない。だがバルカン半島の半分、その中央部を占める「大国」であった。社会主義時代は、チトーがソ連から自主独立の姿勢を取る独自路線を敷いた。それが社会主義の崩壊、コソボ問題に端を発したユーゴ紛争をへて、六民族国家に分裂し、ボスニア・ヘルツェゴビナのようにヨーロッパでただ一つのイスラム教国も生まれたのである。

新生のモンテネグロは面積が一・四万平方キロに満たず、人口も六六万人の小国である。旧ユーゴの中心であったセルビア（面積九万平方キロ、人口一千万人）との結びつきも強く、独立反対派も強力だった。しかし、もともとが独立民族国家である。独立賛成に必要な得票数五五％をわずかながら超えただけだが。これでセルビアは地中海への出口を失うことになった。

バルカンは、古代ギリシア以来、東西の「回廊」である。多民族、多国家がひしめき合い、分立と抗争の絶え間がなかった「火薬庫」であった。旧ユーゴ解体後の新国家には、マケドニアという、アレクサンドロス大王の生国にちなんだ名前もある。

「バルカン化」(balkanize) とはグループや地域などを相対立する弱小分派に分裂させ、支配することである。分立のなか、新生国家がEUのなかでどう生きるのか、興味深い。(5・31)

89 日本人に愛国心が欠けているのは日教組のせいなの?

戦後民主主義教育の偏向を正すためだとして、政府はやっと教育基本法の改正案を上程した。焦点は「愛国心」だとさ。

自民党と公明党の(妥協)案は「国と郷土を愛する態度」で、民主党案は「日本を愛する心」とでた。小泉首相は、民主党案の方がすっきりしているといったとかいわなかったとか。

「愛国心」でなぜ悪い? たんに「国を愛する」でいいじゃないか。

日本人に、特に若い人に愛国心が稀薄である、とよくいわれる。それは戦後の民主主義教育で愛国心を教えてこなかったからだ。その民主主義教育を牛耳っていた日教組のせいである。こうもいわれる。

バッカじゃないか。日本の政治権力を握り続けてきた自民党が、憲法を改正せず、教育基本法を温存させてきたからじゃないのか? 自分の政治的無能を日教組のせいにして、どうする。

それに日本人が国を愛すること稀なのには、理由がある。

国民の三大義務といわれる。兵役、納税、教育の義務である。このうち、日本には、兵役の義務がない。納税の義務は、税金が払えるのに払わなくともいい国民が過半にのぼる。また教育の義務はあってなきがごときだ。教育の義務を「無料教育」とはき違えている国民が多い。日本国民に愛国心が欠けている、などという生やさしいことではないのだ。国家に無関心なのだ。無関心でいても何らかまわない国民を造っているのは、国である。とりわけ政権を長い間握ってきた自民党だ。

端的にいえば、自民党の主流派であった旧宏池会＝旧宮沢派や旧田中派である。自民党の中核にいまでも盤踞している護憲派である。それに手足となっているというか、むしろその旧主流派を手足にしてきた官僚組織である。もちろん文部科学省は最強の護憲派だろう。そんなものたちに教育基本法改正を任せていいの？

（6・13）

90 イラクから自衛隊の撤収が決定。もし自衛隊員がテロで亡くなっていたら

六月二十日、政府はイラクのサマワに派遣した自衛隊の撤収を決定した。よほどの変事がないかぎり七月内に撤収は完了される。〇四年一月からの陸自の駐留に終止符が打たれたのだ。

それにしても、派遣決定や実施時における議会やマスコミの騒がしさとはうってかわった静けさである。派遣反対と即刻撤退を主張してきた民主党やマスコミはどうも「平和」回復が気にくわぬようだ。

5／20 難航した挙国一致内閣がマリキ首相（シーア派）の手で発足

5／22 英ブレア首相がバクダッドを訪問

6／8　米軍の爆撃でイラクのテロ組織アルカイダのトップのザルカウィを殺害

6／13　米ブッシュ大統領がバグダッドを電撃訪問

6／16　米下院は米軍のイラク撤退期限設定に反対する決議案を２５６対１５３の賛成多数で可決。民主党は賛否で分裂。

6／20　日本政府のサマワ撤退決定

イラクでテロがなくなったわけではない。伊豪軍は撤退するが、米英軍の駐留は続く。駐留軍なしではイラク軍や警察は治安回復を当分望めない。

それでも、イラクに総選挙による本格政府が誕生した。ブッシュは国内の政治危機をなんとか回避できそうだ。小泉の撤退表明は日米首脳会談後だと予測されていた。ここで独自性を内外に示しことになった。

だが別のケースも十分予想されたのだ。サマワでテロ等により自衛隊員が殺されるケースである。大方は小泉内閣は瓦解すると予想した。

だが小泉の対応である。小泉は、機で運ばれ日の丸でくるまれた棺を、空港で数万の自衛隊と政府閣僚を従えて出迎え、自らその棺を担いで行進し、英雄戦士の死を悼む一大イベントにしてしまう。この葬礼を国民はどう迎える？　派遣反対よりも、国の威信のために亡くなった兵士を讃える感情のほうが大きくなる。それが私見である。

（6・27）

91　死者に鞭打つというわけじゃないが、橋本元首相の罪は深い

橋本龍太郎元首相が七月一日急死した。六十八歳だから若い。マスコミ等は中央省庁再編、沖縄米軍基地負担軽減、日ソ平和交渉等での功績とともに、その晩節を汚した日本歯科医師連盟からの一億円献金問題を報じている。しかし、政治のトップに登ったものを遇する評価はきちっとしておいたらいいだろう。

まず総体評価だ。橋本は、人材豊富といわれた田中・竹下派で、最初に首相の地位についた。幸運児である。しかしそのポストは、村山（社会党）内閣から禅譲されたものである。バブル崩壊後、日本の構造改革が十年遅れたのは、この連立内閣の時代であり、橋本はその最大責任者である。

橋本の二大政治「罪」の一つは、村山の後をなぞった対チャイナ外交にある。ＯＤＡをはじめとした莫大な対中借款を行ないながら、微笑＝土下座外交を続けた。

もう一つの「罪」は、行財政改革、金融改革の必要を掲げながら、社会党や派閥の利害を優先させ、その実行をネグレクトし、行財政と金融危機を放置したことだ。反して、橋本の「功」といわれるものは全部「未決」のものである。政治は結果なのだ。政治家橋本の「功」はない、といわれても仕方がないのだ。

一政治家としてみればその限界はさらに明らかだ。保守自民党に属していながら橋本は一度もそ

の党是である憲法改正と自主防衛力保持（再軍備）を掲げていない。むしろ党是に反する言動に終始した。党人派でこわもての政策通といわれたが、国家意識の薄い派閥均衡型の政治家で、旧厚生省をはじめとする族議員の典型だった。官僚に人気があって当然だった。

しかも国政、議会・政党、自民党、派閥等のレベルにおける平場の選挙＝闘争には極端に弱かった。この弱さ・臆病さは田中・竹下派の流れを汲む有力政治家のなかでも際だっていた。

結局、橋本が首相になれたのは、小沢一郎が自民党を割って出たからであり、社会党と結託したからであり、行財政改革をはじめとする構造改革をネグレクトしたからだ、といえる。小泉や小沢の敵とするに足らない存在だった。（7・11）

92　北朝鮮のミサイルが七発飛んだ。小泉は最後まで運がいい

小泉は最後まで強運に恵まれている。国会を延長せず、重要法案を継続審議にした。任期切れの直前である。当然、不満が出てもいい。しかし、くすぶっているだけだ。

日米首脳会談はご褒美のイベントだったので、はしゃぎまくっていた。かなり顰蹙を買った。それにチャイナや韓国のトップは「小泉を相手にせず」と出てきている。趣意は、次期自民党総裁＝首相は「靖国に参拝するな」、したがってチャイナ共産党独裁政権や容北朝鮮共産軍事独裁の韓国政権のメガネに適う人物じゃないとダメ、というものだ。

ところが北朝鮮がミサイルを七発、日本海に事前通告もないまま発射した。日（米）に対する

恫喝である。日本ばかりか国際世論も、看過できない、懲罰は必至である、ということになった。チャイナの抵抗はあったが、実質懲罰の国連安保理決議が全会一致で出た。モスクワサミットもこれに倣った。日本外交のひさびさの「勝利」だ。

「ならず者」国家が日本を恫喝してきた。それをチャイナも韓国も野放しというか、同調してきた。危険なのは、日本の小泉か、中韓政府かが明らかになった。これで「靖国問題」が自民党総裁選をめぐる争点として一気に影を薄くする。

朝日新聞は繰り返しコラムで「福田出るべし」の論陣を張っている。私も出たらいい、と思っている。誰が福田を支持するのか、とっくり見てみたいね。

マスコミは、ミサイル発射で、例によって例のごとく、右往左往した。「アメリカは日本を守ってくれるのか、アメリカに抗議したのか」などというバカモンタの発言は笑えない。いちばん的確だったのが、発射直後の小泉の会見で、「北朝鮮にはなにもいいことはない」であった。

北朝鮮がミサイル発射準備をしたら、その直前にたたく＝先制攻撃をするのがいい、核の選択は避けられない、などという「きわどい」議論が出た。その一方で、いつものようにまったく欠けていたのが、国防の基本は「兵役の義務」を課すことなしに国民に国防意識を身につけさすことはできないだ。「兵役の義務」には憲法改正する必要があるのでは？

（7・26）

93　私大経営の危機だって、ご冗談でしょう。まだリストラ以前なのよ

「私大の四割 定員割れ」七月二十五日夕刊の各紙が報じた記事の見出だ。少子化で、四年制の私立大学が前年度より定員割れが六二校増え、過去最多の二二二校に上った。前年比一一ポイント上昇で、四〇％に達した。道内は四六％だった。入学者数も前年より一五〇〇人減った。ところが新設大学や学部増設があって、全体の定員枠は九〇〇〇人増えた。これでは私大の経営難に拍車がかかる、というわけだ。

この十年来「私大の危機！」「倒産する大学が続発する！」といわれてきた。まったくのデマではないが、大ウソである。

かつて「開場」するだけで客席が埋まる芝居小屋があった。芝居の内容はなんでもよかった。お上が全国の客席数を制限していたからだ。黙っていても場末の小屋まで客が押しかけた。ところが規制緩和である。誰でもどこででも芝居小屋を開くことができるようになった。乱立である。それでも、客席総数は決まっている。ただ客席数に対して観客数が下回るようになった。観客数の絶対数が下降してきた（少子化だ）からだ。

じゃあ芝居小屋は潰れるか？ 自由競争なら、つまらない、サービスの悪い芝居小屋は潰れる。ところが、お上が客席数をあいかわらず制限している。観客の絶対数（高校卒業生数）はまだ客席（大学入学総定員）の倍近くあるのだ。

それに場末の小屋もそれなりに装いを変えた。演題も客受けするようなものを並べるようになった。「危機」＝倒産は新たなビジネスチャンス到来とみて、新しい、奇抜な学部や学科が新設された。

さらにお上（文科省）があれやこれやの助言と脅かしをかけ、お上に従えば補助金を回してくれる。それに放漫財政を続けてきた大学は、総入場が定席数を割っても、たとえば七割を割っても、総支出を三割カットするのは難しくない。

しかも少子化少子化というが、やがて大量に移民を受け入れなければならない。新しい観客数の増加期まで、しこしこやっていれば、我が世の春がまたやって来るのだ。（8・1）

94　森鷗外の医学上の罪を隠蔽する産経抄

産経新聞は一面の「産経抄」から読む。名コラムの名をほしいままにしてきたからでもある。ところが最近とみに怪しくなってきた。七月二十九日付けの冒頭にこうある。（なお、このコラムのテーマは「正（征）露丸」だ。）

《一〇二年前に始まった日露戦争で、日本軍はロシアより先に病気と戦わねばならなかった。主な戦場は日本から遠く離れ、冬は酷寒の地となる満州（現中国東北部）である。寒さや生水、栄養不足がよってたかって兵士たちを苦しめたのだ。▼この戦争で死亡した日本人は九万人近くに上るが、その半数近くは病死という、すさまじさだった。大半は脚気《かっけ》や凍傷である。むろん軍も手をこまねいていたわけではない。鷗外・森林太郎をはじめ、多くの軍医を従軍させた。さらには応急的に新しい薬も開発した。》

『医海時報』（明41・10）によると、即死四万八千余、傷病死三万七千余中脚気死二万八千弱、傷病三五万余中脚気病二一万余である。

ところでコラム中にある森鷗外は日露戦争中、陸軍省医務局長である。右の文章を読むかぎり、鷗外が有効な脚気対策を講じたかのように思える。事実はまったく反対なのだ。

脚気は日本の軍隊がもっとも苦慮した病気である。早くから海軍などに、麦飯あるいは雑穀食が脚気予防に効果があることがわかっていた。しかし、鷗外は早くから脚気＝麦飯説等を「迷信」と断じ、医務局長になっても、医務局の多数意見であった麦飯説を、孤軍奮闘よろしく撃退し、ために大量の戦病死を生みだした張本人だったのだ。

大正期、脚気の原因がビタミンＢ１の不足によることが解明され、その治療法も確立した。だが鷗外は生涯自説を引っ込めず、東大医学部の権威を盾に、精白米を主食とする東洋民族に特有な病気といわれた脚気の予防・治療対策を大幅に遅らせたのである。ちなみに、鷗外が亡くなったのは大正十一年で、その翌年脚気病死者は二万七千人にのぼり、結核とともに二大国民病と呼ばれた。

産経抄はこのような鷗外の罪をなぜに隠蔽するのか。不可解だね。（８・９）

95　小泉首相は八月十五日の靖国参拝で「独立自尊」の政治マナーを完結させた

小泉純一郎首相は、最後の最後まで自分流のパフォーマンスを続けている。八月十五日に靖国神社に参拝したのもその一環で、五年目にしてようやく「公約」を果たし、「歴史」に残る首相になった。（ちなみに、何度かいったが、八月十五日は降伏告示日である。終戦日、正式には降伏文書調印日つまり敗戦日は、九月二日である。）

中曽根康弘元首相（88）がチャイナや韓国の横やりで、参拝を取りやめてから二十一年目、ようやく軌道修正がなった。靖国参拝問題をやっかいな外交問題にした張本人である中曽根が、今回の参拝について、小さな勝利だが、政治の大本を失ったものである、などと語っている。この人には自己責任感覚が完全に抜け落ちているといわざるをえない。ちなみに中曽根も靖国参拝で負の歴史に残る首相となったのだ。

首相の靖国参拝によって、日本は過去の軍国主義に対する反省を忘れ、隣国に対する侵略の道を再び歩みはじめた、というのがチャイナ共産党独裁政府や韓国親北朝鮮政府の言い分である。なぜ首相の靖国参拝が軍国主義につながるのか？　戦争犯罪人たるA級戦犯を合祀しているからだ。

このチャイナや韓国の理屈は通るのか？　現在、急伸する経済成長を背景に急激な軍事拡大をしているのはチャイナである。そのチャイナを侵略しようなどという国がないにもかかわらずである。しかも、チベット、旧満州や内モンゴル、ウイグル等の侵略・占領・強権支配を続けている。

韓国は、日本人を多数拉致し、ミサイルを日本にいつでも撃ち込めると恫喝している北朝鮮共産主義独裁政権の蛮行を黙認かつ容認して、ことあるごとに反日感情を露わにしている。

小泉政権の五年間は、チャイナや北朝鮮や韓国政府の反日路線に迎合し、対中対鮮援助拡大を図ってきた一九七二年の田中角栄以来の歴代内閣の政治マナーを清算し、正常に戻す努力を強いられてきた。小泉の政治マナーは、小泉個人のパフォーマンスではなく、日本が今後とも国際社会で、アジア諸国間で、自尊自衛をはかって行くために必須の国家マナーなのだ。（8・23）

◆国難1　自民政権の迷走＝安倍・福田・麻生政権

96　安倍晋三は憲法改正を正面に立てて総裁選挙に臨んだ

報道だけを見れば、自民党総裁選挙は出来レースになりいっこうに燃えてきそうにない。三（or五）候補がそろい踏みした二十二日の南・北関東ブロック大会でも論戦は展開されず、静かなスタートとなった。

各紙は安倍晋三官房長官の憲法改正と国家安全保障会議の強化案を強調して伝え、安倍＝タカ派イメージを印象づけるのに躍起のように見える。しかしパンドラの蓋が開いたのだ。

憲法改正は小泉首相が胸中深く秘めていた基本政策である。靖国参拝是か非かなどという問題を完全に第二義的な課題に追いやる強力爆弾なのだ。自民党が掲げながらついに国会に上程できなかった日本国の根幹にかかわる最重要課題である。

なぜ憲法改正は、靖国参拝問題などを吹き飛ばすのか？　二十一年前中曽根首相が靖国参拝を中止した。その背景にあったのが中曽根が声を大にして提唱した「戦後日本の総決算」であり、その中心課題が憲法改正であった。中韓両政府が靖国参拝に噛みついたのは、その背後に憲法改正が、日本の再軍備があったからだ。中曽根は靖国参拝をやめることで憲法改正、再軍備を流した。中韓に連動した田中派や宮沢派の反対があったからだ。

安倍は、一方で政府主導による外交と安全保障システムの強化で、アメリカの国家安全保障会議（NSC = National Security Council）と共同歩調を図り、他方で自主防衛力保持を柱とする新憲法の実現に向けて走りはじめた。はたして中曽根の轍を踏まないだろうか？

自民に親中派、憲法擁護派はまだいる。潜在的には過半に迫るだろう。むしろ民主の方に改憲派が多いというのが実情だろう。しかし、国民の政治姿勢は小泉の五年間で大きく変化した。一変したといっていいほどだ。安倍の野望が成功するかどうかは、一に、この国民世論を喚起できるかどうかにかかる。

安倍は、憲法改正を全面に立てて、小泉政治を継承しつつのりこえる新しい保守政治の構築を可能にできるか？　総裁選挙は熱いのだ。（8・29）

97　人間の身体と機能のすべては性交のためにある、という性交至上主義の本を書いた

ちょっと物議を醸す本を書いた。最新刊の『哲学教授が読み解く ヤレる女、ヤレない女』（KKロングセラーズ）である。

大学でずっと倫理学を教えてきた。教師仲間には「不倫学」だろうといわれてきた。ま、そうかもしれない。中心は人間論である。人間とは何か、何でないか、である。「性交」も立派な人間学の一部門である。一部というよりは重要な柱である。

考えてみるがいい。年がら年中ヤッているのは人間だけである。人間の身体器官とその機能は、すべて性器（官）でもあり、性機能を担っている。確かに性交と生殖（人間の生産）はつながっているが、生殖のための性交はほんの一部にすぎない。それも一時期だ。「性交のための性交」＝性交至上主義が人間なのだ。

しかも人間は異性とやるだけではない。同性とも、人間以外のものとも、自分自身ともヤリ、果ては純観念とでも性的満足を味わう。つまりあらゆるものとヤルことができるのだ。もちろん年齢を問わない。美醜を問わない。

ただし以上は原理原則論である。問題はこれからだ。個別的には、年齢が問題になる。美醜が問題になる。その他その他が重要になる。

未熟とはヤリたくない。子どもなどとヤリたがる男の気が知れない。したがって十分に使い込んだ女がいいに決まっている。ただし過ぎたるはおよばざるが如しだが。処女がいいって。それは若いときの未熟か、惚けてからの気迷いのゆえなのだ。

美醜はある。私はブリ型よりヒラメがいい。いわゆるベッチャだ。え、美醜は主観的だって。その通りだが、樋口可南子はいいだろう。しかしどんなに力んでみても、性に関していえば、男は女の付属品のようなものである。……アウトラインはこんなところだ。

出版社から「八重洲ＢＣや神田の三省堂では追加がきました。名古屋方面からも多く来てます。丸善とジュンク堂からきました。やはりビジネス街が強いです。ネクタイを巻いたお堅い感じのおじさまが圧倒的です。」というメールが来た。嬉しいね。どうです鷲田流倫理学を聴講してみませんか。
（9・13）

98 カボチャのメッシュですっぽり包まれるって、メチャいい気持ち

九月七日、ニューヨークで第十八回「高松宮殿下世界文化賞」（日本美術協会主催）の発表があり、草間彌生が受賞しました。日本ではこれまで黒澤明、丹下健三、中村歌右衛門、安藤忠雄、三宅一生などが受賞し、草間さんは八人目で、絵画部門では初めての受賞です。

草間さんは、五七年以来ニューヨークに在住する前衛画家ですが、多彩な方面で活躍し、また奇行でも知られています。性の奇態と芸術家たちの奇行をテーマにした小説を、題名に惹かれ買ってしまって読んだことがあります。『聖マルクス教会炎上』（ＰＡＲＣＯ出版　85年）で、マルクス＝マルコに気づかなかった罰でした。草間さんが変なおばさんだと知っていたので、「マルクス教」をテーマにマルクス教壊滅の「前衛」小説を書いたのかな、という思い込みがあったのです。とんだ見当違いでした。まだ若かったのです。

この世界文化賞は権威ある賞だそうで、草間さんと同時受賞した人に、「二十世紀最高のバレリーナ」と称賛されるマリヤ・プリセツカヤさんがいます。私のようにバレエ音痴でも、ボリショイバレエ団の「白鳥の湖」のプリマドンナである彼女のことは知っています。もう八十歳を過ぎているそうですが、まだ「現役」だそうです。

草間さんも老いてますますお元気というか、結晶化してきましたね。先年あの編目カボチャの版画を購入して悦に入っていますが、受賞時の写真を見ていると、巨大なメッシュのカボチャとやはりメッシュをまとった草間さんが並んでいます。頭をピンクに染めた草間さんの顔は、猿の惑星も真っ青ですが、どんどん童顔になっているようです。

草間さんの絵は、人を狂気にさせる力をもっています。同時に、狂気を癒す力も持っているのではないでしょうか。狂気を表現した画家なら数え切れないほどいるでしょうが、狂気に同化して、狂気を抜け出す力をもつ絵画は少ないでしょう。

失礼とは思いましたが、草間絵画はその最終印象がマンガである、というものです。宮崎駿さんなどももう少し草間さんの絵を見てお勉強されたらいいのではないでしょうか。

（9・28）

99　大名跡「小さん」を継げなかった「談志」と「小三治」の名が後世に残る

以下は素人の私の推測にしかすぎない。

年来の疑問というか疑念があった。〇二年になくなった五代目柳家小さんと立川談志、小三治の関係である。小さんは四七年に小三治（九代目）を、五〇年に大名跡小さん（五代目）をついだ。三十五歳で三遊派にならびたつ柳派の総帥の地位をえたことになる。

立川談志が小さんの門をたたいたのが五二年十六歳のときで、五四年小ゑん、六三年談志（真打）と、若くして天才の名を恣にし、たちまちＴＶ時代の落語のトップスターになった。

小三治は談志より三歳年下で、五九年入門した。万事が派手きらいで内向きの小さんは、談志の才能は買ったが、自分の落語を受け継ぐものが誰であるかを白日の下にさらす行動に出た。六九年の小三治の襲名である。しかも小三治は一七人を飛び越す異例の昇格であった。

大方は、小さんがたどった「小三治→小さん」の道を、小三治もまた歩むものと受け取った。これを契機に談志の「異端」や「奇行」はいっそう激しくなる。七一年参議院議員当選（短期ではあれ沖縄開発庁政務次官）、七八年小さん落語協会会長と対立した三遊亭円生の落語協会離脱劇に深く関与、八三年には真打ち昇進試験の運用をめぐって小さんと対立、協会離脱、破門、立川流を創設する。

かくして小さんの後は小三治が継ぐというのが既定コースだと誰にも思えた。小三治は落語一筋だが、その趣味や芸域は広い。談志とはまた違った意味で多彩である。しかし、師に愛されたこの弟子に、小さんの名は回ってこなかった。師の死は〇二年で、長く生きすぎた。それに六三年入門、六七年小ゑん、七六年真打ち＝三語楼と順調に歩んできた小さんの息子が、小三治の兄弟子で同じ年、出世は遅れたが〇六年に落語協会会長になった鈴々亭馬風の肝いりで、九月二十一日小さんを世襲した。五十九歳である。落語の世界も政治の論理が横行する。

五代目小さんは芸域が狭かった。対照的な談志も小三治も師の名を継げなかったが、それでいいんじゃない。むしろ二人の名はその落語とともに生き残るからだ。

（10・11）

100　国民が自国の防衛を他人任せのまま核武装するって!?　ガキに刃物だ

先週「『北ももった。日本がもってなぜ悪い。』に待ったを！」と書いた。

もちろん日本は「非核三原則の国」なのだから「核武装について議論するのもあいならん！」などという民主党の鳩山幹事長らのような政治「ボケ」（のふりをした政局主義者＝政権亡者）に与したいわけではない。

非核三原則についても、核武装についても、大いに論じたらいいのだ。つい少し前まで憲法改正論議即軍国主義鼓吹などという言論封鎖が罷り通っていた。この言論封鎖が解けたのは、北朝鮮の挑発や暴発の他にも、チャイナや韓国からの反日攻撃や領土侵犯が相次いだからだ。日本と日本人の内発的な意志や論理からではない。

かつて福田恆存は、防衛論議がタブーでなくなり、自衛隊増強論をおおっぴらにいえるようになったのは、共産ロシアが色丹にまで基地を築き、アフガンを侵攻し、アメリカもあわてて日本に防衛力増強を求めてきたからであり、これは防衛力増強論の勝利などではなく、ソ連の兵器が「国民の意識」を変えたのだ、と喝破した。同時にこの「国民の意識」は、アメリカとロシアのデタント（緊張緩和）が進めば、再び平和主義へと簡単に戻ってしまう、と断じた（『人間不在の防衛論議』）。事実その通りになった。

極東アジア、ひいては環太平洋の地域で、日本はナショナルセキュリティ（国家安全＝自衛）をどのように保つのか、を日本独自の視点（日本国益中心の視点）から現実的に議論し、強固な防衛環境を構築するためにはどこから手をつけたらいいか、を明確にする必要が第一義的にある。その ためには国防の第一義である「兵役の義務」を確保しなければならない。それには憲法改正が緊急必須だ。国民が自国の安全を他人任せにしたまま、核武装したらどのような事態になるか、は火を見るよりも明らかだ。

国防の義務感なくして「核武装」へと飛躍するのは、「喜知外に刃物」とおなじだ。正確には「ガキに刃物」である。こうならないためには「核武装」も含めたタブーなき防衛論議が論壇だけでなく、政治と経済の舞台でも必要になる。（10・25）

101 安倍晋三が保守派だって！「錯覚」だ、と山崎正和が断じる

かつてマルクス主義やロシア・チャイナ社会主義のさまざまな誤りが露呈したとき、「真正マルクス主義」や「真正社会主義」を名のる人々が出た。自分たちこそ真のマルクス主義、真の社会主義を継承している人間だ、というわけだ。同じように政治で「保守」に対して「真正保守」を名のる人たちがいる。日本のナショナルアイデンティティを保守しようと表明する人たちだ。日本の伝統政治を守れというのだから「王政復古」を主張するのかというと、まったくそうではない。

十月二十五日の朝日新聞のインタビューで、山崎正和は「保守」というのは「文化」の領域で成立はするが、「近代社会には『政治的な保守』というものは存在しない」といいきった。まったく

その通りである。

戦後の政権党である自民党は「保守」ではなく「現実対応政党」である。「真正保守」を標榜する論者たちは「現実対応政治」に対する「ノン」を突きつけているのであって、政治に「理念」がないという言い方と似ている。その理念も伝統的理念などではない。対米依存に対して対米自立（＝国家自立）を対置する。それも自主防衛力の保持で、「核の選択」を勘定に入れろなどという。どこが伝統だ。

近代社会で国家自立と伝統保持とは同じではない。山崎もいうように、戦争を率いた岸信介をはじめとする官僚は、伝統主義によってではなく、近代的な国家総力戦を組織的に戦おうとした「革新官僚」であった。

考えてみるといい。小泉純一郎は「保守」か？　なぜ保守あるいは真正保守派から蛇蝎の如く嫌われるのか？　現実対応型の徹底した改革派だからだ。

山崎は、安倍晋三が「保守派」を標榜（自己定義）することを「錯覚」だという。靖国神社は、政治的イデオロギーの産物で、日本人が文化として愛する人たち、西郷や白虎隊を祭ってはいないし、保守＝靖国擁護では本質はつかめない、という。

「真正マルクス主義」は「本当の愛」などと同じようにうさんくさかった。「真正保守主義」は加えていかがわしい。「やにさがる」そのままだ。

（11・1）

102　沖縄県民の意識が変わる先鞭をつけた選挙だったのか？

沖縄の知事選挙は、来年の知事選挙を抱えた北海道民にとっては、人ごとではなかった。自民公明が推す前県商工会議所連合会長仲井眞弘多《なかいまひろかず》（67）が民主・共産・民社が推す参議院議員糸数慶子（59）を四万票の大差で破った。

糸数は、二年前の参議院選挙で自公候補を九万票の差で一蹴した、いわば野党の切り札的存在だった。投票前のマスコミの論調も、自民党「幹部」の「失言」（？）を理由に、選挙応援で沖縄入りさえできない自民党を揶揄し、糸数候補「有利」を報じたところもあった。

「幸い沖縄については米軍がＰＡＣ３を置いてくれた。……むしろ沖縄の人は喜んでもらいたいと私は思っている」（久間防衛庁長官）、核保有議論は当然だ（中川政調会長）、基地移設問題と経済振興問題はリンクしている（高市沖縄担当大臣）を失言ととらえ、攻撃するマスコミの姿勢はいつものことで驚かないが、この発言がはたして沖縄県民の気持ちを逆撫でしたのだろうか？

私の近くに長沼ミサイル基地がある。北が日本を震え上がらせるのなら、恰好の標的だ。反して、沖縄は北朝鮮の核ミサイル攻撃からもっとも「安全」な地域だ。北がアメリカと軍事衝突する気があるなら、沖縄はいちばん危険だろう。だが、その場合は北朝鮮の金正日政権が米軍の攻撃で吹っ飛ぶことを覚悟しなければならない。

日本が核保有するためには、国防の基本＝兵役の義務＝憲法改正から問い質すべきで、そのためにも議論が必要なこと、いうまでもない。核保有を含む国防問題を議論することで、外国から杞憂の声が上がるだろう。しかし、国防基本を議論しない日本を外国が杞憂する声もあることを確認する必要がある。

沖縄の業界と県民は金が欲しいのでしょう、という高市の発言はたしかに逆撫でものだ。だが、沖縄は日本防衛を肩代わりしている、だから日本政府と国民が金を出すのは当然だ、が保守と野党の共通の県民姿勢だった。そうじゃないの？

（11・29）

103　山田洋次監督は藤沢作品の武士の一分を切り捨てている

「いい加減にしろ」といいたい。十二月八日、NHKTV朝八時三十五分からの「生活ホット」に山田洋次監督が登場し、自作『武士の一分』の原作者藤沢周平に触れ、藤沢作品には「権力者は一切出てこない」といいきった。

山田監督は『たそがれ清兵衛』『隠し剣鬼の爪』と藤沢作品を撮ってきて、これで三作目である。司馬や池波ではなく、藤沢のファンでも知られる監督が、藤沢作品には「権力者は一切出てこない」というのだから、頭がおかしくなったのか、と判断するしかない。

定年後の人生をどう生きるかというテーマでも先駆的な、傑作『三屋清左衛門残日録』の主人公は、旧城主の懐刀といわれた用人で、現代でいえばさしずめ官房長官役で退職しており、退職後、町奉行の親友の依頼で殿様派のため活躍する。『蝉しぐれ』の主人公又四郎は下級武士だが、郡奉行になり、かつての恋人で現在は殿様の側室となった福（とその子）を助けて、権力闘争を勝ち抜く。『用心棒日月抄』で飄逸なフリータの役どころを演じている青江又七郎は、国元では百石で、権力闘争ではつねに殿様に結びつく。『密謀』は城主上杉景勝と家老直江兼続が主人公である。『市塵』は将軍家宣の最高政治顧問になった新井白石を、『漆の実のみのる国』は城主上杉鷹山を描いている。

たしかに藤沢作品には名も無き（ような）下級藩士が登場する。その藩士たちの一挙一動に注がれる独特のするどいが温かい目は、藤沢の特長をなすといっていい。しかし、藤沢は反体制の作品を書くのではない。権力から遠く離れて生きざるを得ない大多数の藩士のある種のあきらめとも無念ともつかない日常感情が、一瞬、権力闘争に巻き込まれて、緊張し、高揚し、それが終わって、日常に戻るというワンシーンを描くのだ。

それにその作品に権力者が出てこなくても、権力は厳として存在する。権力をめぐる血なまぐさい争いは、下級藩士にも波及せずにはおかない。下級藩士は、上士にとっては権力闘争の「手段」にしかすぎないが、闘争の重要な鍵を握っている、が藤沢作品の結構なのだ。（12・20）

07年＝平成19

104 夕張は日本の縮図ではない。観光がなくても夕張は残る

「人口や借金を一万倍にすると日本になる。夕張は特別ではなく、超少子・高齢社会の縮図だ。夕

張のような個別の問題を変えることで、国全体を変えたい」。北海道新聞（1・23）は、前長野県知事で作家・現新党日本代表田中康夫の記者会見の言としてこう伝えた。

フジTV系の「発掘！　あるある大事典」の「納豆はダイエットに効く」騒動は実に面白かった。「ダイエット」と聞いただけで、スーパーの売り棚から一挙に納豆が消えた。TVドラマの最終画面にかならず「このドラマはフィクションです。……」とご丁寧にもぶら下がっている。連れ合いが、納豆騒動も「これはフィクションです」とつけ足せばよかったのにとギャグをかましたが、田中のヤッチン、フィクション専門家（＝作家）に復帰したほうがいいのではないだろうか？「人口と借金を一万倍にすると日本になる。夕張は超少子・高齢化の縮図だ。」はその通りだ。しかし、夕張「破産」の経緯を簡単にたどる労をとれば、「夕張は特別」という他ない。

夕張は、石炭がダメになるというので、巨額の費用を投じて観光事業に乗りだした。市自らの事業としてだ。公営観光事業である。観光は枯れ木に花を咲かせるような、ただでさえ困難な事業なのに、「公務員」が担ったのだ。約束された失敗で、無理と無駄と無責任がまかり通った。しかも膨大な事業資金は国費と借金に仰いだのだ。

だが「タンコウからカンコウへ」の流れに身を託さなかった人たちがいた。今回の破産劇を冷ややかに受けとめていた人たちで、少数派ではない。南部地域の人たちだ。

夕張市は三部、庁舎や観光施設のある北、シューパロ湖のある中、南に別れている。メロン農家を中心とする南部には総人口の六〇％が住んでいる。この地域の正業は生き残る。日本ブランドか

ら世界ブレンドへと育て上げたメロン農家の血のにじむような集団努力の成果である。（1・30）

105 グローバルスタンダードの勝負師たちの時代はまだ続くか？

正月の出鼻を「騎乗停止」で挫かれた武豊（69年生）騎手は、ぱっとしなかった。ディープ・インパクトがまだ尾を引いているのかと思えるような騎乗ぶりが続いた。三月二十二日現在二五勝で、関西のリーディングジョッキーは、四二勝の十歳年上の安藤勝巳に大きく水をあけられている。騎手＝武で馬券を買う人が多い。武の不調は競馬不人気、売り上げ減に直結する。ただしようやく三月十八日に五勝し、メインの阪神大賞典（GⅡ）はアイポッパーで見事に差しきった。相手は安勝である。これで波に乗れるだろうか？

将棋の常勝羽生善治（70年生）は三月二十日、三連勝したあと三連敗した王将戦で、佐藤康光棋聖を破り、からくもタイトルを防衛し、永世王将位をえた。七大タイトル中三タイトル保持者で、永世称号は五つになった。将棋の場合、一つのタイトルを保持し続けるのさえ至難の業で、羽生はタイトル数を減らしたとはいえ、偉業中の偉業にはちがいない。

野球の野茂英雄（68年生）投手は、現在の日本人メジャーリーガー隆盛の道を切り開いた最大の功績者だ。メジャー勝利数一二三勝、二度のノーヒット・ノーランもすごいが、最大は九五年に渡米し、十二年間第一線にいることだ。残念ながら〇六年はヒジ痛から自由契約になり、メジャー登場はなく、今年の所属も決まっていない。

イチロー（73年生）は野茂に続いて日本人メジャーリーガーの圧倒的才能を全米に見せつけてきた。そのバットはこれからどれだけの数の大リーグ記録を破るのか、興味津々である。できれば球聖タイ・カップを超えてほしい。

この四人に少し年は下るが、ヨーロッパのトップサッカープレーヤーとして令名をはせ、すでに引退した中田英寿（77年生）を加えると、この十年、勝負師のイメージは完全に変わった感がする。一言でいえば、組織になじまない徹底した個人主義の高度技術者たちなのだ。その才能は他の誰によっても取り替え不能なものである。

だが高速に変化する時代である。驚くべきは、この五人に迫り、追い抜く才能はまだ現れていないことだ。「旬」を超えてなお活躍する「若き」先達に「声援」を送るだけではすまされない問題だ。

（3・28）

106 選挙で官僚や役人の「天下り」を無条件で許していいの？

政府は公務員制度の根幹をなす「人事」制度の改革法案をようやく国会に上程する。根幹は「能力等級制度」の採用と「天下り」制度の改革だ。

マスコミや評論家たちが口をそろえて同じ一つのことを合唱している。「格差是正」だ。だがこの「能力等級制度」の導入は「格差是正」に反する時代錯誤だ、と批判する声は上がっていない。不思議じゃないのか？

じつは現在の公務員制度は、もともとは能力主義を掲げて登場したのである。明治維新は幕藩体制を撤廃した。代わって登場したのが、薩摩と長州を先頭とする「勝てば官軍」の藩閥政治だった。勝ち組旧藩出身者でなければ、よほどの幸運がないかぎり出世コースに乗ることは不可能だった。勝ち組が政治を専横した。この弊害を正そうとして発足したのが能力主義を唱った公務員（試験）制度である。

明治二十年、縁故ではなく、試験で公務員を採用するという一般文官試験の採用に端を発し、二十六年公開選抜制、三十二年山県有朋内閣時、政府・政党・国民から独立した現行の官僚・公務員制度が完成する。この制度は戦後名称を変えたが、温存され今日に至っている。

ところがこの官僚・公務員制度が「能力等級制度」を導入しなければならないほど、非能率的かつ特権的になったというわけだ。一方で、「官から民へ」で公務員数を含む行財政の軽減が問題になり、一方で公務員制度の抜本的改革が望まれている。それもこれも、公務員が、地位や権限を振り回すだけで、上から下までポストや待遇分の働きをしていないということだ。日本前進の癌になっているわけだ。

公務員制度の抜本的改革、大いに結構だ。現行の公務員制度は、一度目は大学入試、二度目は国家公務員試験という、二十代前半で終わる二度の試験に合格した「チャンス」や「序列」で、一生のコースが決まる仕組みだ。努力や実績（能力別等級）を無視した、この高速に変化する時代と逆行する制度は根幹から正したがいい。

「天下り」も止めたがいい。しかしほとんど取り上げられないが、利益導入のために退職「役人」を引きうける企業の責任も咎めなければならない。さらにもっと大きな「天下り」ケースを忘れてはならない。

官僚・役人から政治家への「天下り」である。日本は「役人天国」である。かなり是正されたとはいえ、「役人天国」には変わりはない。この天国を支えているのが役人出身の代議士・首長・議員である。ところが国民はなめられたもので役人の「天下り」政治家を押しいただく羽目になっているのだ。

近くいえば北海道知事選では、高橋北海道知事（旧経済産業省）と対立候補の荒井聡（農水省）であり、札幌市長選では清治候補（旧建設省）である。東京都では、浅野候補（旧厚生省）である。いずれも有力候補だ。

官僚・役人から政治家への「天下り」を禁止せよ、というのではない。しかし、彼等が役人時代どんな仕事をしたのか、どんな利権・人脈と結びついていたのか、をつまびらかにする。これをしないのはマスコミの重大な責任である。（4・3）

107　司馬遼太郎の出身校がなくなる。しかし、剛毅じゃないか、私の先輩に司馬さんが加わる

少子化で「家名」がなくなる。企業のＭ＆Ａ（合併・買収）で会社がなくなる。

銀行はついに三大系列になった。かつての都市銀行一五行体制が、三井住友、三菱東京ＵＦＪ、

りそな（大和・協和・埼玉）銀行に統廃合されつつある。拓銀はすでにない。業界最王手の王子製紙が第五位の北越製紙にＴＢＯ（敵対的買収）を仕掛けて、失敗に終わったとはいえ、十年前だったら予想もつかなかった新現象で、世間をあっといわせた。サッポロビールが外資にＴＢＯを掛けられている。

会社だけではない。高度成長・拡大を続けてきた大学もまた統廃合の嵐の前に立っている。典型例が首都大学東京で、都立大学他三校を統廃合して、〇五年に新生なった。石原知事の辣腕によるところが大きい。

『竜馬がゆく』の作家司馬遼太郎は、旧制高校の受験に失敗し、大阪外語学校蒙古語科を卒業した。戦後、大阪外語は新制の大阪外国語大学に衣替えし、数多くの地味だが着実で有能な人材を輩出してきた。私の身近にも北海道新聞文化部長、出版局長を歴任した北義憲がいる。

大阪外語学校は、四四年に大阪外事専門学校に改称されたところからも分かるように、専門学校で、四九年に外語大学になり、東京外語大学と並び称される語学の単科大学として国内外で重要な役割を担ってきた。しかし国立大学が独立法人化された。小規模大学はより自由で独自な取り組みが可能になった。反面、予算増は見込めない。むしろ暫時削られてゆく。単科大学はどこでも自前でやってゆくのに窮しはじめた。大阪外大も例外ではなかった。

〇六年、大阪大学と大阪外大の結婚が発表され、〇七年十一月に統合される。大阪外大は大阪大学外国語学部として再起動するわけだ。司馬さんの出身校は大阪外国語学校である。しかし、通常は「現大阪外国語大学」と記されてきた。じゃあ、今年の十一月からは、「現大阪大学」ということになるのか？　なんだか首の据わりがよくない。

　残念ながら、司馬さんの出身校は「消滅」するのである。ひとまずはこのようにいえる。とはいえ、この統廃合で、校名は消えるが、外大の実践語学の伝統が消えるわけではない。だが外国語学校から外国語大学への「改称」ないしは「昇格」とはわけが違う。北越製紙が王子に買収されていたら、北越の名が消え、実質もじょじょに変質して（廃合されて）ゆく。

　ただし新学部は、寄らば大樹の陰ではなく、大樹の下でさらに新しい血を求めて研究と教育に専心することは可能だ。またそうならなくてはならない。大阪大学の一学部としてちんまり落ち着くのではなく、大阪大学の伝統と革新力を吸収するとともに、外大の新しい血で大阪大学を飛躍させるチャンスでもあるからだ。

　私事になるが、私は大阪大学出身である。有名な文人は手塚治虫、横溝正史（薬学部）長谷川慶太郎（工学部）、向井敏（文学部）くらいしか知らない。司馬遼太郎、陳舜臣、舛田利雄（映画監督）等々が加わる。剛毅じゃないか。（4・10）

108　「偽」博士号（上）　「博士号」の売買を非難できるか？　経歴詐称に当たるか？

「偽ブランド学位」がくりかえし槍玉に挙がっている。最近も産経新聞（4・2）が聖心女子大学教授や早稲田大学元教授が「ニセ」博士号を使用した、と義憤を込めて、大きく報じている。博士号などの学位の販売を目的とするアメリカの団体（ディプロマ・ミル＝ＤＭ）が発行した博士号に絡む問題である。産経は何か突拍子もない事件ででもあるかのように書くが、とくに驚くことでも珍しいことでもない。私の通勤途中にある大学の総長・理事長は、理学・経済学・法学・教養学博士収得を大学のＨＰでも堂々と披瀝している。

十数年前、自宅に米国の「パシフィック・ウエスタン大学（ＰＷＵ）ハワイ」から博士号を取らないか、という封書がパンフレット（料金表）つきで送付されてきた。イオンド大学（ハワイ）からも名誉教授に推薦したが、承諾されたい、という通知が仮名誉博士証明書とともに、きた。無視したが、前者ではエジプト学の吉村作治（早大）が学位を取り（＝買い）、臍を噛む結果になった。後者には超常現象「研究」で有名な矢追純一が教授に名を連ねていた。

かつて『大学教授になる方法』（続・新の三部作）を書いたので、大学教師志願の数十人から、「博士号」があった（買った）ほうが有利かどうか尋ねられたことがある。金で買う博士号だ。当然、有利でもないし、インチキだから止めなさい、もし経歴に博士号収得を記したら、ＤＭだとばれると職を辞す羽目になる場合もある、と答えてきた。

しかしＤＭで収得した博士号を使うと、はたして「経歴詐称」や「文書偽造」に当たるのだろうか？　「偽ブランド学位」と「本物ブランド学位」はどこで区別されるのか？

作家の中野重治は最終学歴を「東京帝国大学文学部独文科卒業」と記すことを常とした。オレは駅弁大卒ではない、帝大卒だ、と誇りたいからではない（だろう）。正確を期したのだ（ろう）。東京大学と東京帝国大学は同じではない。東京大学に三つある。歴史推移でいえば、東京大学→帝国大学→東京帝国大学→東京大学（新制）となる。

私は公刊物に「大阪大学文学部大学院哲学科博士課程修了」と記されても、とくに訂正しないできた。自分でも「大阪大学大学院博士課程了」と書くことがある。何しろ長い。しかし正式には「大阪大学大学院文学研究科哲学・哲学史専攻博士課程単位修得満期退学」と自記する。厳密にいえば、公的な刊行物で「虚偽」記載を「告発」されても仕方がない。虚偽私文書作成罪あるいは偽造私文書行使罪に問われたことはないが、経歴詐称の類である。

ただし、「名古屋経済専門学校」（旧制）卒を「名古屋大学経済学部」（新制）卒と記すと、私文書あるいは公文書偽造に該当する。私が公立短大に勤めているとき、他校に転出する助教授がいた。その履歴書を見る機会があった。名大卒とある。たしかに戦後の名大は名古屋経専を統廃合した。後者は前者（の一部）に受け継がれた。しかし、後者が前者に「なった」わけではない。前者に統合・廃合されたのだ。大阪外語学校が大阪外大になったのとは、わけが違う。このとき私は、この「不備」というか「偽造」を認知していながら、看過した。この履歴「詐称」で、この教師は新しい職を失うかもしれない。その危険性を恐れたからだ。適切な処理ではなかったかもしれない。

（4・24）

109 「偽」博士号（下）　「偽」博士号は、「本物」博士号のブランド化に一役買っている

博士号ってすごいのか? アメリカの大学では、博士号(Ph.D.)を取ってはじめて、大学教授資格が取れる仕組(原則)になっている。日本の大学では、博士号は教授になるための一条件であるが、必須条件ではない。あれば有利か、というとかならずしもそうではない。博士号の種類にもよる。医学部や理学部の教授(准教授、助教授)になるためには、博士号がないと、不適当、とみなされる。しかし、文学部の教授になるのに、博士号が不利な材料になる場合だってある。無名柄大学の博士号をとっても、無視される。ときに、「なんだ!?」とみなされる。

重要なのは博士論文の内容である。しかし雑然と書かれた原稿用紙の束に、麗々しく表紙がついている、という類の論文がある。稀ではない。

私は博士号をもっていない。外国に行くとドクターと呼ばれることがある。いちいち訂正などはしない。世界的なエジプト考古学者である吉村助教授(当時)がドクターでない、とは外国の研究者には理解しがたい。博士号のない吉村はインチキ「教授」か、と思われても仕方がない。それで博士号を買ったというなら、魔が差したのだろう。

現在は、大学院博士コースのある大学は日本全国にごまんとある。そこの教授たちが博士号を審査している。じゃあその審査する教授たちが博士あるいは実績のある研究者かというと、そんなことはない。朝日新聞の朝日賞は、最初のころ、審査員のたらい回しであった、という例を思い起こさせるようなケースが多々ある。目くじらを立てているわけではない。逆にどんな力作論文でも、審査の教授たちのお眼鏡に適わないと、却下されるケースもでる。そのため事件沙汰になって、マスコミの絶好の標的になった例だってある。ときに、早大総長（哲学科教授）が哲学科に博士請求論文を提出して、「低質」を理由に却下されたなんてことも起きるが。逆に、お手盛りで博士になった人間はどれくらいいるだろう？　ごまんといる。「ペーパー博士」である。これで「偽ブランド」などと称されているDM博士号を嗤えるか？　非難できるか？

なに、アメリカの「本物」博士号の実情も日本に輪をかけた程度である、と思ったほうがいい。「博士号」はブランドでさえない。なにせ博士号をもっていない教授のほうが稀の稀なのだ。サンタフェのコミュニティ・カレッジ（市民大学＝短大）で准教授をしているAさんは、なぜ自分は准教授のままなのか、博士号を取らなかったのか、の事情（弁解）をくどくどと述べた。こういう弁解をいわざるをえないのは、博士号をもっていない大学教授がアメリカでは異常だからだ。

博士号を売り買いする商法を非難して、もちろんいい。だが博士号は博士論文に対するもの（認証）という点でなら、DM博士号にも論文「審査」がある。確認すべきは、博士号は「ブランド」ではない点である。それを「ブランド」視し、買わされるほうがおろかなのだ。それを「ブランド」視するマスコミもおろかというか、異常である。「見た目が九割」の社会で、DM博士号がある程度流通するのは、世にある内容空疎な博士論文をブランド化することに貢献しているんじゃないか。

（5・1）

110 ミートホープやコムスンは潰れる。自業自得だ。社会保険庁は存続だって。これこそ「盗人に追い銭」だ

ミートホープ（食品加工卸売会社　本社苫小牧）の偽装牛ミンチ事件は、〇四年ハンナン（本社大阪）、〇二年ニホンハム（本社大阪）、〇一年雪印食品（本社札幌）の大手業者がおこなった輸入牛肉偽装事件とは性格を異にする。だがミンチは消費者の口に直結する。食品に世界一うるさい日本人の間に、異常な関心を集める理由だ。また社長のキャラがえげつない。破廉恥事件を起こした前市長と似ている。まさか苫小牧人の特性じゃないだろうね。ズウズウしく、イヤラしい。「正義」さんには許し難いだろう。

訪問介護費の不正請求、事業所の虚偽認可申請をしたコムスンは、全国に約二〇〇〇余箇所ある事業所を一括「転売」する方針に出た。親会社のグッドウィルにとっても、不正請求の返還、事業所の閉鎖にともなう損失等で、地獄が待っている。こちらはお客＝介護受給者に直接被害を与えたわけではないが、税金を詐取したことで、福祉予算の食いつぶし、国税のムダ使いを通じて、国民の懐に手を突っ込んだことになる。

以上は全部民間会社が行なった不正である。ミートホープ社は会社ぐるみの偽装で、会社は消滅、従業員は全員職を失う。ハンナンもニホンハムも、絶大な力を振るった創業者が退き、名門雪印食品は消滅した。縄付きは出たものの、信賞必罰にまで行かなかった。だが、自業自得、これが

民間の市場経済における原則である。

△国家公務員で自治労だって？

ところが、社会保険庁である。年金保険料の杜撰・不正管理と濫費を何十年も続けてきたのに、だれ一人捕まらない。職員は首にならない。国家公務員で自治労（全日本自治団体労働組合）に属しているからだ。槍が降ろうと解雇されない、二重の安全弁をもつ最強最大の公務員労組員なのだ。

エッ、社会保険庁職員が自治労だって、と思うだろう。四二年にはじまる厚生年金の取り扱いを、六一年まで地方自治体がしていたのだ。それが国に移管され、職員は国家公務員になったが、組合所属は自治労という奇妙なものができあがった。民主党、共産党、民社党の最大の支持基盤は自治労である。三者そろい踏みで、政府が出した社会保険庁の独立法人化と職員の非公務員化に反対する理由である。

△厚生年金会館の存続はダメよ！

もう一つつけ加えておこう。政府は社保庁が年金基金で全国に建てた厚生年金会館をはじめとする保養・娯楽施設の売却を決めた。濫費のストップと回収のためである。当然だ。ところが、札幌や東京の厚生年金会館は「公共性」がある、大規模なコンサート等ができなくなるという理由で、存続要求を出す者がいる。

そうかね。たしかに一等地にあって便利で、使用料金も安い。だが、それもこれも年金（国民の金）のムダ使いの上に成り立っているのだ。（松山）千春の歌は聴きたいが、社保庁の味方にはな

りたくないね。（7・3）

111　あまり熱くなかった参院選挙のあとだが、本でも読んでクールな精神を養おう

朝日新聞新設の「主筆」に着いた舟橋洋一が、ジャーナリスト精神の基本は「権力監視」であると宣言した（7・25）。それは朝日の勝手であるから、いい。しかし、この男には、大小にかかわらず新聞がつねに「巨大な権力」であり、「情報操作」機関であるという自覚がまるでない。この二要素は、国家権力に追従しようがしまいが、新聞の不可分の性質である。読者は、懐疑精神で新聞を読む必要がある理由だ。懐疑精神は書物を読んで養う他ない。

この夏、懐疑精神を養うのに適すると思える本を三冊あげる。（もちろん私の記事も話半分に読んでもらってけっこうだ。）

△個人の間では、法律や契約書や協定が、信義を守るのに役立つ。しかし権力者の間で信義が守られるのは、力によってのみだ

一冊目は塩野七生『マキアヴェッリ語録』（新潮文庫）である。塩野は在ローマの文筆家で、ローマ史とルネッサンス研究で前人未踏の仕事をした。その中心にあるのがマキアヴェッリの精神で、この精神を抜粋したのが本書である。解説は付いていない。読めばわかるからだ。しかしこの言葉が生まれた背景を知りたくなったら（同氏の）『わが友マキアヴェッリ』（中央公論）を読むことを薦める。ルネッサンスの華「フィレンツェの存亡」という副題をもつ。一読すれば、日本人は、現

在、塩野のような冷徹な世界精神と同じ時代を生きていることを幸運に思うだろう。
△読書は、自分の身の上にだけ起こる大事件だ
次にそのものずばり『いつ、何を読むか』(KKロングセラーズ)で、著者はわが谷沢永一である。十五歳で柳田國男『木綿以前のこと』、二十歳で山本七平『「空気」の研究』、三十で伊藤整『近代日本人の発想の諸形式』、四十で塩野七生『海の都の物語』、五十で小西甚一『日本文藝史』、六十で江藤淳『閉された言語空間』、七十で大村彦次郎『時代小説盛衰史』等五二冊を強く推したその後で、谷沢は「読書の勧め」など入らぬお節介である、といい放つ。至言である。同時に、ここに掲げられた本はどれも読んでの後味が良く、読む前と後では「何か」自分が変わったように感じられるのだ。
△孔子自身は相当に優れた実務家であった
三冊目は呉智英『現代人の論語』(文春文庫)である。儒教は保守反動の封建イデオロギーである。その儒教の生みの親である孔子の『論語』は国(君)に忠、親に孝を説き押しつける国粋主義で反人権主義だ、などという理解がまかり通っている。しかし呉は、孔子を変革者といい、「共同体」を超える思想家とみなす。この解釈は異端でも何でもない。なおアニメに「孔子伝」がある。是非一見をお勧めする。美丈夫孔子が颯爽と現れ、活躍する。　(7・31)

112　民主党小沢の「勝利」は小沢「日本改造計画」の破棄によって贖われた　1

○七年参院選で民主党が圧勝した。背水の陣を敷いた小沢一郎の「勝利」である。しかしこれは政治家小沢の勝利だろうか？　端的に「否」といおう。

小沢が『日本改造計画』（講談社）を掲げて自民旧守派ばかりか、旧守派そのものだった旧社会党路線と訣別宣言をして、「政治改革」に乗りだしたのが、九三年である。しかしこの改革は小選挙区制だけを産み落として「流産」した。ところがその小沢「戦略」をことごとく踏襲したのが小泉構造改革である。今回小沢はこの小泉（＝旧小沢）改革に真っ向から反対して参院選に勝利した。

△「日本改造計画」とは何か？

では小沢が自民党を割って出てまで目ざした「日本改造」プランとはなにか？

第一は冷戦構造時代が終わった。一国の経済発展だけでなく、世界全体の経済や平和を視野に入れた政治が必要だ。第二は日本型民主主義の前提である同質社会からの脱却を図らなければならない。そのために、①政治のリーダーシップの確立、②地方分権、③経済活動や社会活動の規制撤廃の変革が必要である。そしてこの三つの変革の究極目標は、個人の自立である。いわゆる「普通の国」になるだ。

小沢の改革は九三年反自民政権の誕生で実現の端緒を見たが、自民党旧守派と旧守派社会党の「野合」によって九四年もろくも「頓挫」する。だが小沢は少数派に追い込まれながらも孤軍奮闘この「改造」路線を死守する。小渕内閣で自自連立を組んで、中央省庁再編関連法案を成立させ、大蔵省の分割を実現する。

△小泉が小沢プランを掲げ、実行した

ところが〇一年小泉政権が発足した。大胆な行財政改革をはじめとする構造改革プランが次々に提示された。ほとんどが小沢改造プランの「いいとこどり」であった。しかも小泉の「長所」は小沢よりさらに小沢的に徹底していることで、いつでも政治生命を賭けて勝負に出た。「豪腕」に対して「剛胆」であった。自民の派閥政治、族議員は爆破された。

規制緩和が進み、景気が回復する。競争力が増し、もの作り日本が再生する。高速道路・郵政の民営化が実現する。幸運も小泉に味方する。親日共和党ブッシュ政権が成立した。自衛隊のイラク駐留も瑕疵なく終わる。

△旧自民・社会のばらまき政治に後退

小泉に全部持って行かれた。政治路線で小沢独自の出番がなくなる。民主党に呑み込まれた小沢は、小泉に大敗北を喫した〇五年の総選挙で、敗戦処理役として民主党代表になる。「政治生命」を賭けた今回の選挙で小沢が打ち出した「公約」はかつての小沢プランとは正反対である。

①年金、事務所費処理問題をはじめ、政策論争ではなく政治スキャンダルを争点にする。②格差是正を旗印に徹底したばらまき施策＝年金の現行水準の確保、最低賃金全国一律一〇〇〇円、パート・契約社員と正社員の均等待遇、全農家に「戸別所得保障制度」、地方に自主財源を一括交付である。対米追従外交の是正、等々だ。

これは勝ちさえすればいい、野党だからいえる無責任な「公約」である。小沢は「政権」をと

り、日本改造を果たすことではなく、今回の選挙に勝つことだけを目ざしたのだ。（8・7）

113 競争と格差の是認の上ではじめて格差是正が意義をもつ　小沢民主の勝利 2

小沢の「日本改造計画」の基本は「規制緩和」（等質社会＝日本型民主主義＝社会主義と訣別する政治経済の自由化）によって、国内・国際競争力を回復するというものであった。先行する米英政治経済に追いつき、急追するチャイナ経済とは別な道をゆく真っ当な路線である。日本は小泉改革でこの路線を決然と歩み出した。

つい最近まで、日本の製造業は近隣諸国、とくにチャイナにその場を奪われるという危機感が充満していた。しかし、自動車・造船・鉄道・建築や製作機械をはじめとするハイテク製造業、鋼材や器機の部品をはじめとする製造機材で日本は圧倒的な競争力を発揮している。しかもかつてのような深刻な日米、日中経済摩擦を引き起こさないでである。

△安倍政権は小泉改革の継承者か？

ところが小泉後継内閣といわれる安倍政権は国民多数の信託をえることができなかった。多数は小泉改革を拒否したのか？　旧来の終身雇用・年功序列を基本とする等質社会システムへのリターンを望んだのか？　あるいはマスコミがさかんに述べるように、小泉改革の行き過ぎを是正することを求めたのか？　冷静に検討するに値する問題である。

△格差は悪か？

「戦争か、平和か?」「格差か、平等か?」と問われれば、平和であり、平等である、と多くの人が答えるだろう。しかし戦力なき平和主義は戦争の原因を生む、競争なき平等主義は貧困の下における平等を生む、というのは紛れもない歴史事実である。日本は日米軍事同盟と熾烈な企業間競争によって、からくもこの歴史事実を回避することができた。

ここで沈思して欲しい。○七年参院選挙をもっとも深いところで左右したのは何か、である。「格差」であった。「格差は悪である」というのが小沢民主や朝毎読やNHKが自明のごとく喧伝するコピーである。これに対して安倍は政権発足時から「再チャレンジ」を唱えた。つまり「格差は悪」を認めたのだ。

△格差はなぜ悪い?

小泉は自由競争を提唱し、「格差はなぜ悪い」という姿勢を貫いた。競争は格差を生む。格差のない社会とは、競争のない、旧社会主義のような停滞する貧困社会のことだ。競争と格差を是認した上で、はじめて格差是正=社会福祉政策が意味をもつので、その逆ではない。

安倍政権の敗退因は、小泉の継承にではなく、小沢への追従にあった。この是正なくば安倍も自民も未来はない。

（8・14）

114 参院選大勝後、民主の苦境がやってくる　小沢民主の勝利　3

○七年参議院選挙は小沢民主党（だけ）が一人勝ちした。国民多数の選択によってだ。これが民主主義で、国民一人ひとり（＝一票）の数で決まる政治体制のことだ。同時に国民は自分の選択結果に責任を取らなければならなくなる。今後三年間、参議院は小沢民主が反政府の姿勢を取るかぎり、重要法案は政治駆け引きの対象になる。自民党には苦境だ。だが民主党次第で国民生活にしわ寄せが来る。それが民主党をより苦境に陥れる。なぜか？

△民主党に統一政策はない

民主（少数）は「反」自民（多数）では結束できる。しかし参院で多数派を握った民主が「反」自民、反政府を貫けば、重要法案は通らない。そんなことは議会政治では不可能である。当然、法案は自民との「妥協」の産物になる。

反自民では一致できるが、自民と妥協するとなると、どの線で妥協するかで民主は大もめになる。たとえばインド洋沖で自衛艦が給油活動を展開することを可能にしているテロ特別措置法の延長に米原前代表が「賛成」を表明しているようにだ。

もちろん党内に反対意見は自民にもある。しかし民主には政綱でも、また参院選挙で示した公約でも、「統一」意見を議論し決定したという「経験」はほとんどない。憲法改正ではむしろ自民より改正賛成議員が多い。

△小沢のばらまき公約は実現不能

小沢民主は、全農家の所得保障一兆円、育児手当中卒まで（一人二・六万円）四・八、高速道路無償化一・五、公立高校無償化〇・三、年金基礎部分無償化六・三等、計一五兆円超の大盤振る舞いを公約した。行財政改革に真っ向から対立する政策である。田中角栄や竹下登も真っ青のばらまきで、これ以上ない愚策かつ反動策である。小沢が打倒目標とした旧守派への完全なる先祖返りだ。社民や共産党とも連立可能な施策で、もしこれが実現したら、日本は破産の道を直進することになる。

△安倍に挽回のチャンスがある

参院で少数派になっても、政治は議会内だけで決まるわけではない。多数派にかまけて国民のほうをしっかりと見ていなかった、これが安倍政権の敗北の一因である。幸いなことに、衆院は絶対多数で、改選には二年以上の余裕がある。参院は三年後を見据えてゆっくり進むしかない。むしろ民主対策ができるチャンスをえたのだ。

小沢は必ず矛先を自民分裂に向ける。ならば安倍はより慎重かつ大胆に、実現可能な政策を武器に、民主分断にメスを入れたらいい。松岡元農水相のような行政を食い物にする勢力を、小泉よりさらに強力に党内から駆逐する方策を展開したらいいのだ。それができなければ安倍の明日はない。

（8・24）

115　安倍改造内閣のやってはならないこと、第一にやるべきこと

参議院で大敗したあとの組閣である。やさしいはずがない。トップ自身の刷新が必要だったが、続投した。新安倍に変身するのがよほど難しい。というのも安倍も、安倍第一次内閣もフレッシュ

さが最大のセールスポイントだったからだ。それもこれも、参議院選挙で過半数を取るための布陣だった。布陣は間違っていたわけではない。妙なのが挟まっていた。スキャンダルで釣り上げられ、政治＝政府不信が蔓延し、それに対抗できなかった。フレッシュさが消し飛んで、大敗した。

△安倍の新布陣

今回の党三役と閣僚は次回の衆院選挙で勝利するための布陣であるべきだ、とマスコミも、政治家自身もいう。だが幹事長の麻生太郎（前外務大臣）も、総務会長二階俊博（前国会対策委員長）、政調会長の石原伸晃（前幹事長代理）も「戦犯」である。選挙用の布陣を組み、国民の意見を汲み上げたら、自民党は選挙に勝つのか？　内閣は支持率を回復するのか？　難しいね。

△生活第一だって？

マスコミも、政治家も、それに国民多数も、「生活が第一」と合唱する。その通りだが、国民生活を第一にしたばらまき政治をやったら、日本の政治経済はどうなるの。

早くも閣僚のあいだから出てきたのは、小泉改革の行き過ぎの是正である。安倍はこの是正を中途半端にやった。だからダメなのだ、という声だ。おかしいね。

小泉が構造改革を、官僚・政治家・マスコミ・評論家・既得権益をもつ民間企業の批判をはね飛ばして断行したから、とにもかくにも日本の景気は上昇したのではなかったのか？　もしこの断行がなかったら、あいかわらず小沢がいうようなばらまき予算を続けていたら、日本経済はチャイナの後塵を拝し、財政赤字はかるく一〇〇〇兆円を突破していたにちがいない。確実にイギリスを除くヨーロッパ並みの停滞国になっていた。
△第一は競争と革新で、だからセーフティネットが必要なのだ
国民の生活が第一である。ひとまずそれでもいい。しかし、そのためには世界の成長経済に対応した社会構造に転換しなければならない。その道は半ばというか、革新に革新を続けていかなければ難しいのだ。革新も、競争もない、なかよしクラブ的な日本の政治経済運営や国民意識では、国民生活自体を守ることはできない。これが条理である。

安倍第一次内閣の最大の失敗は、この困難だが日本の基本進路にブレーキを掛けたことにある。革新や競争はしんどい、負けが出る、一休止しようじゃないか、などとブーたれたことにある。政治を、税金を食い物にする輩を勇気づけたことにある。そういう輩の先頭に小沢を立たせたことにある。生活がしんどいって。何をいうか。不断の革新のほうがずっとしんどいのだ。（9・4）

116 あなたの身辺にある参考文献は、新しい歴史転換にふさわしく、書き換えられているか？

昭和天皇が亡くなった。連動するように、ロシアをはじめとする社会主義諸国が崩壊した。チャイナが共産党独裁を温存したまま、大胆な市場開放経済に転じた。グローバリズムの進展で、物も人も金も、一つの市場で結ばれた。世界史の大転換である。連れて価値観も変わった。ところが、私たちの周りにある全集・事典類は、表紙や執筆者が多少変わったものの、あいもかわらず資本主義＝競争＝格差＝悪という価値観で書かれている。大多数の利用者がそれらを参照し、「中立公正」

な内容と受け取っている。恐いね。
△「広辞苑に書いてある」
たとえば多くの人に愛用されている『広辞苑』だ。「共産主義」や「資本主義」の関連記述は、ほとんどマルクスやレーニンに依拠しているのに、まるで中立厳正な定義であるかのように配されている。これは社会主義の崩壊後の、平成十年に改訂された第五版でもほとんど変わっていない。この事典を信用して使うと、旧ソ連や中共が国是としたイデオロギーに汚染され続けることになる。社会主義の評価ばかりではない。歴史の評価が大転換した時代に私たちは生きているのである。
△網野史学
黒田俊雄『蒙古襲来』（中央公論社　65年）に目を瞠った。網野善彦『蒙古襲来』（小学館　74年）に拍手をした。ともに、日本歴史シリーズの一冊で、愛読書の一つだった。網野はその後、中世史の研究で新見解を展開した。隆慶一郎をはじめ多くの時代小説家の登場を促すという副産物を生んだ。いまに続いている。農民以外の非定住民に光を与え、日本が等質で稲作農業の一元国であるという歴史理解を否定した。おもしろくすばらしい。

ただし黒田も網野もマルクス主義者である。網野の著作集（全18巻別巻1）が岩波書店から刊行中で、多くの注目を浴びている。網野の最終目的が皇統廃絶＝天皇制打倒であることと関係がある。

△昭和思想史の改訂

なぜいまこんなことをことさらに言うのか？　拙著『昭和の思想家67人』（ＰＨＰ新書）を出したことにつながる。八六年『昭和思想史60年』を書いた。書いて、二十年来彷徨したマルクス主義をようやく「脱却」できた、と思えた。しかし、二十年ぶりに書き直してみて気がついたのは、皇統の位置づけが不十分で、バブルという形で表出した消費資本主義把握がなかったということだ。一部は能力不足と、一部は歴史の新展開のゆえである。これを今回訂正することができた。

歴史は何度も書き換えられなければならない。思想史も歴史である。ただし、新展開は魔物である。旧物をなぎ倒すが、そこにはよろしき旧物も含まれているということを、心したい。（9・11）

117　福田内閣はクーデタが失敗した結果うまれ、自民政権は時間稼ぎができた

参院選の惨敗にもかかわらず、安倍は、続投「要請」で天守閣に再び登ったが、ものの見事に梯子を外されて、ヘリで病院送りとなった。「クーデタ」である。しかし対応は早かった。森＝町村、津島＝額賀、古賀（旧宏池会）の三派がスクラムを組んで福田康夫を立ててクーデタを一気に抑え込んだ。突発とも思える今回の安倍辞任劇の舞台裏はこんな図であったようである。茶番である。若殿「乱心」で、元用人が表に出てきた感がある。

△アドバルーンを打ち上げたが

それでも福田は宰相ポストを得るラストチャンスと見たのか、最初はすこぶる威勢が良かった。

小沢民主のばらまき路線を丸呑みにするような、格差是正と地方優遇を打ち出す姿勢を見せた。もっともビックリさせたのが「アジア共同体」の実現という、海のものとも山のものとも分からないチャイナの対アジア戦略（＝侵略）をそっくり踏襲する言辞を掲げたことだ。おお、福田黄門ならぬ太閤角栄の「再来」かと思わせる「積極」ポーズである。この点でも小沢「外交」（＝田中への先祖返り）の上を行く路線だ。

△慎重居士という変人

ところがとんだ「腰砕け」であることがすぐに判明する。ばらまきには財源がいる。財政再建を掲げ収支のバランスを図るという改革路線を曲げるわけにはゆかない。たとえば年金の基礎部分は税でという民主案を丸呑みのするためには消費税を五％あげなければ、という具合だ。政権党は野党小沢のように無責任を決め込むわけにはゆかない。小渕内閣までのばらまき路線はとれないのだ。

それに福田は、もともと政治家としては珍しいほどの、「石橋を叩いて渡らない」式の慎重居士である。小泉とは正反対の「変人」なのだ。

△水が入って気勢をそがれ

安倍の突発性辞任病はとんだ副作用を生んだ。民主小沢の猛攻撃に、総裁選等で水が入り、自民が党を覆った夢遊病性症候群からほぼ覚醒しつつあることだ。なによりも安倍を心身喪失に追い込んだテロ特措法延長という危険信号が「赤」から「黄」になった。給油が一時停止しても、国際信用の決定的失墜には至らず、逆に日本の国際貢献が（再）認知される機会が生まれたともいえるからだ。

とはいえ福田内閣である。派手なことはできないというか、しない。じり貧であることに変わりはない。国民が冷静になって、小沢のばらまき路線が糖尿病と動脈硬化への逆戻りであることに気がつくまでの「時間稼ぎ」ができるかどうか、心許ないね。（10・2）

118 「偽装」だ「詐欺」だと騒いで、責任を役所に持っていくと、役人が喜ぶよ

「白い恋人」（札幌・石屋製菓）につづいて「赤福」（伊勢）に捜査の手が入った。全国お土産品売り上げ二位と一位の商品である。赤福の「偽装」は技術的にも組織的にも徹底したもので、「味」の変質を招かなかった管理と技術にむしろ驚かされるほどだ。そして、同じくお土産人気商品である「からし明太子」（福岡）「萩の月」（仙台）「八ツ橋」（京都）は大丈夫なの、などといらぬお節介を吐きたくもなる。それほどに「おまえもか！」なのだ。

△役人は責任を取れ！

しかしここでいいたいのは「偽装」や「だまされた！　ゆるせない！」ではない。

もう記憶から薄れつつあるのではないだろうか？　耐震偽装事件である。加害者には実刑が確定して服役しているものもいる。被害者はいまでも泣き寝入りがほとんどだろう。しかし、予想したとおり、重大なことが生じている。

耐震偽装を見抜けなかった行政が悪い。確認申請はペーパー仕事に過ぎなかった。役人は責任を取れ。国家が被害賠償をすべきだ。こういう杜撰な行政を招いたのは小泉政権のせいである。「規制緩和」「自由化」による民間委託（民営化）であり、行政改革（小さな行政）である。これが野党とマスコミ、そして多くの国民の論調であった。

△確認申請は厳格に！

民営が間違いで、行政と役人に責任がある、といわれれば「ご無理ごもっとも」である。確認案件を役所が厳格適正にやりましょう、ということになる。責任を取らされてはたまらない。結果どうなるか。建築基準法が改正（07年6月）された。建築確認申請手続きと検査に要する時間が大幅に伸びる。そのため建築工事の遅滞を招き、工期が延びるため施主も建築会社も大きな損害を被っている。

△役人の仕事が増える

じゃあどうするか。民間には任されない、役所仕事のスピード化をはかる、そのために役人の数と仕事を増やさなければならない、ということになる。役人にとってこんないいことはない。これが役人の「責任」の取り方である。

役人の数と仕事を増やす費用は税金から出る。国民の負担だ。建築・食肉・土産品の偽装も、M&Lのマルチ商法（詐欺）や振り込め詐欺は許せない。しかし、すみずみまで偽装を暴き出すような挙に出たらどうなる。警察を含めた役人の数だけで膨大になる。それで赤福を槍玉にあげて、

「一罰百戒」でゆくのだ。

△自己責任もあるよ

役人数や役所仕事の増加は税金の出費増である。消費者・利用者が汚い尻を役所に持って行くと、必然的にこうなる。マルチ商法に一億円「出資」して「だまされた」って。自己責任だ。「金は自分で取りもどしな」でいいんじゃない。（10・30）

119　防衛省と自衛隊の大部分が、「正直で公正だ」なんて信じられるか？

防衛省の前事務次官守屋武昌にからむ接待・汚職疑惑が拡大の一途をたどっている。しかしここでにわかに急浮上してきたのが、防衛族が名を連ねる政治家の関与である。最近の大臣（長官）経験者で突出しているのが、旧竹下派（島津派）である。石破茂（02／9〜04／9、07／9〜）、額賀福志郎（98／8〜98／11、05／10〜06／9）、久間章生（96／11〜98／8、06／9〜07／7）とくると、額賀や久間だけでなく、現職の「石破さん、大丈夫なの？」といってみたくなる。

△島津派をはじめとする防衛族

民主党は、守屋＝宮崎（前山田洋行専務）の汚職＝贈収賄疑惑追求から、政治家の「接待」関与の究明へと戦線を広げ、衆議院を通過した自衛隊の給油活動にかんする新法を参議院で議論することさえ棚上げしようとする勢いである。しかし大きなネックがある。民主党代表の小沢一郎に火の粉がかかりそうになりはじめたからだ。

そもそも山田洋行の宮崎が防衛庁に人脈を持つようになった契機が、旧田中（角栄）派に属して防衛庁長官を歴任し、田中を置き去りにして結成した竹下派の重鎮で自民党の副総裁にまでなった金丸信（故人）が会長となった防衛問題のシンクタンクの設立であった。ここに多くの防衛産業が参加したのである。このシンクタンクの二代目会長が竹下・金丸の後継者と目されていたたい小沢一郎であった。小沢にも山田（宮崎）から多額の政治献金がなされている。

△防衛省は「聖域」である。

○六年に発覚した防衛施設庁「官製談合」問題では、額賀長官は「解体的出直し」を宣言した。施設庁は防衛庁に属するが、米占領軍の施設等の整備を本務として出発したことからもわかるように、技官を中心とした「別」組織で、人脈（人事権）も防衛庁のトップが関与できない聖域であった。この事件を契機に防衛庁は施設庁を人脈ともども組み込むことに成功した。額賀・守屋コンビによってで、自分たちは「聖域」となった。

小泉の行財政改革で族議員がどんどん窮地に追い込まれてゆくなかで、防衛族だけは例外的であった。防衛省の職員や自衛隊員の犯罪が続発しているのにである。石破・額賀・久間はともに守屋次官と連携し、新旧の防衛族と防衛官僚が防衛産業と気脈を通じ、一大国家財政の食いつぶしをやってきたのである。司直の手の彼方にあってだ。

△政官産の国家食いつぶしを断て！

日本の防衛力の充実は重要である。自国軍需産業の育成も大事だ。米国をはじめとする軍需産業との連携も大切だ。山田洋行のようなエージェントも必要なのだ。しかし官僚と族議員が「金」漬けにされて軍需産業に囲い込まれ、マスコミや国会論戦で守屋・宮崎「接待」(?!) 疑惑と矮小化されていいわけがない。

この際、議会が総掛かりになって防衛省の汚職体質を徹底的に洗い出し、膿を出す作業を断行していいのだ。新法が一時棚上げになってもかまわない。大部分の防衛省職員や自衛隊員は真面目で公正だなどという言を振り回して、火事を小さくしないことだ。(11・27)

120 岩波書店、困ったときの改版『広辞苑』は困った辞典だ

『広辞苑』が十二年ぶりに改版出版される。編集者、記者、教師等つまりはインテリと称する人たちで、あなた(鷲田)の記述は○×だが、『広辞苑』に◇△と書いてある、あなたの記述はおかしいのでは、という人の「知識」を信用していないことにしている。なぜか? この国民的に人気の高い辞典の記述内容が誤りと偏向に満ちているからだ。特に民主主義思想や(旧)共産主義諸国に関連する記述はほとんど信用できない。社会主義が崩壊してもう少しで二十年たつのに基本的な記述変更がないのだ。

△ドル箱『広辞苑』

『広辞苑』は、五五年に初版が出てから一一〇〇万部の売り上げを誇る、まさに岩波書店のドル箱で、〇八年一月に出る第六版も三〇万部準備中だそうだ。予約販売からすでに評判を呼んでいる。

岩波書店は、『夏目漱石全集』と『広辞苑』の改版出版でつとに経営危機を突破してきたといわれる。出版社もビジネスであるから、それはいい。しかし欠陥辞書をつかまされ続ける利用者のほうはたまったものではない。わたしの友人仲間にも、この辞典を後生大事に担ぎ回っているものがかなりいる。物書きとしては困ったチャンの部類に属するといっていい。

△「小日本主義」者湛山？

第六版のセールスポイントは「新収項目一万語」と「百科項目」の充実更新だそうだ。実物を見ないでいうのだが、国語辞典としての水準の低さとともに、百科項目のお粗末さが改善されたとはとうてい思えない。この辞典を買って利用しようと思う人に、二つの注意ポイントをお教えしよう。

一つは「石橋湛山」の項目で、第五版に「小日本主義」を唱えたとつけ加えられたが、それが削除されているか？　もう一つは、「三宅雪嶺」で「哲学者」がつけ加えられているかどうか？　この改変がなければ、新版も「おまえもか⁉」と判断していいだろう。日本を代表する、世界に誇りうる思想家とでもいうべき石橋や三宅の記述がいい加減なのだ。しかも岩波から湛山の評論集（文庫）や雪嶺の『同時代史』が出ているのである。許し難いと思われないだろうか？

△眉に唾をつけて

いいかげんな記述が横行しているのは、『広辞苑』にかぎったことではない。日本の百科事典類は、社会主義諸国の崩壊をはじめとする九〇年代の世界の激変に応じて、全面的に書き換えられてしかるべきなのである。ところがどれもこれも旧態然のままで、これは日本の知識人や教育人の多くが旧左翼思想に汚染され続けている証拠である。

それでも『広辞苑』を利用したいという人は、最低限度、その記述を鵜呑みにしないことだ。わたしもときに『広辞苑』を引くことがある。ただしその記述内容には眉に唾をつけることにしている。

（12・4）

121 「偏差値教育反対！」と「格差社会反対！」の大合唱に「反対！」

偏差値教育というといかにも「差別」を助長するかのように聞こえる。まともに事実にもとづいてものを考えないマスコミ人間や「人権」擁護を標榜する評論家たちが、「偏差＝差別」と解し、反対している。無知と悪意に満ちたとんでもない主張だ。

日本は「格差社会」で、格差のあることが日本人を自殺や不幸に追い込んでいる、などという馬鹿げた論調が闊歩している。偏差値＝差別教育とならんで、僻《ひが》み根性の最たるものだ。

△偏差値＝分布値

「偏差値とは個人の知能や学力や性格などについての検査結果が、集団の平均値よりもどれくらい上または下に偏っているかを、標準偏差を目盛りとして表すものである。」（日本大百科全書）といわれるとおり、「集団の平均値」を基準にした分布地（図）のことである。

日本の戦後教育は偏差値教育をめざしてきた。第一に集団の平均値（もっとも厚い層）を主眼にした教育である。大学入試センター試験が示すように、教科書をきちんとおさらいしていたら、八割ていどはできる問題しかでない。

だから偏差値教育から外されるのが「落ちこぼれ」だけでなく、学力が上位一割の子どもたちである。日本の学校教育は、もっとも厚い層の底上げを図ってきた、それ自体としてもまともな教育であったのだ。

ただし、「落ちこぼれ」とともに、できる子は学校教育になんの関心も抱くことはできないできたのだ。

△「能力」だけは「差」を

アベレージ教育の基本は、習熟度別＝複線教育（できる・普通・できないコース別）を導入しても、基本的に変わらなかった。日本の学校教育にはエリート（養成）教育は存在しない。

じゃあエリート教育を導入すべきだと主張したいのか？　これが難しいところだ。日本の大学にはエリート養成教育がない。アメリカは、性・年齢・色（人種）・宗教による差別を認めないが、「能力」による差別を認める。能力によって生じる格差を認める。能力を長大に伸ばす教育を奨励する。エリート教育が主流であって当然だ。

△格差の小さな社会構造

日本は、社会構造として、格差が小さい社会である。戦後は特段に小さな格差社会になった。日本には働いても働いても貧しい「ワーキングプア」がいるといわれるが、努力なしに「リッチ」に暮らしているパラサイトがわんさといる。ワーキングなしに楽々と生きていきたい御仁にとっては、格差の小さな日本社会は、まさに天国だろう。（12・18）

08年＝平成20

122　平成二十年総括と展望　「格差は悪だ！」は社会主義の「甘言」である

平成二十年を迎える。激動の昭和に対して、平成の出発は実に影の薄き存在に思えたものだ。しかし大正十五年をすでに超えたのである。その大正が陰影に乏しく、明治と昭和の間に架けられた仮橋のような取り扱いを受けてきた。だが明治や昭和の「付録」ではなく、来るべき昭和日本の「命運」を左右する重大な時代であったことが判明している。日英同盟を保持し自由民主（＝資本主義）路線を取るのか、日米開戦を準備し国家統制（国家社会主義）路線を取るのか、の熾烈な争闘がなされた時代だったからである。日本は日米開戦という最悪のシナリオを選択した。

平成二十年を概括し、将来を素描するのは、ふたたび日本が国家進路を過たないために不可欠である。

1　昭和の「終焉」　社会主義とバブル

昭和の終わり、すなわち昭和天皇の崩御は二つの「崩壊」とともにあった。一つは地球規模で起こった、旧ソ連（共産ロシア）をはじめとする社会主義の崩壊である。二つは日本で特殊に起こった「バブル」の崩壊である。

日本は自由主義（市場経済）圏に属する。社会主義の崩壊は、一方では快事であった。日本を政治軍事的に抑圧してきたロシアとチャイナの社会主義軍事強国の圧力が薄らいだからである。暗雲が晴れた感があった。

他方では双手をあげて歓迎すべき他人事ではなかった。日本は民主政治と市場経済を採用する自由社会システムである。同時に（民主選挙の外にある）官僚政治と国家主導＝保護経済をとる国家統制社会システムである。「仮面をつけた社会主義」といわれた理由だ。

社会主義の崩壊は、自由市場経済が地球規模で広がることを意味する。国家（保護）の壁を越えて、人も物も情報も自由に出入りする「大競争時代」の到来だ。グローバル（地球）時代の到来で、国家管理と保護を特徴とする日本に、大津波が襲来したのである。

「バブル」崩壊の引き金を引いたのは大蔵省（官僚）であった。地価と株価の高騰を抑制するという大義名分をかざして、土地と株に投資する金融資金の流れを一気に断った。「バブル」が崩壊しただけではない。日本経済は一気に下降線をたどったのである。

2　平成の十年　日本の退潮

平成二十年の最初の十年は、混乱と低迷の十年であった。

社会主義の崩壊でまず生じたのは、大量の安い労働力（商品）が世界市場に一気に放出されたことだ。この安い労働力を買うこと（外国人労働力の輸入）ができない日本企業は、国外に生産拠点を移さざるをえない。日本国内に失業問題が生じた。

さらに日本経済にとって打撃だったのは、隣のチャイナが、市場開放経済に大胆に舵を切ったことである。日本の労働賃金の五〇～一〇分の一の賃金と世界から集めた資金で、あっという間に大量消費財の生産拠点となり、「世界の工場」の地歩を確保していった。もちろん日本企業もチャイナに堰を切ったように進出している。日本にとって二重の失業問題が生じたわけだ。

社会主義崩壊は日本に競争力の強化を促した。そのためには、国家（行・財政）の厚い管理と保護の下にある日本の生産と消費のあらゆる部門を自由競争のもとにおく必要があった。管理規制の緩和と保護優遇の撤廃を断行しなければならなかった。

ところが従来通りの路線、公共投資を先頭とする財政支出（約一〇〇兆円）を続けた。バブル潰しで、開発ブローカーや一発屋が沈んだだけではない。資金流入を断たれた中小企業や大企業も、資金難で倒産あるいはリストラを余儀なくされた。それだけではない。先頭を切って土地と株に過大な投資をおこなった銀行が、「不良債権」（赤字）を抱え込み、倒産と再編の波にのまれていった。全部が官僚政治経済の蛮行だ。

3　平成の十～二十年　日本のリストラ

混迷と衰退の十年、日本丸の沈没といわれた。八〇年代に欧米を一気に抜き去った日本経済は、英米の後塵を拝し、チャイナに急追されて、尻に火がつき、ようやくリストラに踏みきった。

企業だけではない。行財政のリストラ、官僚統制の政治経済からの脱却だ。金融再編から始まった日本のリストラとは、一言でいえば社会主義システムの暫時的な除去である。小渕政権で決めた中央省庁の再編をベースにしたリストラの実行が、規制緩和と民営化に象徴される小泉政権の構造改革で加速化された。

日本企業の競争力の回復があった。行財政のダウンサイジングが進んだ。しかし競争力の回復強化は、企業と地域と個人とをとわず「格差」(＝優劣)を生む。競争がなく格差のない(小さい)社会とは「社会主義」への復帰である。社会主義的恩恵を受けてきたパラサイト社会への回帰である。

4　平成の選択　競争力の強化

平成二十年を経ていま問われているのは、リストラの加速化を進めるのか、格差のない社会へと後戻りするのか、である。現在、日本と日本人は後者を選びそうな気配にある。

競争は格差を生む。競争力強化でえた成果を元本に格差を是正するのか。競争を微弱にして格差を縮小するのか。前者は上昇の道で、日本が取るべき選択だ。後者は下降の道で、旧社会主義国が歩んだ道だ。問題のありかは明快である。だが日本の政治経済も、国民も「甘言」(格差は悪だ!)で自らをくるんでいるように見える。糖衣《シュガーコーティング》を捨てる。それが日本の選択だ。

そしていうまでもないが、対米追随なき日米同盟の強化である。日英同盟の解消が日本の迷路につながった教訓を忘れないことだ。(1・8)

◆国難2　世界同時金融危機

123　テロ新法、二月三日で再可決。混乱はない。解散もないね。多少政治のいらいらは続くけどね

コロンブスの卵である。参議院で通らなかったら衆議院の三分の二で議決する。これが日本の法（憲法五九条）である。幸か不幸か、「郵政民営化」で信を問うた小泉解散の結果、与党が衆院の三分の二を握っている。五一年のモーターボート競走法以来五七年ぶりの二件目でたしかに稀で異常な事態だ。だがねじれ国会である。一度やれば次は「平常」になる。法案の可決・成立まで「多少」の時間は食う。いいじゃないか。徹底討論は野党も望むところだろう。

△衆院の解散は愚

責任ある与党なら、衆院の解散はない。いま解散しても、自民と公明で過半数を割ることはないだろうが、三分の二の議席数は至難である。ということは、解散したら国会はにっちもさっちもいかなくなる。与党も政府も、そして野党も完全に手詰まりになる（だろう）。

しかも二年半、参議院の改選はないのだ。野党優勢のままの状態が続く。少なくとも衆院を十年まで解散しない、これが政治の混乱と停滞を避ける与党の初等数学だろう。もし小沢がこの初等数学を知らずに「早期解散」で政権交代を叫んでいるのなら、よほどのお人好しか、支離滅裂という

ことだろう。

△日本政府に拒否権はない

アメリカは議会（立法府）と大統領（政府）とが完全にねじれ状態だ。議会は民主党が上院下院とも優勢で、大統領は共和党のブッシュである。それでも政治停滞を避けることができているのは、議会や大統領が寛容で大局的な立場に立つことができている、という理由からではない。

大統領が議会を超える「権限」（権力）を所持しているからなのだ。日本は議会の決議を政府が拒否することはおろか、無視することさえ許されない。ところがアメリカではそれをすることができる。実際に行使している。

△小沢の政界再編は

ただし小沢民主が「早期解散」をいうのは、小沢の持論である政権交代可能な二大政党論の他に、「政界再編」がある。あの福田・小沢秘密党首会談の「大連立」政権構想も、政界再編の一方法だっただろう。

だが政界再編で小沢に重要なポストが巡ってくるとも思えない。小沢の「日本改造計画」は小泉が先鞭をつけている。小沢の国連中心主義は、日本の国家主権（意思）を雑多な外国の合意に委ねる、アメリカ従属より数倍もあやふやで危険な、避けなければならない第一の選択である。

もしまともで真面目な政界再編が可能だとしたら、小沢を棚上げしなければならない。でも民主にその力はない。ねじれ国会は続く。三分の二で再可決というコロンブスの卵で政局は進む。ただ

しこれが国民多数が選択したものである。国民の責任でもあるのだ。（1・22）

124 日本の新しい国のかたちは合衆国だって⁉

第一に「分権推進」に対して「地域主権」が、第二に「都道府県」に対して「道州」が、第三に「市町村」に対して「自治体」が対置される。日本の国体（国のかたち）の再構築に向けた制度改革をめざしてだ。なぜ制度改革は必要か？　中央集権国家、官僚統制社会と「東京一極集中」に対して、地域のいきいきとした再生を図るためだ。この制度改革案を検討してみよう。

△三〇〇自治体論

道州制と三〇〇自治体を最初に明確にブチあげたのは小沢一郎の「日本改造計画」（93年）であった。①中央（国）と②地域（道州）と③自治体の役割分担を明確にし、明治政府以来の縦割りの中央集権・上意下達的社会を脱し、国・地域・自治体が各自の自立性を発揮し、いきいきと結びつくことで、日本全体の生命力を活性化させるという画期的内容のものだ。

その後「分権化推進（一括）法」が小渕（自民）と小沢（自由）の連立政権下で成立し、分権化の動きが具体化し始めた。だがその流れはいまだ細流にすぎない。中央（官僚組織）が、金（税）も権限も占有しているからだ。

したがって地域の過疎化は止まらない。東京一極化だけではない。大都市への人口集中がとまらない。地域格差はとどまるところを知らない。

△「地域主権」型論

江口克彦は『地域主権型道州制』（ＰＨＰ新書）で小沢の議論をさらに先鋭化し、地域（道州）や自治体（市）の権限（政治）と税（経済）の自主性を明確にするために、地域「主権」を主張する。その主張内容はまったく的確である。

国＝外交・安全保障・危機管理等、道州＝河川・道路・空港・広域公共事業等、市＝社会福祉・教育・医療・戸籍等に機能を分担する。税徴収区分は、たとえば、国＝所得税・個人住民税の三分の一、道州＝法人各税・地域消費税等、市＝所得税・個人住民税の三分の二・固定資産税・不動産取得税等で、それぞれ四〇兆円前後に三等分する。

△「主権」は国家以外にない

ただし最大の問題は、「地域主権」である。主権は分割できない。世に「国民主権」というが、デモクラシー（多数＝国民支配）の別名で、「誤用」である。ＥＵは「地域主権」だが、この地域とは「国家」のことだ。「国家主権」を加盟国は譲り渡さない。その上での連合なのだ。

いまひとつは「道州」と「道」を特別視する必要はまったくない。一〇〜一二の州制（合衆国）になるということだ。ただし中央官僚国家に対し、地域官僚国家になる歯止めいかんの問題がある。中央より地域の官僚が「いい」とはいえない。

（２・５）

125　今もっとも売れている佐伯泰英の時代小説を手に取ってみよう!

今もっとも売れている作家は誰か？　佐伯泰英である。時代小説だ。えっ、と思うだろう。なにせ文芸雑誌にも週刊誌にも登場しない。賞などには無縁だ。

司馬遼太郎、池波正太郎、藤沢周平が時代小説の裾野を長い間かけて広げた。とくに女の読者を増やした。彼らの作品は、新聞、週刊誌、雑誌で連載され、単行本になり、そのほとんどの作品が文庫本化されてはじめて大量に読まれた。ロングセラーの常態である。

△七年余で一〇〇冊

ところが佐伯は、最初から文庫の書き下ろしなのだ。『密命』シリーズ一八冊、『居眠り磐音』シリーズ二四冊を両輪として、現在八シリーズを書き下ろしで量産している。

佐伯が時代小説を最初に出版したのが、九九年で、それから七年半で一〇〇冊を書き下ろした。もっとも売れているのが、〇二年にはじまった『居眠り磐音』シリーズで、二四冊目の帯には六五〇万部突破、と記されている。

△五十八歳のデビュー

佐伯は、四二年生まれで、七六年からノンフィクションや国際謀略小説等を三〇冊書いてきた、いってみればベテラン作家である。しかし出版バブルが潰れた九八年、編集者から、当社ではもうこの手の本は出せないと宣告された。なにせ佐伯の本は重版に一度もなっていない。

その時、編集者が囁いた。「あとは官能小説か、時代小説しか残っていない。」この言葉にすがるようにして書いたのが『密命　見参！　寒月霞斬り』である。すぐに重版になったが、ベストセラーになるなどは、本人も編集者も想像だにできなかった（にちがいない）。

△剣豪小説

佐伯の小説はほとんど剣豪小説である。同時に仕事小説でもある。主人公（金杉惣三郎と坂崎磐音）が、無双の剣士でありながら、低賃金で生業（正業）を続ける、長屋暮らしの二シリーズが最もよく読まれている。しかも毎月一冊以上出る文庫本が、ことごとく売れ、読まれるのだ。現在九シリーズ抱えているから、これ以上増やすのは困難だろう。

△四時から十時まで

一冊四百枚見当で、年に五千枚である。量産だ。どれほど忙しい毎日か、と想像する。そうではないのだ。

佐伯は、毎日、惣三郎や磐音と同じように、四時に起きて、十時まで仕事をする。その間およそ二〇枚、二十日で一冊書き上げる。ずっとこのペースを崩していない（そうだ）。サラリーマンも後ずさりするような定時定刻の生活を送っている。

△本の定期便

佐伯が、かくも短期間に大量の作品を書くことができたのは、作者の能力の他に、「文庫書き下ろしシリーズ」という出版形式に負うところが大きい。雑誌や週刊誌をもたない出版社が、書いた作品を順次廉価で出版できる形式である。量産体制にも応じられる。文庫書き下ろしという苦肉の策から、平成の大ベストセラーが生まれた。（3・4）

126 日銀人事。官僚支配をあとおしする福田政治のセンスのなさ

日銀総裁人事をみていて、これは「いじめ」じゃない、と思えた。首相が、武藤元財務事務次官・現日銀副総裁をあえて推したからだ。参議院で多数派を占める野党がこぞって反対しているのにだ。「武藤斬り！」の高等戦術なのかな、と一瞬とまどったわけだ。

福田は、政府が出す人事案件を「否決」するなんて、あってよろしいんですかね、などとインタビューでシラッと述べていた。よろしいどころか、諸外国ではよくあるケースだ。

△財務官僚でいいの？

朝日新聞の社説（3・12）は、武藤の「出自」を問題にする社民党の態度は「腑に落ちない」、と批判している。面妖なことだ。官僚、それも元財務次官を日銀のトップに据えるのは、旧大蔵省の「復権」を許すことになる。復権は官僚たちだけでなく、福田や元財務大臣・現自民党政調会長の谷垣禎一の懸案でもある。

厚労省、防衛省、国土省で次から次にスキャンダルや事故が起こっている。基本はどこでも同じで、官僚の反乱なのである。福田首相が、官僚に弱腰だという理由からではない。福田自身が官僚センスだからだ。

△停滞と反動

予想はしていたが、福田康夫首相がこれほどとは思わなかった。政治センスがまったく欠けている。政策がないから、官僚の思う壺である。

小泉や安倍が進めた規制緩和をはじめとする経済改革はストップしただけではない。後退・反動過程にある。行財政改革は、たとえば官僚の天下り、公務員の削減、道路財源の一部一般財源化は、まるでなかったかのように棚上げされている。

△温暖化対策だって！

ここにきての日本経済の停滞ぶりは、サブプライムローンの焦げ付き問題やアメリカの景気後退局面の影響から生じているのはたしかだ。しかし、福田の規制強化政策や非民営化政策の結果でもある。

ところがこの首相、何を思ったか、今年のG8では、温暖化対策を正面に掲げて、環境問題で世界のリーダーになる、と宣言している。笑わせてくれるね。

△環境先進国日本

日本はすでに先進国（高度技術産業社会）のなかで唯一環境先進国になって久しい。ヨーロッパやアメリカさん、はやく日本のレベルまでいらっしゃい、というセンスとマナーが必要なのだ。

どうして日本の自動車が売れるの？　どうして原発建設の注文ラッシュが日本にやってくるの？　日本の省エネ技術と製造技術が優れているからだろう。もちろんそれを作る人間がいるからだろう。
政治センスのない福田と小沢が日本の二大政党のトップにいる。こりゃ当分ダメだね。（3・18）

127　あなた播く人、わたし刈らない人　福田のキャラ

福田首相への文句はさまざまあるが、最大のものが「播いた種を刈らない」である。テロ特措法の延長、次期日銀総裁候補選び、道路特定財源法の延期、どれも政府案がいったんは参議院で否決され、混乱を招く。対する民主党の小沢代表は、フロアーに寝ころがって、我意が通るまで泣き叫ぶわがままっ子さながらだ。泣き叫んでも相手は福田だ。しらーっとしている。結局、政局は動かない。海上給油も、日銀総裁も、石油価格も、地頭がなく子に勝っちゃう。

△播いたのは小泉だ

福田にも言いたいことはあるだろう。そもそもアメリカのイラク攻撃追認という種を播いたのは、小泉じゃないか。アフガンで留まっていれば、海上給油のための特措法に、特段の反対もありえなかった（はずだ）。

しかもテロ特措法延長は、安倍内閣が、参議院選挙で惨敗しなければ、何の問題もなかった。次期日銀総裁指名やガソリン税の問題でも、まったく同じだ。他人の播いた種を刈らされるのは、かなわない。

△小泉・安倍からの「二歩後退」

参院選惨敗の直接の原因は社会保険庁の国民年金問題であった。安倍が掲げたのは社会保険庁の解体、官僚の天下りを禁止する法律の制定であった。福田内閣の不人気は、自衛隊のもと事務次官の汚職、イージス艦の追突、国土交通省の特定業者指名入札（随意入札）問題、国民年金記録記載不明問題等、全部官僚と公務員の不正、怠慢、無能を理由としている。

ところが福田首相と自民党執行部は、安倍の行財政改革閣僚をそのまま引き継ぎながら、大臣に行財政改革、その中核にある官僚支配体質を払拭する法整備の仕事をさせようとしていない。

△小沢指名の官僚ならＯＫ⁉

小沢民主党は、官僚出身の日銀総裁はいらない、と明言し、政府提出の武藤総裁案を否決した。その舌の根も乾かないうちに、官僚一般を拒否しているわけではない、小沢が認める（であろう）黒田（元財務官）なら認めてもいい、などと言う。

小沢が指名する「官僚」ならいいが、福田が指名する「官僚」はダメ、というのは、いかにも独善というより、だだっ子の論理だ。ひどい。

△一歩前進二歩後退

もちろん政治経済の改革は、一直線に進むなどということはありえない。「一歩前進二歩後退」の局面だってある。しかし、この十年、日本の変化はめざましい。「行き過ぎ」があった、ではなく、まだまだ続く。

重要なのは、規制や抑制の枠を外しながら、新しい規制や抑制（ルールやモラル）をどう作って行くかだ。たとえばケイタイ電話である。ケイタイは社会ルールや性風俗に大混乱を招いた。だからいらないのか？　問題は、ケイタイにふさわしいルールやモラルを生みだすことだ。事実この数年でずいぶん変わった。よくなった。

福田に見られるのは古い規制や抑制への復帰ばかりだ。がっかりだね。（4・1）

128　原油高、穀物高はインフレをもたらす。ウェルカムじゃないの？

原油価格が一バレル一〇〇ドルをあっさり超えた。ただし、先物投資額である。ＮＹだけでなく東京でもあがった。農家のビニール栽培や運送業が必須とするオイル代の急騰で、大打撃を受けている。その通りだ。値上げが目白押しである。

また世界的な穀物価格の高騰が続いている。この四月から直接響いてくるのは輸入小麦価格の急騰によって、政府引き渡し価格が三割上がることだ。昨年からいうと五割近く上がる。尋常な値上げではない。シカゴ先物取引価格は、昨年の八月から半年間で二倍近くに上がった。

△円高で輸入品の価格上昇は相殺されないの？

オイルショックの再来だけではない。穀物ショックの到来である。

消費者にとって直接目につくのは、ガソリンの値上げだ。昨年末一三〇円を超え、三月一五〇円を超えた。この半年、一二〇円～一五〇円の幅で推移した。

ところが円高（円の対一ドル価格上昇）で、一二〇円台から、ついに一〇〇円を切った。石油の輸入価格の上昇分と円の上昇分とでかなり相殺されるのに、円高差益のほうはほとんど論じられていない。

これは小麦をはじめとする輸入品の場合も、まったく同じである。そうそう、輸入価格が上がれば、関税も、物品税も上がる。税収が増えて、政府や財務省にとっては喜ぶべきことじゃないか。ただし、小麦の政府引き渡し価格は二十四年間上がっていなかった。ガソリンは、第二次オイルショック時代、一九七八年当時、一六〇円台だったのだから、大騒ぎすることじゃない、といってみたい気もする。

△「インフレターゲット」歓迎?!

それに、バブル崩壊以降、価格破壊が進み、「高品質低価格」が定着し、中小企業や小商店（自営業）は競争激化で低収益あるいは赤字経営に悩まされ続けてきた。一時「インフレターゲット」なる標語がはやり、価格上昇と賃金上昇が待望されてきた。

ところが、やはりというべきか、価格上昇が、原料材、エネルギー材、食糧材をはじめとして、ぱらぱらと上がりだし、国民生活に大きな打撃をもたらすという観測が明らかになったら、インフレバンザイなどという議論はまったく影をひそめてしまった。

いま小麦やトウモロコシをはじめ、不作で、在庫が減ったといって騒いでいる。ところが、数年前まで、在庫が増えすぎ、値崩れを防ぐためには、在庫品を焼却する必要がある、と騒いでいたのだ。

△温暖化対策はご都合主義?

人間は総じてご都合主義である。都合のいいことは露わにし、悪いことには沈黙を強いる。雨が降ったらかならず止む(?)。暑くなったら寒くなる。これは自然現象だ。ガソリンの値は上がり続けない。これも「自然」現象だ。温暖化で異常気象というが、この冬は暖かくで、灯油消費量が少なくて、暖房費が助かった。これってご都合主義か、自然現象か?

明らかに、自然現象とご都合主義が混ざったものだ。CO^2の排出量が増え、温暖化が進む、異常気象が続発し、小麦が不作になる。これもご都合主義だろう。（4・8）

129 後期高齢者医療保険 「特典」のある社会や人生には、ご注意、ご注意

子どもの頃、カバヤキャラメルというのがあった(カバヤはいまもある)。キャラメル本体より、特典(おまけ)が豪華なのだ。本体はキビダンゴのように硬くまずかった。点数券を集めると「本」がもらえた。グリコキャラメルはプラスティックの微小オモチャ(プラモデル)が付いてきた。こちらは本体もうまかった。特典に釣られて、森永よりもカバヤやグリコを買うのが常だった。特典に釣られるのは、なにも子どもだけにかぎらない。

△割引があるから、見るか?

さきごろ「明日への遺言」という映画を見に行った。レジの青年が、何か証明書をもっていますか、というから、「ない」と答えた。割引制度のある会員か、と聞かれたと思ったからだ。支払い

はカードで、というと、変更不能だという。ＯＫした。ところが窓口を通り抜けるとき、高齢者割引千円とある。オッ、と声を出すところだった。自分がすでに高齢者になっていることを忘れていたのだ。四四％の割引率をふいにしたことになる。館内はまばらで半数が高齢者だ。

次の日、私に国民年金・老齢基礎年金の払い込み通知ハガキが送られてきた。四・五月分で、介護保険料が差し引かれている。ま、いざというときに介護を受けられるから、当然か。

△七十五歳は人生の岐路

四月十五日後期高齢者の年金から医療保険料を差し引く仕組みがはじまった。「後期」高齢者医療制度は、またまた政局の焦点になりそうだ。

第一は「後期高齢者」の名称が許せない、「姨捨」同然の差別だという。そうかね。

日本人の平均値で、七十五歳までは総じて意志さえあれば働くことができる。七十五歳以上は、本人の意志いかんを問わず、総じて完全に仕事を退く（退かなければならない）。この違いは大きい。高齢社会がますます進行する。七十五歳を目途に線引きするのは、この時代趨勢にかなっている。「姨捨」は働けるものまでも、捨てろという制度だ。逆だろう。

△健康管理料の一部徴収

新制度に対して、こういう批判がある。

①七十五歳以上（＝後期高齢者）になったら強制加入②年金から保険料が天引きされる③保険料を滞納したら保険証をとりあげられる④保険で受けられる医療が制限される

「特典」がなくなる。特典を理由に、受けなくてもいい診断、もらわなくてもいい投薬などを減じて、国民全体の医療費を削減する仕組みだ。いいじゃないか。

自分の「命」の管理を、全部国家（他人）任せにではなく、一部を自分任せにする。これが新制度の主旨だろう。間違っていない。カバヤからグリコ、グリコから森永や明治、これが人間成長の正常コースである。（4・22）

130　ヤンゴンと四川の大災害は天災＋人災＋社会主義災なのだ

日本では「人命より尊きものなし」いわれるほど人命が尊重される。「一個の人命は地球よりも、ましてや一国よりも重い」という言葉がつい口を突いて出そうになるほどにだ。

ところがどうだ。サイクロンや大地震に襲われたミャンマーやチャイナでは、「人命は紙よりも薄い」という実感を抱いた人も多いのではないだろうか。

人命に対する日本と二つの国のあまりにも極端な取り扱いはどこから来るのか？

△大自然災害

五月二～三日、ミャンマーのヤンゴン（旧ラングーン＝人口四百万人余）を中心に襲ったサイクロン（熱帯性低気圧）は、四m以上の高波となって、一気に死者七・八万人、行方不明五・六万人を呑み込んだ。この数字は発生後二週間目の国営放送のもので、実態はいまだつかめていない。

五月十二日午後二時二十八分、チャイナの四川省でマグニチュード八の大地震が起こった。直下型の地震で、深度が一九㎞と浅く、しかも標高五千mから五百mの標高差のある地帯で、陥没や地崩れの被害が重なった。二十日の政府発表で、死者四万人、生き埋め五千人余、被災者一千万超、倒壊家屋五百万戸超という甚大なものだ。だが全容はまだ分かっていない。

△大人間災害

二つの大災害が天災であったことは間違いない。

だがミヤンマーは、〇七年十一月のスマトラ沖大地震をはじめ高津波になんども襲われ、大きな災害を受けている。そのつど政府は被害状況を概算発表するだけで、実態をほとんど明らかにしていない。防災措置がなされてきた気配はまったくない。

チャイナでは、七六年、河北省の唐山を中心にマグニチュード七・八の直下型大地震が起こった。死者二四万人余と発表されたが、開放経済前である。政府は、現在のミヤンマー政府と同じように、秘密主義を取り、外国の援助をいっさい受け入れなかった。死者は六〇～八〇万人、いやそれを超すともいわれた。

今回の四川大地震は、基本的には外国のメディアや援助活動の禁止は解けたが、規制は相変わらずだ。オリンピックやチベット騒動もあり、暴動がいちばん恐ろしい政府は救助対策に大わらわである。しかし死者数が毎日増え続けている。

△共産党独裁の害

この二国でなぜ災害対策やその救済活動が滞るのか？　共産党独裁の軍事社会主義政権だから

だ。人命の前に、国命がある。国命とは共産党とその軍の命運である。ゆえに共産党＝軍の命や権限が弱まることは許されない。ゆえに天災＋人災に社会主義災が加わる。

（5・27）

131 鳩山法相の死刑執行命令は「異常」か

「相棒！」シリーズはもっとも好きな刑事ドラマである。時局を巧みに折り込んだ展開も見事である。シリーズにときどき重要な役で登場する瀬戸内元法相（津川雅彦）は、「信念」を理由に、在任中、死刑執行を拒んだ。対極を行くのが現実の鳩山邦夫法相である。在任九カ月で四度目、計一三人の死刑執行を命じた。その数の多さとともに議論を呼んだのは、連続少女誘拐殺人犯宮崎勤が入っていたことで、死刑確定後二年四カ月のスピード執行だった。

△死刑執行は六カ月以内に

たしかに、鳩山の任期中の死刑執行数は多い。宮崎は通例よりもスピード執行である。法相歴任者のなかにも、「相棒」の瀬戸内のように執行命令を出さなかったものもいる。しかし瀬戸内と鳩山はどちらがノーマルなのだろうか。もちろん、法律の執行者である法務省の長という見地からだ。

ノーマル（正常）なのは鳩山なのだ。刑事訴訟法では「死刑の執行は、法務大臣の命令による。②前項の命令は、判決確定の日から六箇月以内にこれをしなければならない。」とあるからだ。「但し、上訴権回復若しくは再審の請求、非常上告又は恩赦の出願若しくは申出がされその手続が終了するまでの期間及び共同被告人であった者に対する判決が確定するまでの期間は、これをその期間に算入しない。」とある。ここが重要かつ面倒なのだが、あくまでも「但し」書きである。

△一〇〇人以上の死刑囚が生きている

異例の速さで宮崎死刑囚の刑が執行されたのは、人命尊重に背く蛮行の一種である。死刑廃止論者の亀井静香のように、鳩山法相のやり方は、ベルトコンベヤー的大量死刑処理である、などというものもいる。

だが問題は、未執行の死刑囚が一〇〇人以上もいることだ。名張毒ぶどう酒事件のように、死刑判決に重大な疑義がもたれているケースもないわけではない。しかし多くは、法務大臣が独特の「信念」によって執行命令書に判を押さないから、刑の執行がないのだ。

△法相の執行命令は自動的

瀬戸内法相は、独特のキャラで、意識的に「挑発的」な態度をとり続ける、硬骨の保守主義政治家である。鳩山の言動がとかく論議を呼ぶのは、独特のキャラでマスコミを挑発するからで、「妙な言い方だが、自信と責任を持って、執行できるという人を選んだ」などと記者発表する。

法相（行政）は裁判の判決にかかわらない。妙な自信や信念を持たずに、判決通りに法に基づいて執行する「判」を押す人なのだ。むしろ目指されるべきは、自動的に判を押すことだ。（6・24）

132 曾野綾子の最新短編集『二月三十日』は精進する作家魂が息づいた作品だ

「著者、今世紀最初の短編小説集。」こういう「情報」とも「惹句」ともつかない文句を帯につけられると、読者のほうは「な、なんだ⁉ 大げさな！」だし、著者のほうはいささか萎える、ということになるのではないだろうか。曾野綾子の最新小説短編集『二月三十日』（新潮社）を手にとったときの第一印象だ。だが一読されるとおわかりになるが、第一創作集『遠來の客たち』（55年）以来五十年余、一人の作家がよくぞここまで精進したな、というできばえなのである。

△力作の長編

曾野の最近作は、書きたいこと（だけ）を長期間にわたって徹底的に調べ、自分の内部で十分に濾過し、それでも手に余るかのようにすがるかのように書いた、重量級の作品が多い。フランスから無寄港でプルトニウムを運ぶ「暁丸」の航海を描く『陸影を見ず』（00年）、人間の欲望の極大限を生きたユダヤの王の生涯を描く『狂王ヘロデ』（01年）、ルワンダで起きた五〇万人とも百万人ともいわれる部族大虐殺を深く静かに語る『哀歌』（05年）などである。

対して、短編の名手と密かにいわれ続けてきたにしては、数も量もいかにも少ない。その渇きが本書で若干だがいやされた感がする。

△「成熟」しない

書きたいことがある。伝えずにはおられないものがある。テーマは作家にとっての生命源である。そのテーマを、そのテーマにふさわしい形にし上げ、読者に伝えるためにこそ、作家は精進する。妙な言い方でも何でもなく、曽野は「成熟」あるいは「老熟」しない稀な作家の一人である。それはとくに短編において目立っている。この点にかんして、私の知っているかぎりでは、倉橋由美子と双璧をなすのではないだろうか。

「成熟」しないのなら、「未熟」なのか、とチャチを入れる人には、進化をやめない、とだけいっておこう。

△何の変哲もない「異常」

作中のどれを取り上げてもいい。すべて長編になりうる内実をもっている。短編というと、ムダのない鏤骨の文章とか、情感豊かな心映えなどという表現が好んでなされる。しかし短編こそテーマが命なのだ。そのテーマを伝えるに最適な姿に仕立て上げるための、構成が、さらに明晰な文章がなによりも必要となる。この点では長編短編に別がない。

含まれる一三の物語はどれも「異常」としか思えない「事件」を淡々と語るという表情をもっている。「道のはずれに」は、四人の友人、若くして轢死したA、愛妻を亡くした証券会社社長B、突然商社を辞めるCと、何の前触れもなく「……さんと暮らしてみようと思います……」という置き手紙を残して妻に去られる自分Dの話だ。

夏の長い夜、良質の短編をゆっくり味わって、人生の一節なりに触れてみるのもよいんじゃないでしょうか。

（7・29）

133 漁民のみなさん。今回のストは、日本の漁業を守ろうという意識も意味もまったく稀薄だね

七月十五日、日本全国の漁船が止まった。全漁連が提唱するゼネストが敢行されたのだそうだ。日本史上初であるそうだ。直接の原因は、この五年間で約三倍に跳ね上がった重油価格の高騰にある。「出漁しても赤字だ！　漁民は食っていけない！　このままだと日本漁業の崩壊だ！　日本人は日本の魚が食えなくなる！　日本の食文化の崩壊だ！」

同じような声を、「米の自由化」のとき聞いたことを記憶しているか？

△バブルと重油高騰

ストに参加し操業中止した船の数は二二万隻と発表された。これはすごいが、奇妙な数ではある。〇七年十一月現在、漁業就業者数が二〇万四千人である。主催者発表というものは通常は半分以下に聞いておけ、ということなのか？　出漁しなかった漁業関係者の総数が二二万人ということなのか？

この五年間で重油が三倍になった。じゃあ経営が困難で、漁業就業者数も、漁船数も激減したのか？　そう単純じゃない。

たしかに漁民数は〇〇年二六万人から〇七年二〇万人に減った。ところが漁船数は一九万隻から三二万隻に急増しているのである。この期間、日本漁業は一種の「バブル」だったといっていい。ところが〇三年から重油が上昇しだし、〇七年から急騰しだした。一挙にバブルの崩壊がはじまっ

た、というのが事実だろう。

△国際競争力

バブルは崩壊する。廃業・廃船は必死だ。大手のマグロ漁船はとうに外国に売却済みである。しかも魚の輸入はすでに四〇%を超えている。この比率は上がりこそすれ下がらない。基本は、漁業は産業であり、国際競争をもたなければ、死滅の道を歩むしかない、という点にある。漁民を守って、漁業が産業力を失うと、日本漁業の全面崩壊になる。

△七四五億円も⁉

ＥＵ委員会が、七月十七日、漁業補助金の増額や休業補償の拡充など、およそ一千億円の緊急措置を提案した。日本政府も二十八日七四五億円の支援策を提示した。比較してすごい額じゃない⁉

一見すれば、「何で漁業だけ。差別だ！」と思うだろう。石油高騰で打撃をこうむっているのは全産業におよぶ。とくに運輸・輸送業の打撃は大きい。

しかし内容を見ると、燃料補塡は八〇億円で、五人以上の漁業者グループが省エネ（前年比一割以上削減）を策定するのを条件にしている。休業・減船補助（六五億円）、省エネのための融資枠・無利子融資枠の拡大等で、バブル崩壊を必然化させ、崩壊の痛みを和らげるというものだ。

△漁民の意識改革が先決

しかし日本漁業は、農業より条件が恵まれている分、技術革新や省エネ省力対策を怠ってきた。政府（税金）におんぶにだっこの状態を続けていると、魚にも、国民（消費者）にも見捨てられ

る。そう思っている漁民はどれくらいいるのかな?（8・5）

134 福田首相の突然の辞任劇で、自民有利の政局の流れが生まれるって!?

九月一日、突如、福田首相が辞任の記者会見を開いた。この人、辞任のタイミングが非常にうまい。悪くいえば、自分に傷が付かないようにゆく。〇四年五月七日の官房長官辞任劇も、「国民年金未納問題」で民主党代表菅直人と相打ちという恰好で、自民党の窮地を救った形になった。だがその裏には、北朝鮮拉致被害者の「帰国」問題があった。日本に一時入国の「外交約束」を反故にした小泉首相に対する意趣返しでもあったのだ。

△民主代表選がポシャッた

福田辞任のタイミングのよさの第一は、民主党の小沢代表が代表選への出馬を表明したその日に行なわれたことだ。これで、民主党の代表選、解散総選挙への大合唱の流れが、自民党総裁選挙、総選挙への流れの中でかき消えてしまった恰好になった。

無競争・無風の民主党代表選びなどは、政権党で巨大な利権を持つ自民党総裁・首相（候補）選びに比べれば、蚊の鳴くほどにも響かない。茶番劇ほどにも見えない。

△公明党の難癖がしぼむ

辞任タイミングのよさの第二は、自民党が臨戦態勢を敷くことで、連立公明党の些末で雑多な要求の数々を封じ込めることになる。来年の都議会選挙を睨んだ公明党の主張を抑え、解散総選挙の主導権を自民党が決定的に握ることになる。

もちろんいい話ばかりではない。解散総選挙で勝利するためには、自民党伝来の手法「大盤振る舞い」が予想される。利権に群がる蟻がまたぞろ活発になる。
△自民得意の「ばらまき」か
第三は、世界経済はもとより日本経済も景気後退局面に入った兆候がさまざまな分野で顕著になっている。政治の停滞、政策実行の遅速はゆるされない、という気分が、総選挙解散模様で加速される。カンフル注射を、という声が、長期間の好景気で「格差是正」を叫んできた物欲しげな国民多数の気を、財政再建を一時延期しても、赤字国債発行ＯＫ、定率減税、価格高騰対策の実施等々の財政出動のほうへと引き付ける。
△道区、自民に勝てる候補、少
第四は、アメリカも大統領選挙である。政治経済がおのずと内向きになる。たしかに、インド洋上の給油のための法律延長は重要課題だが、それもこれも国内事情が優先する。農水省の事務所費問題で手ぐすねを引いていた野党の国会戦術が宙に浮いてしまう。「慎重審議」が政治停滞の真因だという印象を与える。

じゃあ首相辞任は、なにもかも自民党に有利に働くのか。後継者次第である。麻生が出て「ばらまき」を本格化するか。それにしても忘れてはならないのは、北海道選挙区に、確実に勝てる自民党候補が中川一人しかいないことだ。選挙は候補者次第でもある。

（9・9）

135 麻生さん、絶好機です。世界金融危機の「火消し役」が回ってきましたよ！

麻生太郎が二十二日の自民党総裁選で予想通り圧勝した。かつては泡沫候補にすぎなかった小泉元首相同様、「出馬」し続けて新首相のポストに坐った。いよいよ小沢民主との対決である。だが人材難であとがない自民党でただ一人の「エース」役である。政権絶対死守の瀬戸際だ。発言力も実行力も小沢と対等以上に戦える。それにアメリカの金融危機の爆発である。この国際的な経済危機が麻生自民に有利に働く。なぜか？

△そして誰もいなくなった

アメリカの五大証券会社が姿を消した。二十一日、一位と二位のゴールドマン・サックス（ＧＳ）とモルガン・スタンレー（ＭＳ）が銀行持ち株会社を設立し、生き残りを図った。二十一日、三位のメリルリンチはバンク・オブ・アメリカへの救済合併が決まった。十六日、四位のリーマン・ブラザーズ（ＬＢ）は破綻した。五位のベアー・スターンズは三月にＪＰモルガン・チェースに救済合併されている。

これら五社は「投資銀行」の名の下に、証券化した商品の売買をビジネスにして金融界に覇を唱えた。日本のバブル崩壊後、ＧＳは三井住友に、メリルリンチは三菱ＵＦＪに巨額の融資をするなど「日本買い」の先頭を走った。それが十年をへて崩壊したのだ。

△日はまた昇った

二十二日、三菱ＵＦＪはＭＳに株式の二〇％に当たる九〇〇〇億円の巨額融資を決めた。野村證券は破綻したＬＢのアジア太平洋部門を二十二日に、欧・中東部門を二十三日に買収した。すでに、一月にみずほがメリルリンチに一三〇〇億円を、六月に三井住友がバークレイズ（英の投資銀行）に一〇〇〇億円を出資している。その他、三井住友は繋がりの強いＧＳに出資を予定している。バブル後の日米（欧）金融関係が逆転したのだ。

△不良債権処理費七五兆円⁉

米政府は、十六日、ＬＢを見捨てる一方、日本ではアリコジャパンの名で知られる部門を抱える、世界最大級保険会社のＡＩＧ（アメリカン・インターナショナル・グループ）の救済を発表した。資産規模の違いもさることながら、ＡＩＧには世界に七四〇〇万件の契約者がいる。影響甚大だ。米政府は九兆円を緊急出資し、二年間管理下に置くという思い切った手を打った。またすでに七日、政府系住宅金融機関二社を国家管理下においた。民主党の不同意で決定が長引いているが、不良債券処理に七五兆円の公的資金発動を決めている。

△高まる日本政府への期待

しかしサブプライムローンが引き金となった世界金融危機はまだはじまったばかりである。欧米の銀行や投資機関に比べて被害の小さな日本に金融出動の期待が大である。十八日、日銀は世界の主要五カ国の中央銀行の短期出資総額の三割（六〇〇〇億ドル）を受け持った。日本政府、麻生政権への期待が一気に加速しているのだ。

（9・30）

136 デモクラシー（選挙民の意思）が史上最大の株価下落を引き起こした。結果は選挙住民に跳ね返ってくる

デモクラシー（多数主義）と資本主義（自由市場経済）というのは、やっかいきわまりない。常にジグザグの道をゆく。デモクラシーは住民の意思に、そして市場は株価に直接現れる。米下院で九月二十九日、不良債権買い取りのため公的資金を最大七〇〇〇億ドル投入する政府案が否決された。与党共和党の三分の二が反対票を投じたからだ。選挙が近い。「銀行だけをなぜ助けるのか？」この選挙民の声に議員は勝てなかった。この否決の結果、NY株価は七七一ドル下げた。史上最大である。

△株の下落は別な選択を迫る

米下院の否決は、米経済だけでなく、世界の経済に大ショックを与えた。日本も例外ではない。世界の株が一挙に二〇〇兆円目減りしたと言われる。米選挙民の意思が世界金融システムの破壊を選択したのだ、という事実が数字で示されたのだ。速やかに、選択のやり直しをしなくてはならない羽目に陥っているのだ。

各国の金融担当者は、いっせいにアメリカ政府の「無能」「無策」を非難する。しかしアメリカの証券会社をはじめとする「投資銀行」の高利な金融商品に投資をしていたのが、まだその実体の氷山の一角しか姿を現していないＥＵ、ロシア、産油国、チャイナ等の金融筋である。問題は、そ

の投資が細い糸で各国住民の財布に繋がっていることだ。アメリカの金融破綻は、米日はもとより、世界各国の経済と国民生活に直結していることだ。

△拓銀破綻の再現か?

日欧米の一〇中央銀行は即日、ドル供給を六五兆円に倍増し、金融危機の欧州への波及に対処すると発表した。米政府も修正案で可決をはかると発表し、三十日の株価は四八五ドル戻した。金融危機は不良債権を抱え込んだ金融機関の経営失敗にある。しかし問題は、それが信用不安を呼び、預金の引き出しを誘発し、一気に資金難を招き、支払い不能にいたる。信用不安から十日と日をおかずに倒産に至るというのを、道民が拓銀の破綻で目の当たりに見た光景である。

△危機の傷はEU、ロシア、チャイナで甚大

デモクラシーは選挙民に「厳しい現実」で訴えなければ、その意思を動かすことは難しい。株の超下落がその目をさまさせる第一弾である。だがここで打ち損じると泥沼になる。

小泉内閣が銀行の不良債券処理で膨大な公的資金を投じる案をだしたとき、野党はもちろん与党のなかでも、「なぜ銀行だけを救うのか?」という声が噴出した。小泉・竹中ペアが公的資金投入を断行した。あっという間に銀行は立ち直った。投入資金回収に百年かかるといわれたが、すでに完済されている。政治家や経済人はもとより、日本国民はこの現実を忘れてはいけない。

金融危機対策はまだ第一弾を打ったに過ぎない。しかし米と日には危機を克服した貴重な経験がある。傷は、未経験のEU、ロシア、チャイナ、産油国等の投資国家で甚大になる。そう思って間

違いない。

137　なぜ日本の銀行や証券は欧米銀行や証券を買いたたくことができるのか？（10・7）

世界同時株価暴落である。昭和初期の「世界金融恐慌」の後に生じた世界経済恐慌が取りざたされている。たしかに《バブル》の崩壊である。しかし、「生産の縮小」による天文学的なインフレ（価格高騰）が生じるのだろうか？　なるほど、アメリカの自動車ビッグスリーがあるデトロイトを見ると、株価の下落、操業停止、一時帰休、失業、倒産（売却）等々、壊滅的打撃を受けている。アメリカに拠点を置くトヨタやホンダの打撃も小さくない。

△アメリカの銀行はノーマル

ただし、アメリカのサブプライムローンの崩壊で一気に資金難に陥り、姿を消したのは証券会社や投資組合等のいわゆる「投資銀行」、各種金融商品を売り出し、ハイリスク・ハイリターンで儲けていた金融グループである。対して、銀行のほうは地方銀行に倒産があったものの、打撃は小さい。むしろ日本の銀行と同じように、証券会社を吸収する方向に進んでいる。

△欧支露の銀行危機

ところがヨーロッパの銀行やチャイナ公的銀行、ロシアの銀行、それに中東の石油国家資本は、証券業務を分離しておらず、アメリカの金融商品を買い漁って高利で儲けていた。したがってダイレクトにアメリカの金融（商品）破綻の波を被ったのだ。アメリカから環流する資金の流れが止まった。貸せない、利子や元金の支払いに応じられない。アメリカのように証券会社の整理でこの金融危機を乗り切る算段が付かない。

△インフレの危機はない

カードローン決済で生活することを日常としてきた欧米国民にとって、ローンが高利になり、ローン決済の審査が厳しくなり、決済停止が急増して、買い控え、消費の縮小を生み、総生産＝総消費の低下を招く。不況の到来は不可避である。ただし同時に見逃してならないのは、物価の高騰は起きないことだ。むしろ石油価格の低下等もあって、まちがいなく消費物価は安定ないしはむしろ低下する。

△「ハゲワシ」から「救世主」

最も特徴的なのは、日本である。たしかに株価は低下した。アメリカ経済が風邪を引いたのだ。投資家は肺炎になる。対米依存の企業はくしゃみをして当然だ。しかし金融恐慌は起こっていない。むしろ顕著なのは日本の銀行や証券会社が、欧米の証券会社や銀行に莫大な投資をして、日本の子会社を買収したり、本社株を習得する行動に出ていることだ。日本がバブルのときは、買いたたく「ハゲワシ」日本だった。今度は「救世主」然として振る舞っている。えらい違いだ。

△濡れ手に粟の麻生政権

アメリカの政治経済は次期大統領が決るまで、明確かつ強く出ることはできない。対して麻生政権は絶好のチャンスを得た。濡れ手に粟の形で、世界経済の先導役と内需拡大策の旗振り役を任されたのだ。

138 麻生が操縦する高速自民艇は、低速安定走行のため、めまいと吐き気に襲われそう

（10・21）

補正予算があっという間に通る。中山国土交通相の「口害」や民主党前田雄議員のマルチ業界からの「献金」問題は国会の議題にすらならず、辞職や離党でけりが付いた。

昨年度あんなにもめたインド洋での「給油法」延長も何の議論もなく通過し、公明党「提出」の定額減税（二兆円）という「ばらまき」も通りそうだ。近年まれに見るしゃんしゃん国会である。それもこれも衆議院解散の早期実現をめざす民主党の思惑による。

△構造改革の勝利を謳え！

「いま選挙をやれば政権を奪取できる」少なくとも「奪取するチャンスは大きい」これが民主党小沢とその執行部の「思惑」である。

小泉前首相は、麻生自民党が早期解散に踏みきらず、勝機を逸した、と興味ある発言をした。そうかもしれない。しかし現在も「勝機」は転がっているのだ。

1、日本の金融危機は、米欧それにブリックス四国に比べて、桁違いに小さい。「改革なしに成長なし」という構造改革を進めた自民党（小泉）改革の勝利だ。

2、製造業を中核とした技術革新、省エネ対策、原子力発電の充実、赤字国債を減らす行財政改革、市町村合併の推進をはじめとする地方分権化の推進等々の一定の成果である。

3、したがって、「世界は日本を見ならえ」という強いメッセージを放ち、G8の議長国の立場で徹底アッピールをすればいいのだ。

△G8の主導権を握れ！

しかし麻生は、安倍、福田の前轍を踏むかのように、日本が金融危機を抜け出し、デフレのなかで長期経済成長を遂げ、均衡財政実現をめざした大きな「成果」を、あえて見過ごすかのような、旧自民への後戻り姿勢をとり続けてきた。

福田は、洞爺湖開催のG8会議で、「いまある危機」に触れずに、異論のでない議題に終始した。その稚拙な醜態を麻生もさらそうとしている。死に体のブッシュや国政で打つ手のないフランスのサルコジの提唱があって、ようやくG8会議に参加を表明する始末だ。それもNYでの会議だ。議長国の主導権を放り出した形である。

△虎の尾を踏め！

「虎の尾を踏む」には、危険な「尾」を踏むな、避けよ、という教訓がある。だが敢えて「尾を踏め」、難局を打開するためには、という強いメッセージが込められてもいるのだ。

この点では、小泉も小沢も、同型の人間で、敢えて「虎の尾」を踏んで、局面突破をはかろうとしてきた。このセンス、麻生にはない。あったのは、田中角栄、竹下登、それに小沢、小泉である。いまここで二人のガチンコ勝負が見られたら、面白かったのに、とつくづく思う。ま、小沢は妄執爺、小泉はのほほん隠居ではそれも無理だが。

（10・28）

139 輸入と内需の企業にとって絶好のチャンスがやってきた。しかし、輸出産業にとっても絶対のチャンスなのだ

世界同時の金融危機で、株価が急落し、実体経済の悪化を招き、再び世界恐慌がはじまった、というような見出が飛び交っている。

しかし「一つの危機」は常に「もう一つの勝機」でもある。円高で輸出産業は打撃をこうむっている。だが石油をはじめとする工業・エネルギー資源、食糧や飼料の農産物、衣類や加工食品をはじめとする生活資材等々、輸入に負っている産業にとっては、円高は朗報である。

△チャンス到来　自動車産業

じゃあ輸出産業はまったくの不利なのか。そんなことはない。すでに石油・資材高で売上の大幅減を招いた自動車産業は、鋼材等の値上がりに対して徹底的な軽量化と品質管理をはかり、価格維持を実現してきた。それに鋼材とガソリンの激安である。いちはやくトヨタが値引きを発表した。

アメリカのビッグスリーはいまや虫の息である。国家資金の導入がなければもたない。その危機を利用して、日本の自動車産業は一気に欧米等を抜き去ろうとしているのだ。

△バブルの崩壊　株と土地建物

今回の金融危機の引き金は住宅ローンの破綻である。そのローンと連動した金融株の「バブル」が弾けたのである。日本の八〇年代の「バブル」、土地建物と株がリンクしたバブルの崩壊とよく

似た現象が、全世界的に起こったのである。

株を売り買いした側は大損だ。だがハイリターン・ハイリスクである。経済の原則ではないか。「バブル」の甘い汁を吸ったのである。その蜜月がいつまでも続いたら、そちらこそ、おかしい。

△至福到来　給与・年金生活者

それに今回の危機は世界のインフレ傾向にとどめを刺した。すでに値下げ合戦が始まっている。一般の給与・年金生活者にとってこれほどの「幸運」はない。住宅建設・販売社等の売り手には辛いが、購入者にとっては「天国」である。内需を主体とする生産と消費、とくにスーパー・コンビにとっては待望久しいチャンスがめぐってきたのだ。

△打撃　自給率と財政

ただし、石油・鋼材や穀物・飼料の高騰対策として、代替エネルギー開発や国内食糧増産を計って自給率を高めようとする動きが、打撃を受け、再検討を強いられる。

また巨額の財政出動によって、バブル崩壊の痛打を和らげようとする政府の政策は、巨大な財政赤字として跳ね返ってくる。

しかし、それもこれも堅調な現実経済があってのことだ。「バブル」崩壊以降、世界の「不幸」を一国で受け持ってきた感のある日本である。こんな危機は、なんだ坂、こんな坂で、駆け抜けようではないか。

（11・11）

140　政治も、野球も、競馬も、最後の最後は指揮官の胆力次第の「総力戦」なのだ

埼玉西武ライオンズが東京読売ジャイアンツを「奇跡的」な逆転劇で破った。まるで五八年、三原ライオンズ対水原ジャイアンツの日本シリーズ、三連敗四連勝の再来を思わせるような結果になった。しかし、全戦力を使い切った渡辺采配と、手駒を残したまま未消化に終わった原采配の違いが最後に出た。これまた五八年の「再来」だろう。

△原巨人の「歴史的敗北」

一見して激戦であり、接戦に見えた。七戦目は三対二の逆転劇だ。だが観戦者から見ると、「凡戦」であった。大味である。それもこれも指揮者のせいである。ま、一年目の渡辺監督に「繊細」や「老獪」は望むべきもないだろう。だがベテランの原が、加山雄三の「若大将」よろしく、「未成熟の魅力」のままなのだ。肝心要のところで、ベンチで硬直してしまい、投手交代を遅らせた。

○八年セリーグの岡田阪神の大逆転敗北と同じように、○八年日本シリーズは「歴史的敗北」として球界史に残るだろう。

△三強馬の激突

十一月二日だから、もう半月前になる。しかし、まだゴールラインを駆け抜ける三頭の馬の鼻息が耳の奥に響いている。秋の天皇賞二〇〇〇メートルの激戦である。

○七年桜花賞、秋華賞、エリザベス女王杯を取ったダイワスカーレット、○八年ＮＨＫマイル、

日本ダービーを勝ったディープスカイ、そして〇七年日本ダービーに輝く雌馬ウオッカ、三強の戦いである。

とくにダイワとウオッカは因縁の対決だ。しかもウオッカに騎乗して〇七年ダービーを取った四井洋文から乗り替わった武豊が、ウオッカで三連敗であり、〇七年桜花賞、秋華賞でダイワに連敗中、しかもウオッカは〇八年の安田記念（G1）で勝ったが、武の騎乗ではなかった。

△二〇万分の二の差

武が乗ると女傑ウオッカは動かない、という「事実」は武の屈辱以外の何ものでもない。

快足で大差をつけて先行するダイワ、直線の坂の途中で馬体をあわせるように必死で追走するウオッカとディープスカイ、一瞬抜いたウオッカを抜きかえそうとするダイワ、三頭がゴールになだれ込んだ。ＴＶ画面ではダイワに分があるように見えた。

十分あまりの審査で、ウオッカの勝ち。わずか二センチの差だが、この差は絶大である。もしこれに負けていれば、「天才」武の生涯の汚点になる。そんな歴史的一瞬をかいま見せた二分弱のドラマが終わった。武が凡人顔から、天才姿に変わった一瞬だった。

原に、そして日本丸の舵を取る麻生首相に、武・ウオッカコンビの土壇場での「胆力」を一〇〇〇〇分の一でも分け与えてもらいたいものだ。（11・18）

141　バブルが潰れた。国も、企業も、個人も大損害だ。でもバブルのない社会は、経済統制国家、クールダウンの社会主義なんだよ

人口三〇万強、北海道と四国を合わせた面積をもつアイスランドは、国民一人当たりの所得が四万ドル前後で、日本を抜いて世界五～六番の地位を占めてきた。エッ、主要産業は何？　と思うだろう。漁業である。しかしこの国のＧＤＰの四分の一強は、金融と不動産投資で稼ぎ出したものだ。一国が投資銀行化していた。バブルが続く。絶好調。だが崩壊した。銀行が破綻し、国家管理下におかれ、株や債権が紙切れになる。モノを買う金（ドル）がない。国家財政、国民経済の破綻であり、金融商品の運用で謳歌してきた国民生活の破綻である。

△ハイリスク、ハイリターン

金融商品、いわゆる株や証券に投資して、儲かるだけならば、こんないいビジネスはない。バブルのとき、年利七％を保証する、といって友人から借りまくって、土地投機を繰り広げ、莫大な金を儲けた人がいた。かなりの数だ。だが、バブルが弾ける。膨大な借金を背負って倒産し、友人に借金を戻さなかった。投資とは投機だからビジネスなのだ。儲けがあれば、損害もある。大きな儲けには、大きな損害が貼り付いている。

△過熱、崩壊

ならばそんな危険な株の売り買いや土地の投機を禁止し、抑制するのがいいのか？　そんなこと

はない。自動車事故が頻発するから、自動車運転を禁止、抑制するというのは愚策中の愚策だ。株や金融商品の売り買いは、民間の資金調達の最有力な方法である。問題は度が過ぎることだ。バブルである。バブルの開始は黄信号で、赤信号に入ると、過熱をゆっくり冷やすか、一挙に冷やすか、になる。かつての日本や、現今のアイスランドのように、一挙だと、反動が大きい。

△人間は欲深い

でも儲かっているうちは投機を止めることは難しい。これが人間の本性である。損が生まれると、どうにかして取りもどしたい。ここでじたばたしているうちに、あっという間に、元も子もなくしてしまう。これも残念ながら人間の本性だ。人間は欲深いのだ。

金《きん》は景気変動に左右されない優良商品だといわれる。〇八年七月に一トロイオンス（31・1g）一〇〇〇ドルに近づいた。しかし十一月には七三〇ドル台まで落ちた。金は投機商品じゃないのか？

もっと激しいのはNY原油価格である。二月に一バレル一〇〇ドルを突破し、七月には一四〇ドルに達した。それが九月に一〇〇ドル割れ、十一月には五五ドルまで落ちた。つれてガソリン価格も一リッター一二〇円台になった。これが市場経済の力だ。

石油の値が平常に戻った。それで疑問だが、あの石油高で出漁できないとスト騒ぎした漁業関係者はどうしているの？　もちろんばんばん出漁しているんだろうね!?

（12・2）

142　日本車が売れない。事業縮小（リストラ）対応が劇的に速い。不況への道をひた走らないためだ

アメリカのビッグスリー、とくにGM（ゼネラル・モーターズ）の救済＝公的資金の投入が焦点となっている。投入方針を決めた連邦政府が実行を躊躇するには理由がある。焼け石に水だからだ。たんなるカンフル剤で終わるおそれ大なのだ。日本車に対抗できる燃料効率のいい、売れる車を開発する投資に使われる保証はない。つまりは無駄金になる。

△日本車売上げ大激減

日本でも、トヨタをはじめとして、十一月の乗用車の国内売れ行きが前年比二七％以上ダウンした。軒並み減産減収である。ガソリン高騰で逆に追い風を受けた軽自動車も、わずかだがマイナスになった。三菱は非正規雇用者全員を解雇した。愛知や静岡はもとより、自動車産業好況の恩恵をこうむって拡大路線をとってきた福岡や新潟、それに北海道の一部も大きな打撃を受けている。だが立ち直り（リストラ）策なのだ。

△安くて燃費のいい車

日本の車需要は、アメリカと同じように飽和状態である。車の買い控え、交換時期の延長、車生活からの決別等々、消費者の選択はたくさんある。もっとも、車社会は終わらない。需要のダウンは一時的だ。ガソリン価格も一〇〇円を切る状態である。

顧客満足の売れる車でなくてはならない。走行性能、居住性、耐久性、燃費、デザイン、価格

等、選好バランスがどんどん変わる。激烈な技術競争なしに、世界でも日本でも選好レースで戦えない。

△首切ります、もトヨタ流

日本の車産業が、一挙にリストラを図り、それを実現しようとしているのは、正鵠をえている。トヨタも、調子のいいときは、従業員の首なんか切れない、といいふりこきをかませていたが、完全に反故にした。背に腹は代えられない、という消極的な姿勢からだけではないだろう。ビッグ3は技術開発に回す金がない。対照的に、トヨタもホンダもスズキも、消費者の選好を満足させる車を作るために、一斉にリストラをはかろうとしている。心強い。

△バラまき好きは死の病

対して政府や自民党の対応は、民主の小沢がいってきたカンフル剤的な景気刺激策ばかりである。バラまきだ。構造改革も、行財政改革もアッチ見て、ホイである。まあ、バラまき対バラまきである。より口当たりのいいバラまきのほうが当座の人気を高める。民主の勝ちでしょう。

産業界は血を出し、膿を出して難局をチャンスに変えようとしている。日本は与党も野党も、アメリカのビッグ3の後を追いはじめている。麻生政権の影が薄い理由だ。（12・9）

143 「麻生はダメー！」、はいい。だがその後の選択を誤ると、国民生活も国も難破しますよ

麻生首相の支持率が降下した。この調子だと年末には一〇％台は確実だ。回復のチャンスは小さ

い。「千載一隅のチャンスを逸したかもしれない。」小泉元首相が、組閣即解散という選択を麻生がしなかったときに述べた予測が当たった。

ただし民主の支持率が自民を上回ったわけではない。たしかに首相にふさわしい人では、麻生と小沢が拮抗した。だが、どちらでもないが六割以上を占めている。

△麻生に統率力なし

自公政府が野垂れ死に寸前である。新しいトップリーダーが必要である。これは誰の目にも明かだろう。首のすげ替えか、安倍、福田に続いて、麻生もか、というなかれ。三人ともダメだと国民がすでに断を下しているのだ。

麻生が頑張れば、事態は明るいほうへ向かうか。向かわない。麻生は統率力、決定力不足で、閣内さえばらばらだ。ならば内閣総体を変えるしかない。問題は、自民党にそれほどの危機意識があるかだ。

△自民消滅の危機

九三年、自民党は政権から滑り落ちた。たしかに宮沢自民が総選挙で後退した。だが小沢が自民を割って出たからなのだ。それから十五年、麻生自民党では、単独ではもちろん自公連立でも、総選挙で過半をとれない事態を迎えている。

最悪なのが、小泉の構造改革、行財政改革路線を諸悪の根源としていることだ。これじゃあ民主に勝てない。旧自民と旧社会の連立内閣と同じである。

△解散、難破を恐れるな、ってか

首相のたらい回しで問題は解決しない。国会のねじれをすっきりするためには、解散し、民主小沢に政権を任したほうがいい。これはひとつの論理だ。

じゃあ民主が衆院で過半数を獲れるか？　出来たとして、現在の政治経済困難は解決の方向に向かうか？　民主には内政でも外交でも基本方針がない。難破の前に、まともな船出ができるかだ。難破を恐れるな、任せてみろ、といえる人はよほど無責任な人間だろう。

△新リーダはいる

新内閣で自公が過半数を取ったとしても、もはや三分の二は使えない。予算が通らない。そうなってもいいのか？　今度の解散はそこまで考えるべきだ。

じゃあ麻生にかわる新トップリーダーはいるのか？　政策力とぶれない決断力をもったリーダーでなければならない。そんな人物が自民にいるか？　いる。そんな首相を助ける閣僚がいるか？　いるが、不足ならば政界外から招聘すればいい。

現在の政府と閣僚も自民党の四役も完全に後ろ向きだ。小泉の構造改革が悪かったから、こういう事態になった、なのだ。およそ逆だろう。

△「ばらまけ！」の大合唱

ところがまた「同じ歌」が聞こえてきた。異常事だ。①死ぬか生きるかだ。財政出動をためらうな。②円高である。海外市場は冷え込んだ。内需拡大が重要だ。個人消費の拡大が必要だ。ばらま

け。自・民・公の大合唱だ。腐ってるね。（12・16）

144 「百年に一度の危機」だって？　バブル崩壊のときは「前代未聞の危機」といったんじゃなかったっけ!?

ＴＶ、新聞、雑誌、単行本に登場する政治経済評論家たちがいたく元気だ。実に楽しげに見える。景気上昇が五年も続いてうんざりしたのか？　「格差是正！」の一枚看板で叫んできて飽きたのか？　「危機」到来である、いよいよ出番がきたと思ったのか？　しかし、残念ながら、およびじゃない。

△チャイナの大減速

デフレだ。全世界にである。欧米も日本もマイナス経済になる。チャイナでさえ五％に減速するというＩＦＭ（国際通貨基金）の予測が出たばかりだ。つい先月に八・五％にとどまると下方修正されたばかりだ。さらに下がる見通しだという。チャイナ経済は北京オリンピックが終わり減速するといわれたが、世界経済の減速というダブルパンチで大打撃を受けている。

もっと重要なのは、チャイナの打撃が日本やアメリカの比ではない、ということだ。自由市場経済に転換して初めての文字通り「未曽有」の計測不能な経験だからだ。どんなぶれ方をするか、誰も予想できない。

△年金者はデフレ大歓迎

しかしデフレは高齢者をはじめとする年金受給者には都合がいい。支給額に目減りがない。そのうえ諸物価が、生活費が下がる。これは欧米、日本等の先進国＝高齢社会の政治的安定に繋がる。ところが不況下のデフレは企業の業績を下げる。生き残ろうと思えば、リストラが必然となる。雇用問題が深刻になる。若年労働者や非正規雇用者は厳しい事態をむかえた。それが目の前ではじまっている。

△高品質・低価格

デフレ市場経済の下で不況脱出をはかろうとすれば、競争力の強化以外にない。「ハイクオリティ、ロープライス」である。これを続けることができる企業活動だけが、生き残る。より一層ハードな競争が待っているのだ。

競争社会反対や格差是正では、残念というか、当然というか、取り残される。ずいぶん変わったものだ。日本の優良企業はこの不況を絶好のチャンスと捉えているように見える。迅速なリストラは、大幅な収益源を補う手段ではなく、欧米やチャイナを抜き去る基本なのだ。

△リストラがなければ消えるのみ

ビッグ3やダイムラーベンツがもたもたしている間に、日本のトヨタや日産の対応は実に素早かった。非正規雇用を切り捨てるなんて、という非難の声を上げる人がいる。しかしGMなどは四〇%の減産を強いられているのに、自力でリストラすることができない。延命策＝返すあてのない公的資金の投入以外に手だてがない。日本ならビッグ3はとっくの昔に消えているんじゃない。

145 新卒者のみなさん。厳しいからいいのだ。どんな仕事についても奔命出来ての仕事人だ

（12・23）

夏目漱石は「仕事が趣味になるほどまでに打ち込め」といった。ただし漱石は晩年（といっても40代末）、昼前に執筆仕事を終え、昼からは漢文学の世界に遊ぶことを「夢」とみなし、一部実践した。

漱石の人生を見ていると、嫌なこと、身を避けたいと思うことを先ずやってしまい、その後「遊ぶ」ということを常としていた。金もうけほど漱石から遠いように思えるが、一族郎党を養うために懸命に稼いだのだ。

△新卒の雇用不安？

横浜で大きな福祉施設経営に携わるM君と半日飲んだ。新卒が集まらない、という。集まっても使いものになる人はほんの少しだ。それは以前からのことだからいいとして、沖縄から北海道まで「人集め」に走り回ったが、予定の半分も集まらないそうだ。

若年労働力の不足である。採用取り消しや雇用不安とマスコミや野党は騒いでいるが、私が出会う編集者やライターの半数は、フリーである。四十六歳、編集中心の自由業で、年収八百万円だから、作家になって苦労する気はないと「豪語」（？）された。

△超安定の仕事あり

「安定志向」といわれる。社会福祉施設は超安定である。しかし仕事がキレイで、残業なしでなくちゃ、というそうだ。仕事がキレイも、残業なしも「腕」次第である。むしろ残業するのは、時間内に仕上げることが出来ない無能の証拠じゃないか。結構だ。

仕事を選ばず、所定内にキレイに仕上げて、どんどん腕を上げ、評価される。これが、仕事が嫌いな漱石の仕事に向かう心意気であった。

△四十九歳が曲がり角

その漱石、俳句をひねれば親友の正岡子規の上を行った。小説は最初ユーモア（『吾輩は猫である』）、ピカレスク（『坊っちゃん』）から、不倫（『それから』）、自殺小説（『こころ』）と「話題」と「受け」を十分狙った小説を書き、最期にジョイス流の実験小説『明暗』を書いて未完のまま逝った。四十九歳である。抜け目のない生き方じゃないか。

不遜にも四十九歳になったとき、己は天才でもなんでもないという証明書を突きつけられたというか、自分で突きつけた。女房の父が四十九歳アル中のまま死んだ。この年で死ぬのはいやだなと思ったが、突然売れ出した。『大学教授になる方法』によってである。

△歓迎！　低賃過密

自分の身をいちばん仕事のしやすい場所に置く。漱石の人生から最大に学んだことだ。

M君、仕事の出来るところにいって、低賃金超過密労働で奔命し、いまは大法人の事務局長である。ようやく十年前の給料に戻りましたという。でもおそらくこの十年で身につけた仕事の内容の濃さと幅の広さは、他のどこに行ってもえることはできなかっただろう。M君に脱帽。（1・6）

146 いかにも不味そうな毒饅頭＝定額給付金を呑み込んだ自民政権の行き着く先

「毒饅頭」はいかにも美味しそうだ。ところがまったく不味そうで、むりやり呑み込んだが、予想通り毒が回った。それが定額給付金だろう。

一度、後手を踏んだら、元に戻らない。麻生首相がまさにそうで、衆目の一致するところ「もうおまえは死んでいる！」である。支持率二割を切った。歯止めはかかっていない。

ところが死のうにも死ねない。安倍や福田のように「お後がよろしいようで」ととんずらはできない。

△七割を超える反対

第二次補正予算を通した。しかしネックがある。二兆円の定額給付金だ。公明党との約束で、反故に出来ないそうだ。しかし、なぜ公明党が、およそ国民の七割以上の賛成を得ることが出来ない不人気で無駄とわかる愚策の給付金にこだわるのか？　この理由の解明を公明党に迫る、という姿勢がマスコミにほとんどない。妙じゃないか？

この給付金、公明党にとって特別の恩恵があるとも思えない。えっ、あり、なの⁇　どんな恩恵だ。予想は出来るが、推測では書けない。

△「撤回！」でよろしいのでは

どうせ麻生はどんなに頑張っても半年後には退陣する。ならばなぜ圧倒的不人気の「愚策」にこだわる必要があるの？　あっさり「撤回！」といえばすむことだ。それで人気が回復するわけじゃないだろうが、これ以上は落ち込まないだろう。

えっ、公明党が、給付金をはずしたら、本予算の通過に協力しないっていっているのか？　公明党の協力なしに選挙は戦えない、っていうの？　一度、本予算棄権、独自選挙というようなリスクある選択を公明党に迫るのも手だよ。

△過半数も危ない

自民党はわずか半年の政権運営のために、不味い毒饅頭を食べ、選挙で大敗北を喫し、政権を放り出そうとしているのである。まったく麻生の気が知れない。

参院では過半数を失った。自壊の衆院選では、三分二はおろか、過半数も危なくなる。過半数以上とったとしても、重要法案だけでなく、法案それ自体が通らなくなる。誰を利することになるのか？

△役人行政が手ぐすねをひいている

議会の審議も決定もできなくなる、内閣が機能麻痺になると、だれが喜ぶか？　官僚である。官僚行政が完全に息を吹き返す。閣僚はもとより、議会がなく政治家がいなくても、お任せを、の時代に逆戻りする。

お役人、規制が好きだ。自由でいきいきとした民活を嫌う。自由は放縦を、放縦は無秩序を生み、社会を混乱に陥れ、社会不安増大を呼び起こす。行政の規制と管理強化が必要だ。これが役人のお題目だ。

（1・20）

147 日本はアメリカ大統領の、北海道は中央の鼻息をうかがうだけでどうする

オバマブームである。気息奄々のアメリカ政治経済が、一大統領の登場でその暗雲を一気に払うことが出来る、等というのは希望的観測にすぎない。しかし一時的に活気づくことは確かだ。それでというわけじゃあるまいが、日本の経済界も政界も、オバマの「手腕」の模様見なのである。実に情けない。金融も実体経済も日本のほうがはるかに健康体に近いのに、重病に罹ったように顔色が優れない。

△早期入院、早期治療

世界の金融市場に危機が発生したとき、日本の代表的な世界企業の対応は素早かった。トヨタ、新日鉄、日立、パナソニック、富士フイルム等々が一斉にリストラで応じた。ところが、野党やマスコミは、これを一斉に「派遣切り」「勝ち逃げ」と非難して、リストラに非を鳴らした。早期入院、早期治療で健康回復という当然の処置が、「難民」同然の対策に翻弄されて停滞し、本物の重患になる危険性がでてきた。

△他山の石、ＥＵ

ＥＵにとっては未曽有の経験だろう。金融対策も各国バラバラで、ごてごてに回り、経済成長はストップ、マイナス経済に転落し、失業率二桁が確実になった。それでもまだ金融危機の第一波で、ようやく裾野に到着した程度なのだ。どこまで落ち込むのか判断が付かない、という観測が強くなった。ヨーロッパの西も東も、もちろん南も当分冷え込む。

△火中の栗は拾わない

現実にはアメリカの金融資本主義に穴が開いたのだ。チャイナやインドはそれに代わる力は、一時的にせよ、ない。日本が世界経済の牽引車になってしかるべきなのだ。ところが日本の政財界からはそんな声がまったく沸いてこない。元気がないのか、死んだ振りをしているのか、おそらく後者だろうが、この面ではずる賢くなった、ともいえる。

△笛吹かず、踊らず

わが北海道はどうか。政治では、自民党が全く元気がないというか、音無の構えだ。「音無しの構え」と言葉はいいが、うんともすんとも声が出ない。自民党最大派閥の町村派の領袖がいる。麻生内閣の要、財務・金融相の中川がいる。元幹事長の武部がいる。なのに、活気がない。刑事被告人の鈴木宗男に押されっぱなしである。この「大物」三人が衆院選では大苦戦の様相を呈している。

じゃあ民主党は元気はつらつなのか？　この党、政権が近づくとにわかに足元があぶなくなる。横路はもう動けまいが、鳩山のユキちゃんは大丈夫なのかね。

それに高橋知事も上田札幌市長も、八方ふさがりのように見える。「笛吹かず、踊らず」なのだ。不景気に輪をかけたような政治不況が北海道を覆っている。（1・27）

148 幼稚園から米語でピーチク、パーチクだってか！ 良質な日本語を読ませろ！

水村美笛『日本語が亡びるとき』（筑摩書房）が注目を浴びている。加速化するグローバリズムの中で、日本の教育文化政策をこのまま続けてゆけば、「奇跡の言葉」である日本語は世界標準語化しつつある「英語」（米語）の大波に呑み込まれてしまう、というものだ。とくに目新しい議論はないが、十二歳で渡米し、イエール大で仏文学を専攻し大学院を出て、帰国後、九二年に夏目漱石の未完『明暗』の「続編」を書いた文字どおりのグローバルな知識人がいうのだ。

△おフランスも米語になった

かつてといっても、そんなに遠いことではない。医学や哲学はドイツ語、芸術やファッションはフランス語、文学はロシア語といわれてきた。医者はカルテをドイツ語で書き、絵描きはパリ留学に憧れた。ドストエフスキー抜きに小説を語ることができなかった。

しかしインターネットを携えたグローバリズムの大波である。ビジネスだけではない。ヨーロッパはその大波を連合（EU）で和らげようとするが、国際医学会も、国際映画祭も米語でスピーチされるようになった。ドルと米語が世界標準となって闊歩する。

△日本語の奇跡

日本語は、非ヨーロッパ語のなかで、学問をおこなうことができる唯一の「国語」のレベルに達した。福沢諭吉や夏目漱石の努力だけではない。日本がかつての「世界標準」であった漢語をもとに、長きにわたる技術革新によって、奇跡的な日本語をつくりあげてきたからである。紫式部『源氏物語』や世阿弥『風姿花伝』がその成果の一部だ。

△日本「弁」か？

ところが戦後の、とりわけ最近の日本語教育は、その教科書の薄さからもわかるように、疎《おろそ》かきわまりない。かわって、ビジネス、観光用米語教育が、小学校で必修化されつつある。このままいけば、米語の大波に攫われて、仏、独、露語が日用語（地方語）として残る他なくなると同じような運命を、日本語もたどる、というのが水村の警告だ。

△バカなバイリンガルが国を滅ぼす

水村はグローバル化を避けることはできない。しかしすべての日本人がバイリンガルになる必要はない。1、優秀なバイリンガルは一部でいい。2、国民教育は日本語をしっかりと教えることに軸足を置く。3、世界の人が日本語で読み書きしたくなるような良質の作品を創造することだ。

この三つと反対方向をいくのが文科省やそれに引きずられたビジネス界や日本人多数の米語「熱」である。日本語の衰退、衰滅を招く元凶である。ひいては「日本語で読み書きする人＝日本人」の滅亡をもたらす原因だ、と水村はいう。至言だ。英仏日語を自在に用いてよき日本語を創造する水村がいうから、いっそう説得力がある。

（2・17）

149　中川財務相の自爆で、麻生衛星は宇宙の迷子になって消滅寸前である

中川昭一財務・金融相が辞任した。第二次補正予算関連法案、本予算案の審議を前にして、その担当相が切腹を余儀なくされたのである。すでに実質一〇％以下の支持率といわれ、あの森内閣以来の恥部をさらした麻生政権にとって、予算審議を放棄して逃亡したあの細川内閣以来の椿事に見舞われたことになる。まさに「未曽有」の政治状況が生まれた。

△醜態に唖然

世界中をくまなく浸す金融・経済高波のさなかである。しかもその対策に四苦八苦して集まったＧ７（先進七カ国財務相・中央銀行総裁会議）直後の公式記者会見に朦朧状態で臨んだ結果である。記者の質問さえ聞き取れない醜態映像が、全世界に放映された。

とかくアル中の噂のある中川である。醜態をさらしたのは中川の責任だとして、そんな中川を会見場でさらしものにした側近たちの危機意識の低さ、無責任さに驚かされる。おそらく麻生内閣が液状化現象を起こしている現れだろう。

△内閣の自爆現象

これは一閣僚のスキャンダル辞任ではすまされない。中川は、与謝野薫経済財政担当相とともに麻生内閣の要の一人である。いってみればトリオの一角が崩れたのだ。金融危機のさなかである。十～十二月期のＧＤＰ成長率がマイナス一二％を超えたという「国難」の時期に当たる。その中心

軸が自爆したのだ。

ただし日本には九〇年代の金融危機を小泉・竹中コンビで乗りこえた経験がある。そのノウハウをしっかり世界に向かって発信しなければならない立場にあった。ところが中川の醜態で、成果は全部消し飛んだ格好になった。超マイナス国益だ。
△麻生退陣が現前の危機対策だ
本予算案の審議が目前にある。このまま進めば最低支持率内閣必至だ。衆院の三分の二を使って力押しするのはこのスキャンダル辞任で難しくなった。

麻生は、未曽有の経済危機だ、景気回復が先決で、政権交代や国会解散で生まれる政治空白を作ってはいけない、とことあるごとにいう。だが、経済対策を阻んでいるのは麻生内閣の存在なのだ。ここに至っては、経済危機の緊急課題は麻生退陣である、と断じたい。
△本道の自民全敗必至
中川の辞任で、九月までにおこなわれる衆院選挙で自民党の敗退、本道候補の全敗がいよいよ濃厚になった。町村は派閥の党首というのは名のみで、森元首相にあいかわらず指揮権を握られ、麻生泥沼内閣を支えている。武部は小泉あっての物種だ。中川はこの辞任がなくても再選は危うかった。あとは知るべしである。

国民に残された手札は小沢民主党という実績も定見もない政治集団だ。札を切ってみると鬼が出るか蛇が出るか⁉

（2・24）

150

重ねていう。トヨタやホンダの迅速リストラはこの経済危機を抜け出す最善の方策なのだ！

友人に赤のサーブに乗っている女がいる。スウェーデン産で、この車を駆って那須高原を疾走するさまはじつにかっこいい。亭主は同じスウェーデン産のボルボを動かしている。どちらも五百万円はする「高級」車だ。しかしボルボはフォード、サーブはGMの子会社で、ボルボの乗用車以外の車はフランスのルーノーの傘下にある。そのサーブが破産した。崩壊状態のGMが見放さざるをえなかったからだ。

△GMもベンツも破綻状態

二十世紀の華といわれてきた自動車産業が金融危機を契機に、一気に崩壊の瀬戸際に瀕している感がある。アメリカのビッグ3だけではない。フランスのルノー、ドイツのメルセデス（ベンツ）も公的資金を投入しなければ立ちゆきかねる状態に追い込まれたのだ。

上昇線の一途をたどってきた日本の自動車業界も、トヨタ、日産、ホンダをはじめ、のきなみ一気に二〇～三〇％の売上台数減を余儀なくされ、数千億円の赤字を計上している。

△自動車産業は斜陽か？

じゃあ自動車産業はもはや斜陽産業なのか？　たしかにアメリカやフランス、ドイツの大手は「斜陽」である。「昔の名前で出ています」という体なのだ。昨年来の金融危機によってではない。時代と消費者の要求に対応した車を開発することができなくなっているからだ。低燃費、低価格、そして居住性がよく、スタイリッシュな車だ。この四拍子がそろった車を持続的に提供してきたのが日本のトヨタとホンダである。

△基本は技術開発資金

どんな企業でも、ブランド・伝統があり、ノウハウがあり、よい人材がそろっていても、技術開発に資本を投下できないと、停滞し、衰退する。日本の自動車産業が、大胆とも思えるリストラを一気におこなったのは、企業の持続的発展を可能にする開発資本留保のためである。もしそうでなければ早晩、衰退は免れない。

たしかにリストラによって失業問題は生まれる。ただ企業を存続させるだけなら、日本の自動車産業は、ビッグ3とは異なって、人員削減をする必要はない。しかし、日本以外の自動車産業の壊滅状態を予想して、速やかに次の飛躍の布石を打ったとしたら、これこそトヨタやホンダの勝利である。日本社会全体の経済危機打開に対する適切な行動ということになる。

△初の二〇〇万円エコカー

ホンダが新発売した二〇〇万円のエコカーに注文が殺到している。たんなる偶然かもしれないが、四拍子をまがりなりにもそなえた車をすでに準備していた、貴重な勝利である。（09・2）

151　人間とその社会は、過剰にも、過小にもぶれる、「もっと、もっと」の本性をもつ

人間という存在は厄介だ。つねに「もっと、もっと」といって満足しないからだ。この「もっ

と」のなかには、「過剰」だけでなく、「過小」も含まれる。過小な食欲、「拒食」は病である。だが「断食」は聖なることとみなされる。「もっと」というのは、人間が「行き過ぎ」（過剰・過小）を本性とするからなのだ。

△「もっと」上がる

七四年、オイルショックが鎮静化すると、土地バブルが一気に潰れた。それまで日本は土地が狭く、かぎられている。つねに、需要が供給を上回る。だから土地の価格は必ず上がる。こういう「常識」がまかり通っていた。実際、土地の高騰はすさまじかった。銀行は土地に過大な融資をした。それが潰れたのである。一転、土地は捨て値でも見向きもされなかった。

八五年、デフレの中、地価と株価がどんどん上がっていった。一〇〇〇億円を超える資産家の歌手まで現れた。九〇年このバブルが潰れた。赤字債権をかかえた金融機関が危機に瀕した。土地や株は見向きもされなくなった。

△「懲りない」のが人間

二十一世紀、先進国はデフレ（価格破壊）の時代に入った。しかし土地と株は這い登るように上昇していった。将来の値上がりが見込める。あれもこれもローンで買って大丈夫。こういう「常識」が浸透した。

バブルは潰れる。しかしいつ潰れるかは未定だ。まだ潰れない。潰れるまでは大丈夫だ。何度も何度も、人間はこの過剰期待でやってきた。その期待が潰えた。一転して人間は過小期待になる。

あれもいらない、これも削ろう、で一気に消費熱が落ちる。

△人間と資本主義

今回の金融危機、経済恐慌を、グローバル資本主義、消費資本主義、カジノ資本主義、つまりは資本主義のせいにする人がいる。間違ってはいない。しかし、資本主義は、グローバル＝自由市場、消費第一、カジノ＝投機であれ、過剰と過小の繰り返しなのである。山も谷もないフラットで安定した動きをするわけではない。つまり資本主義は人間の本性「もっと、もっと」にフィットした動きをするのだ。

人間のメカニズムと資本主義のメカニズムが、良きにつけ悪しきにつけ、同調《シンクロ》している。だから、資本主義罪悪論は、人間罪悪論を言い募ることと同じなのだ。

△人間の本性の認知

過剰《バブル》を望み、潰れると、過小へと一転し、傷みを味わう。しかし、順調になるとその傷みを忘れ、懲りずに過剰に転じる。これが人間の厄介な性格だと認知してほしい。この認知の上でさまざまな対策を練ろうではないか。（3・3）

152 失業から生活保護への直進が急増している。衰滅社会への門口に立っている

九二年、中野孝次『清貧の思想』がベストセラーになった。バブル崩壊の後で、本当の豊かさは外面的なものではなく、内面的なものにあると説いた。当時のバブルの崩壊は日本だけの現象だっ

たが、〇八年には世界大にまで広がった。「症状」はグンと重そうだ。ところが日本にもアメリカをはじめとした世界にも、「清貧の思想」を説く流れは生まれていない。むしろ失業対策、生活保護等、セーフティ・ネットの物的充実ばかりが強調されている。

△プアでも非干渉がいい

「物じゃない、心だよ」、「3Kなら、フリー（ター）がいい」、「責任はゴメンだ、ハケンでOK」、「プアでも干渉がないのがいい」。これは若者だけのマナーではない。中年以上にも顕著だ。私は中野の「清貧の思想」にはエリート主義があって、賛成できない。しかしフリーターやハケンがいい、には相応の意味がある、と考える。ところが昨今のフリーターやハケンは、「心」でも「自由」でもなかった。ただの「物」主義者に過ぎなかった。

△因果応報

明日のこと、未来のことを考えて生きる、これが人間の仕方のない特性だ。必然であると言い換えてもいい。ところが、ときに、明日はどうなろうといい、明日は明日になって考えればいいじゃない、という人がいる。たしかに、「普通」は、昨日のように今日の朝も明ける。だが、「非常」がある。いつ、どこで起きるかわからないが、「明日のことを考える」必然の理由だ。うかうかと生きていると、「おしおき」がやってくる可能性がある。今回の不況＝雇用不安のようにだ。

△過保護とプア

残念ながらというべきか、当然というべきか、セーフティ・ネットを強化すればするほど、ネットに依存し、そこに安住する人間が増える。ただ食いのプアである。これ、温室育ち、過保護の弊害と表裏の関係だ。社会主義システムがその弊害を如実に証明した。失業はない。育児、教育、生活必需品、交通等すべてタダ同然である。しかし、プアである、自由がなく、牢獄国家だ。

△超セーフティ・ネット社会

プアでも、公的保護の下で生きていける、とわかると、さまざまな制限があってもOKという人が輩出するかというと、日本ではまだそれが常態にはなっていない。しかし、失業すると、お手上げで、フリーター同然になり、生活保護に直進し、そこから抜け出てくる人が少なくなっている。これが続くと「尋常」ではない。「働かなくても生きてゆける」というのは、超セーフティ・ネット社会、最悪の社会主義システムである。衰退し、死滅する社会と背中合わせなのだ。（3・24）

153 松本清張生誕百年にも色々ある。「駅路」は原作を越える映像だ

ミステリの皇帝、松本清張の生誕百年である。清張原作の映像作品のリメークが多数登場し、TVで一週間に一度はお目見えする西村京太郎や内田康夫の鉄道・旅情ミステリに食傷する視聴者の興味をことのほかそそるにちがいない。

△羽咋＝1＋1＝0

清張作品の映像化でもっとも印象に残ったのは、野村房太郎監督の「ゼロの焦点」（61年）である。能登半島の羽咋《はくい》がロケ舞台だった。過日、友人たちと訪れることがあったが、残念ながら台風

の後の工事とかで、海岸までゆくことができなかった。映画では東京の新婚の妻、羽咋の女、焦点になる金沢の社長夫人、と三人の女が登場する。久我美子、有馬稲子、高千穂ひづるであった。今秋上映予定の映画リメーク版のキャストが発表された。女優はいまもっとも活気づいている広末涼子、中谷美紀、木村多江の三人である。ただしこの三人、陰鬱な能登の風影を醸しだすことができるのだろうか。

△昭和の終わり

四月十一日、やはり清張生誕百年作品として「駅路」がTV化された。七七年清張原作・向田脚本「コンビ」のTVドラマを見ている。向田組といってもいい、いしだあゆみと加藤治子が本当にいい味を出していた。今回も向田脚本だが、ただ時代背景は昭和天皇崩御時期に移された。私にとっては、天皇が八八年九月二十日大下血され危篤状態になったとき、北海道新聞から「昭和史と天皇」という記事を書くよう依頼された時期と重なり、感情移入度が増した。昭和の死と一人の男の死を重ね合わせた結構が、向田脚本を越えた部分である。

△死んだ女が主役

清張の「駅路」(60年)は四〇枚ほどの短編で、筋も仕組みも単調で、今回の向田脚本作品とはかなり異なる。

第一に、原作では、定年の翌日、家を出て失踪した男の恋人を、刑事が広島まで出張ってようやく探し当てたときには、彼女はすでに病死している。TVでは男(石坂浩二)の恋人(深津絵里)

が、失踪した男を探し回って上京し、石坂の妻（十朱幸代）にまで会っている（もちろん身元をかくしてだ）。

第二に、ＴＶには、原作にはまったくない、男の失踪を追う刑事（役所広司）の娘が妻のいる男と不倫関係にあったという事情が挟まっている。

第三に、別所は、石坂を殺したであろう犯人から深津を守り、石坂の死が確認され、深津が絶望にうちひしがれているとき、自分の娘の苦しい事情を語りながら、深津に美しい記憶をもって生きる意味を説く、ということになっている。刑事と女の微妙な心の振幅がうまく表現されている。

（4・21）

154　麻生の北方領土「三・五島返還論」は初等算術的迷妄で、開いた口がふさがらない

ロシア首相プーチンの来日を前にして功を焦ったのか、麻生外交がとんでもはっぷんの「愚策」を露見させた。前外務次官谷内正太郎政府代表による「三・五島返還論」である。もちろん谷口代表の持論ではなく麻生首相の案だ。それも初等算術で割り出した迷案なのに、自身では気に入っているのだから、あきれる。

△竹島、尖閣諸島問題

領土問題は超微妙である。平和条約を結ぶ友好国である韓国や台湾とのあいだにさえ、領有をめぐる一触即発の、しかも引くに引けない問題がある。竹島は韓国によって軍事占領されたままであ

り、尖閣諸島は日本が実効支配していて、解決の目途は立っていない。
ロシアが共産党支配による社会主義国でなくなり、人もものも自由に行き来できるようになってさえ、平和条約を結ぶことができないのは、北方領土問題があるからだ。

△千島と南樺太は日本領

敗戦の結果、日本は植民地を失った。当然である。しかし歴史上も国際法上も、沖縄、小笠原、千島は日本の領土である。自衛の戦いであった日露戦争に勝って割譲された南樺太も、当然、日本の領土である。この点をまず日本国民の共通認識としなければならない。

ところが千島、南樺太がソ連軍によって占領され、日本人は多くの生命と全財産を奪われた。冷戦時代、社会主義ソ連と資本主義日本とのあいだの領土問題の解決策は、日本側が大幅に譲歩したため、歯舞諸島、色丹島、国後島、択捉島の四島をめぐる問題に切り縮められた。南樺太と四島以外の千島を自ら放棄した形になったのは、日本外交の初歩的敗北である。

ソ連は社会主義の崩壊によって消滅し、多くの植民地を失い、ロシアとなった。しかし千島と南樺太はなお占領したままである。この暴挙も、日本政府が千島四島しか返還要求してこなかったのだから、ロシア側からいえば、当然だろう。

△小沢と麻生の迷妄

社会主義ロシアが崩壊の危機に瀕し、経済破綻に追い込まれた一九九一年当時のことだ。自民党の幹事長であった小沢一郎が四島（の主権）を二八〇億ドル（当時三八〇〇〇億円）で買い取る案をもってロシアに乗り込んだ。ゴルバチョフは喉から手が出るほど欲しかったにちがいない。だが、そんな取引に応じたら国賊になる。八つ裂きの目に逢う。当然、はねつけた。金次第の小沢は田中の嫡子なのだ。

麻生の、日本〔歯舞＋色丹＋国後＋1／3択捉〕＝ロシア〔2／3択捉〕の算術は、どういう景品をつけるにしろ、日本の国益を無視した愚策である。ロシアが万が一に呑んでも許されない。

日本人は歴代トップの愚策と愚行をひきつぐ小沢、麻生に政権を託さなくてはならない。はかりしれない不幸だ。（4・29）

155 豪腕を恐れられ、期待されもした小沢の実像は、敵前逃亡を五度繰り返した確信犯だ

小沢一郎民主党代表が辞任した。辞任せず、総選挙で第一党になり、政権を担当し、自民党の腐敗した官僚・企業寄り政治を国民生活第一に一新するために最後のご奉公をする、という小沢の年来の「夢」がついにはかなく消えた。小沢の辞任にこのような感想を抱く多くの人がいるだろう。はたして妥当か?

△「壊し屋」

小沢は権力欲の権化のようにみられている。その「豪腕」は実像か?

もう旧聞に属するが、九一年小沢は自民党最大派閥竹下派の実力者として君臨していたが、①総

裁ポストを実力で奪いにいかず、宮沢に譲った。九三年小沢は竹下派を割って出た。「普通の国」を創出する『日本改造計画』はその政権構想であり、ベストセラーになる（小泉改革の下敷きになったものだ）。その直後、小沢は内閣不信任案に同調し、直後の総選挙後に自民党を離れ、細川を首班に指名して非自民連立政権を誕生させた。この頃の小沢は陰の実力者として振る舞った。しかし細川が政権を投げ出し、社会党が連立を離れて、九四年自社連立政権が生まれる。②小沢は、細川離反や社会党離脱の「原因」を作り、政権維持に胆力を用いず、「壊し屋」といわれた。

△民主党に吸収される

新進党、自由党と苦難の選択を歩んだ後、九九年自民党と連立政権を組んだが、半年で離婚する。③自民党との対等合同を望んだからとされている。

そして〇一年小泉ブームの影で、小沢自由党の減退は免れず、紆余曲折の末〇三年民主党に合併された。〇四年年金未納問題で菅代表が辞任した。真因は、④イラクに自衛隊派遣決定で小泉政権を追い込み、総選挙で圧勝することが予想されたため、首相になると自衛隊派遣問題で泥を被るのを恐れたためであった。敵前逃亡である。菅の後任を託されたのが小沢だったが、小沢も逃げを打って、岡田がなり、参院選、衆院選も惨敗した。

△民主党代表に

〇六年三月、ニセメール事件で辞任した前原にかわって、小沢が菅を破って代表についた。小泉が退いた〇七年の参院選挙で第一党になり、次の総選挙で政権を獲るとブチ上げ、小泉の行財政改革を「格差拡大、弱者切り捨て政治」と批判（『日本改造計画』否定）し、敵失の連続もあって、「国民生活第一」という唯一カードを切って総選挙で第一党になるチャンスをつかみつつあった。⑤そして五月十一日の辞任である。直因は秘書の逮捕である。

①〜⑤まで、小沢は政権が掌中に転がり込みそうになると、手を引っ込めてきた。敵前逃亡は小沢の習性である。今回はその仕上げなのだ。民主党は小沢なしに政権を獲れない。しかし小沢がいるかぎり政権奪取は叶わない。（5・20）

156 鳩山民主党代表誕生で、吉田vs鳩山の因縁が終わり、最初の「道」代表の首相誕生か!?

小沢辞任を受けた民主党代表選挙は、超短期（実質2日）の選挙戦で決着がついた。予想通り鳩山幹事長の圧勝である。日本民主党（54〜55年）の創立者は鳩山一郎で、それを再生させたのが新代表の孫・由起夫である。ようやく民主党は長い間さまよった隘路を脱して、小沢が陰に回り、選挙で戦える力を再構築したように見える。

△祖父＝鳩山vs吉田

それにしてもおもしろい。鳩山一郎は、戦前、立憲政友会の幹事長、田中義一内閣の官房書記官長を歴任した。統帥権問題で軍の独走を許すきっかけを、京大滝川事件等で思想言論弾圧の因を作り、右派の代表者として論陣を張った。戦後は日本自由党を創立して総裁のポストに座ったが、四六年組閣直前に公職追放され、吉田茂に首相の座を譲らざるをえなかった。鳶に油揚をさらわれたのである。

鳩山は追放解除で五一年自由党に復帰するも、吉田から総裁・首相ポストを返してもらえず、はげしい党内派閥抗争の末、五四年ついに脱党し民主党を結成する。憲法改正・再軍備および対ソ連・中国との国交回復など、反吉田路線をかかげ、五四年末ようやく首相の座に着くことが出来た。五五年保守合同によって自由民主党が誕生し初代総裁になる。吉田と鳩山の一応の手打ちだった。

△孫＝鳩山 vs 麻生

鳩山の後継が岸信介であり、吉田の後継が池田勇人・佐藤栄作である。しかしここから複雑になる。佐藤（弟）が、後継に岸（兄）の後継である福田赳夫を指名したからだ。そこで田中角栄が佐藤派を割って出て、角福戦争が始まる。人脈からいうと、鳩山・岸・福田・小泉・安倍・福田・鳩山の線に対して、吉田・池田・佐藤・田中・大平・竹下・小沢・橋本・小渕・麻生という流れになるが、鳩山由起夫や小沢一郎が仕掛けた自民党分裂によって、自民＝安倍・福田・麻生 vs 民主＝小沢・鳩山という構図ができあがった。いよいよ総選挙でこの対立を軸に、一応の決着を迎えるわけだ。

△初の「道民」首相！

と、ここで道民ならハッと気がつくだろう。総選挙の結果次第で、鳩山内閣ができる可能性がグンと大きくなったことをだ。北海道選出の最初の総理大臣である。町村は自民最大派閥の会長になりながら首座狙いに身を乗り出さず、中川は大チョンボで財務・金融相を追われた間隙を縫って、鳩山が首相レースのトップに立ったのだ。九六年民主党を結成し、九八年社会党（横路）、〇三年自由党（小沢）と合同し、ようやくの北国の春である。とはいえ盛り上がらないことはなはだしい。

マスコミや自民は「小沢の傀儡」とはやしたてるからか？　いいじゃないか。小沢の力なしに選挙は勝てない。ならば小沢と二人三脚で、なぜ悪い、と居直るぐらいの度量を示せ。（5・27）

157 小沢なしに民主は総選挙に勝利できない。小沢がいると民主は存続できない

鳩山民主党は、二十四日のさいたま市長選挙で圧勝して、さい先のいいスタートを切った。自民公明推薦の前市長の多選批判とともに、直前の小沢辞任が好結果を生む原因であったことは間違いない。小沢は代表を辞めたが「選挙」を仕切る党勢拡大の要のポストを占めた。総選挙で民主が勝利するかどうかは、鳩山・小沢の二人三脚次第になった。

△アキレス腱

アキレスとはギリシア神話の英雄である。不死身の体をもったが、唯一の弱点であるかかとを射貫かれて死んだ。アキレス腱とは、致命的な弱点のことで、民主のそれが小沢の存在である。

小沢が自民党を飛び出し果たそうとしたのは、ベストセラーになった『日本改造計画』にあるように、日本を「普通の国」にすることだった。グローバルスタンダードの国である。基本が「官」

と「官僚」中心の政治を変換することで、中心となるのは行財政改革であり、それを実現するための小選挙区制度である。はたして小選挙区制度は不十分ながらも実現した。形のうえでは政権交代可能な二大政「党」ができた。ところが小沢は一貫して強力だがアキレス腱でもあった。非自民連立、新進党、自自公連立、そして民主党のである。「毒饅頭」ともいわれた。

△大合同派

戦後自民「独裁」政治を作ったのは、五五年の自由（吉田）と民主（鳩山）の合同であった。小沢は、非自民、新進、自自公の連立を破壊した「壊し屋」のイメージが強いが、根っからの大合同派なのである。壊して再編で、同床異夢の烏合の衆ではなく、同じ基本政策をもつ政治合同である。（小渕自民、福田自民との連合事件を想起してほしい。）

ところが、残念なことに、小沢の政治目的を実現しようとしたのが小沢と犬猿の仲である小泉自民の構造改革であり、その小泉が〇五年の「郵政民営化」選挙で圧勝した。小沢の出番はなくなったかにみえた。

△選挙に勝てば

小沢は総選挙に最後の政治生命を賭けるという。政権奪取のために『日本改造計画』で示した基本政策を全部捨てた。小沢の変身か？

だが自民、民主のいずれが勝利するにしても、政権運営はままならない。民主が勝利すれば野党連立になり、政策もその実行もきわめて困難になる。自民・公明が過半数を占めても、もはや三分の二の行使は不能で、予算をはじめ重要法案の可決がほとんど不可能になる。ここで飛び出すのが、小沢による再々再の政界再編ドラマである。

小沢がめざす大連立か、不安定な少数連立与党かは別として、政界再編成は免れえないということだ。その場合、鳩山も麻生も吹っ飛んでしまう事態が予想される。悪夢か？　（6・3）

158　鳩山総務大臣の首が飛んだ。麻生内閣の支持率が落ちた。大声の正義に眉唾

鳩山邦夫総務大臣がついに首を切られた。思い出すのは外務大臣を罷免された田中真紀子のケースだ。鳩山は麻生政権を、田中は小泉政権を誕生させた第一の功労者だと自任していた。その俺を、私を首相が切るなんてありえない、と公言してはばからなかった。切られると、正義が裏切られた、とわめく。小泉も、麻生も内閣支持率が急落した。ここまでは同じだ。小泉は持ち直したが、麻生に回復時間が残っていそうにない。

△郵政民営化反対？

「かんぽの宿」売却問題をめぐって、鳩山総務大臣が西川日本郵政（株式会社）社長を首にするしないの問題が生じた。根本にあるのは、麻生が郵政民営化に「反対」なのに、所轄の総務大臣として民営化を実行したことである。麻生が鳩山に西川馘首ＯＫサインを出していたからこそ、鳩山は何が何でも民営化のシンボルである西川の首を取り、公営化への道を残そうと狂奔したのだ。

しかし総選挙間近である。郵政民営化か再公営化か、で党内が争っている事態ではない。もちろ

ん選挙の争点などにできるはずもない。民営化反対の民主党にベタ負けする。鳩山は、正義をわめき散らすとんだ支持率下落の鳩ぽっぽの役まわりを演じさせられたのだ。

△不良資産の売り方

かんぽの宿売却問題は単純ではない。鳩山がいうように、国民の財産を不当に安く売却した、という問題に単純化できない。もっているだけで維持費や人件費を膨大に食う不良資産がかんぽの宿なのだ。鳩に正義があって、西川に不正がある、等はとんだ初等算術家ぽっぽチャンのセリフである。夕張が観光資源（土地建物）を、一括売却せずに保有したため、維持費や補修費を捻出できず、借り主に逃げられて家賃が入らず、右往左往しているのと、本質は同じである。したがって、鳩山の首の早期すげ替えの責をとがめられこそすれ、更迭自体は英断なのだ。「正義」が好きなマスコミに乗じられて、判断を誤ってはいけない。

△正義の悪代官

大きな声で正義を語るのは内容がないからだ。まずこのことを心に留めてほしい。「大義」とか「正義」を大声で語り出したら、眉に唾して聞くがいい。とくに政治家の場合がそうだ。じゃあ「正義」などどうでもいいのか。そんなことはない。ただし、何が「正」で何が「不正」かは、問題次第で、「〇」か「×」かとはことなり、単純ではないのだ。

それに、いかに所轄官庁とはいえ、重大な事由がなければ民間会社のトップの首をすげ替えることはできない。してはいけない。総務省は、省内の官僚や公務員の首のすげ替えには甘く、民間に

は厳しいなどというのは、悪代官の所業と同じではないか。鳩山の顔が悪代官に見えたのは、私だけだろうか。（6・24）

159 裁判員が法廷で裁くのは検察官だって⁉ 『裁判員の教科書』のご一読を！

裁判員制度がはじまった。まわりの人に聞けば、不人気きわまりない。もっともかっこいいのは「私には人を裁く資格などない」である。数の多いのは「鬱陶しい」であり、その理由の多くが「時間が奪われる」であり、わけても「裁判中、拘束され、不自由な目にあう」である。要するに「面倒だ」ということだろう。しかし一生に一度、裁判員に当たるのは、宝くじに当たるより面白く、サンキュウなことかもしれない、と思える本が出た。

△裁くのは誰？

裁判員が、裁判官と同じ席に座って、有罪か無罪かを、裁く（ジャッジする）。これが裁判員制度である。こう聞くと、法律の素人が裁判員になるなんて、とても無理、と思えて当然だろう。しかし「無理じゃない」、と誰にでもわかる表現で語ってくれるのが『裁判員の教科書』（ミネルヴァ書房）で、著者は橋爪大三郎（東工大教授・社会学）である。

なぜ素人にジャッジが可能か？ それは裁判の本質にかかわっている。

裁判で裁かれるのは誰か？ 被告人に決まっているじゃないか。こう思われるだろう。ところがノウなのだ。裁判官・裁判員が裁くのは検察官である。検察官が被告人を「有罪とする証拠」をジャッジ（チェック・判定）するのだ。裁判では有罪の立証（証明）責任はあげて検察官にある。

△推定無罪

被告が「ロス疑惑」事件のように、真っ黒クロに見えても、物証がなく、自白もなければ、日本では「無罪」である。「裁判で有罪という判決が出るまでは、被告人は無罪だ」これが「推定無罪」の原則である。「疑わしきは罰せず」だ。

つまり検察官の立証に一点でも疑問があれば、有罪にしない、できない、目をサラのようにして証拠をチェックする、これが裁判員の仕事である。いうまでもないが、被告の代理人である弁護士や、被告本人が無罪を証明する必要はない。

△冤罪を出さない

百人中十人の「真犯人」を無罪にしても、一万人中一人の「無実の人」を有罪にしない、冤罪《えんざい》を生まない、これが裁判の精神である。「犯人を野放しにするのか」という人は、自分が身に覚えのない罪を着せられた時のことを想定してみるといい。

よくドラマで、「真実」を追究し、「正義」を実現する、という刑事や判事、裁判官や新聞人が登場する。真理や正義は大切だ。しかし「裁判」制度では、検察が提出する「証拠」をチェックし、それが満点だったら「有罪」、それ以外は「無罪」とする。どんなに不合理と思えても、これが法廷の真実であり、正義である。だから「一事不再理」の原則があるのだ。どうです。鬼の検察官のあら探しに出向くのも面白いんじゃない。

（7・1）

160

静岡県知事選挙で勝利した川勝平太というのは、ただの経済学者じゃないんだよ

静岡県知事選挙で、分裂選挙になった民主の推薦候補が、自民・公明推薦の候補に競り勝った。名古屋、さいたま、千葉市長選挙に続く「快挙」である。東京都議選の結果次第で、自民が自滅を選ばないかぎり、政局が大きく動くことは間違いない。しかしいいたいのはこのことではない。

当選した川勝平太とは何者なのか？　マスコミ等では経済学者（60）、前静岡文化芸術大学学長とわりとあっさり紹介されている。たんなる学者か？

△「生態史観」

梅棹忠夫の「文明の生態史観」を知っているだろうか？　ノーベル賞を貰っていいほどのインパクトのある学説なのだ。

梅棹は問う、ユーラシア大陸の東と西の端にある日本と西欧だけが、なぜ近代化を遂げることができたのか？　答え、日本やイギリスは、自生的・主体的発展をとげ「封建」制を経ることができたからだ。

さらに問う、なぜ小国分立の封建制を経ることができたのか？　答え、たとえばチャイナのように、外敵になんども略奪支配されることがなかったからだ。とくに十三世紀にユーラシア大陸を席巻したモンゴル帝国の例を考えるといい。蒙古襲来である。日本と英仏等がかろうじてその侵略から免れることができたのは、大陸の地理的条件が重要なポイントになった。

△「海洋史観」

川勝は「文明の海洋史観」を主張する。梅棹の説が「大陸」の「移動」、砂漠地帯から農耕地帯への移動、を主軸に論が展開されるのに対し、「海洋」の移動を主軸に展開するからだ。

近代はアジアの海から誕生した。東西貿易、とくにアジア貿易の主導権をめぐる争いで、ヨーロッパ勢力はイスラム勢力に勝利し、海洋国家を創建し、ポルトガル、スペイン、オランダ、イギリスへと覇権を移しつつ、産業革命＝資本主義を実現した。

日本は海洋国家として東南アジアで覇権を握った。ヨーロッパと異なるのは、日本が貿易益で得た富で自立（脱亜）するにたる生産革命を実現し、国を閉じたことである。日本が「鎖国」したのは、国を閉じても自立できるだけの国力、生産力をもちえたからだ。こう川勝は説く。目から鱗ではないか。

△脱亜の文明的意味

「鎖国」を海洋国家の成功の結果であるとする川勝説は、旧来の鎖国イメージを払拭する。同時に、「脱亜」の文明的意味を解き明かし、海洋国家日本の再建を呼びかけるものだ。この壮大な仮説が、知事などになることで中途のまま放り出されるとしたら、残念だね。（7・15）

161　日本の金融危機はすでに底を脱した。だが欧米はこれからじゃないの？

日本の金融機関は一気に回復基調を示している。わが札幌北洋ＨＤも、〇九年四～六月期、純利益は同年前期の二倍強の九三億円になると発表した。北海道銀行も堅調で、〇九年一～三月期の純益は前年同期からわずかに減少したとはいえ、ほくほくFG（フィナンシャルグループ）で三九七億円であった。欧米諸国でもドイツ銀行をはじめ一部では「復調」の兆しが伝えられている。金融危機は底を打ったのか？

△金融危機は底打ち？

ドイツの最大手ドイツ銀行は〇九年四～六月期の純利益が前年同期比六七％増の一一億ユーロ（約一五〇〇億円）となり、二期連続の黒字となった。一時は国有化必至といわれ、ドイツ銀行ジャパンの存続が危ぶまれたこの銀行の急激な業績回復は何を物語るのか？　米国の金融六社が同期決算で黒字を確保したことをあわせて世界的な金融市場の混乱に歯止めがかかったという観測が強調されている。はたしてそうか？

△両極のリストラ

先日鎌倉を訪れた。友人が鎌倉で暮らしている。実に住みやすい街だ。特に高齢者にとってはそうだ。ただし土地建物、それに日常諸物価が高い。就業の場が少ない。その友人の息子がドイツ銀行に勤務している。ところがとうに首になっていた。日本の金融危機と、欧米の金融危機の違いの一端を窺い見たような気がした。

日本の銀行はこの危機を「体質改善」のチャンスとみなした。欧米では「倒産」の瀬戸際としてとらえた。ともにリストラだが、従業員には「転進」のチャンスか「解雇」の危険かの両極端である。

△将来益見込みの生活

昨年ポルトガルに行った。サブプライムローン問題が生じる前だった。平均給与が月に八～一〇万円で、車やボートをもつ生活があった。なかなか優雅なのだ。物価が安いわけではない。学費や医療費は日本並み。EUに加わってさらに物価が上がっている。

どうして「優雅」なのか？　生活費の基本がローンなのだ。ローンは借金である。その返済はどうする？　ここがよく判らない。個人レベルではこうだろう。家を買う。値が上がる。売却益が出る。家は居住用だが、「投機」でもある。給与も年金もあるいは学費も将来値を見込んでローンが組める。しかし突然「将来」益が見込めないといわれ、ローンという水道が止められる。断水、断金だ。家も、年金も、学歴も消失する。優雅な生活にはリスクがともなう、とはじめて実感される瞬間だ。

（8・5）

162 コピーの氾濫する世の中だが、コピーを超えたコピーってあるんだよ

松本清張生誕百年である。太宰治ほどには騒がれていないが、清張ミステリの衝撃力はいまなお続いている。ミステリは「清張以前と以後」に別れると断じてもいい。その清張作品のなかに「真贋の森」という中編がある。浦上玉堂の贋作にまつわる事件の顚末を描いている。五八年に発表されたが、六〇年に、重要文化財に指定されたばかりの「永仁の壺」が贋作であることが露見し、大

事件になったので、あらためて注目を集めた。

△名品と駄品

「開運なんでも探偵団」は地味だが視聴率のいい長寿番組である。居並んだ鑑定士が、家宝だ、名品だ、国宝級だという触れ込みで持ち込まれた骨董を鑑定する。一千万円と値を付けた浦上玉堂の画軸や古瀬戸の壺にガラクタ同然の値が付く。たまには持ち込んだ本人が卒倒するほどの高値が付くこともある。欲と鑑定眼との落差が人気の秘密だろう。

しかし真贋の鑑定は難しい。永仁の壺は人間国宝の加藤唐九郎が作陶したと自ら語ったことで大事件となった。この壺を重文に指定した文部技官が職を辞し、唐九郎は人間国宝の指定を解除されたが、事件の真相は謎のままである。

△真贋の判別不能

「真贋の森」に、東大教授で日本美術史学の権威の著書が「本物」と鑑定した三分の二が「贋」であるとある。これは鑑定眼のない権威主義の男の非力を物語っているが、こんなこともある。

フェルメールの贋作を描いて画商に売り実刑を受けたメーヘレンという絵描きがいた。この男、その二年前にも贋作の容疑がかかったが、世界的鑑定家が本物のフェルメール（作）を側において比較鑑定しても贋作を証明できなかったばかりか、エックス線や科学的検査を試みても真贋の判別はつかなかった。この男、こんな台詞を法廷ではいたそうだ。……俺が死ねば、世人はいざこざをすっかり忘れてしまい、俺の絵は立派にフェルメールとして通るようになるだろう。

△芸術と技術
「真贋の森」の贋作者は、玉堂の芸術や心性と一体化できるくらいの技術と心術をもって絵に没頭した。フェルメールとメーヘレンの関係に匹敵できるだろう。人は芸術（秘儀）と技術の違いをいう。しかし「技術が極まれば芸術になる」ということもまたあるのだ。才能あるものが一筋に技術を磨いてコピーに徹して芸術の域に達した贋作、オリジナルと見分けがつかない芸術作品が存在する、といってみたいわけだ。
多くのコピーは偽駄作である。しかし真贋の判別不能な作品もある。真を超える贋も稀にだがあるのだ。独創の前に、もっとコピーを、といってみたい。チャイナのコピーを難じる前にだ。

（8・12）

163 これもやります、あれもやりますという公約競争のなかで、国家と国民の安全が空無に帰す事態が進んでいる

一度膨らんだ財政を圧縮するのはとても難しい。革新自治体がのきなみに崩壊していったのは、この膨張する財政を縮小できず、野放し状態にせざるをえなかったからだ。例外がない。格差是正、雇用確保、中小零細企業の支援、農業保護、高齢者優遇、少子化対策……、ありとあらゆる「弱者救済」の声を掲げて当選したからだ。決定的なのは、公務員の削減と人件費のカットに手をつけることができない。わが北海道の横路・堀道政がたどった道だ。

△風船公約

企業の収益が減じると、リストラ（生産調整、経費節減や人員削減等）で凌ぐ。これができないと企業自体が消滅する。家庭の場合は定年や老齢で収入が大幅に減り、家計費カットが不可避になる。これが自然のサイクルだ。

国や地方自治体だって本質的には同じである。だが政府や首長は選挙民（国民や市町村民）に選ばれる。選挙民の声を無視すると、次回選挙で敗北し、自分がリストラされる。まともな党や立候補者なら、実現不能な公約を控える。自民は政権を失いたくないから、民主は政権奪取の最大チャンスだから、公約のボリュームをどんどん大きくしている。

△騙されたい国民

ところが何が何でも政権の座に着きたいという人はいる。あれもこれも「約束」する。できないことは冷静に見れば分かるのに、人間というものは欲たかりなのだ。退職金を年三～五割の高利という「約束《さぎ》」に投資する人が跡を絶たない等はその例だ。

それに現政権があまりにデタラメだと、「チェンジもいいか」という気になるものだ。その結果は火を見るよりも明らかなのに、結果が出て禍が身に染みないと、目が醒めないのも人間の常である。

△軍事空白、日本

どちらが政権をとろうと、「大きな公約、小さな実現」は想定内である。白けていうわけではないが、「ま、仕方ないか」ですむ。しかし、「大きな公約」の陰で、国家の生存（ライフ＝生活）にとって不可欠な「防衛」（ナショナル・セキュリティ）や「外交」の重大問題が軽視され、議論の外に置かれている。

国民の「生活」は国家の「生存」を保証する軍事力なしに不可能である。しかも戦後日本の安全を保証してきた米軍事力の中枢がグアムに移転目前である。まさに日本が自力で軍事力強化を図らなければ、日本（それに台湾、韓国）が軍事バランスの壊れた「空白」地帯に化する。「警察」の力が及ばない地域に足を踏み入れる人は、よほど命知らずか、無防備な脳天気である。このままの自衛力では、日本が「無法地帯」に足を突っ込む、と声を大にしていいたい。（8・19）

164 政権選択闘争に腰が引けたケンカ太郎って、咬《か》ませ犬並みだね

十八日、衆議院選挙が公示された。前回の「郵政民営化」選挙とは打って変わって、自民に逆風が吹いている。ただし熱帯地方から押しだしてくる外圧の暴風雨ではない。自ら播いた種だ。自壊であり、自爆だ。自爆の原因は旧自民に路線を戻したことにある。端的には小泉が敷いた「脱」自民への道から公然と転じたことだ。転じたのは麻生政権だが、ポイント切り換えを可能にしたのは安倍・福田政権の失政と無能にある。

△ピンボケ太郎

それにしても麻生のピンボケ振りはすさまじい。今回の選挙は「政権選択」選挙である。これは

誰の目にも明らかだ。ところがこの男、何をトチ狂ったのか、「政権選択」ではなく、「政策選択」だという。相手の民主も、マスコミも、なによりも国民が「政権」選択が選挙の焦点だとみなしている。訴えた政策を実現できるのは「政権」党だけだ。政権選択＝権力闘争は決闘である。この人、顔面や言葉は強ばっているが、安倍や福田と同じように「ケンカ」に弱いね。本物のケンカをしたことがない。これじゃ勝てないね。

△ばらまき歓迎の役人

自民も民主も、その政策の基本は、財政出動型＝出血覚悟の赤字財政、いわゆる「ばらまき」だ。同じばらまきなら政権奪取の可能性が出た野党民主のほうが盛大になれる。実際なっている。しかし実際にばらまくのは誰か。政治家じゃない。役人なのだ。ばらまき政策は、上は官僚、下は職員まで、全公務員に大歓迎だ。エッ、民主は天下り全廃じゃないの？　実際は「天上り」で、役人の数も仕事も増える、公務員に大盤振る舞いの政策なのだ。

△貧血・貧脳政治

自民、民主のいずれが政権を取るにしろ、公約によると、国民に大量「輸血」がある（はずだ）。だがその血はどこから来るのか。国民の「血税」からだが、いまは採血しない約束で、執行猶予がばらまきの実体だ。いずれ（近いうちに）輸血は止まり、採血増大で、貧血状態が国と国民を襲う。

「なに、そのときはそのときだ。いまがよければそれでいいのさ。」こういう選択を国民に強いているのが今回の総選挙の政権・政策選択の内実である。貧脳政治だ。

△専業農家支援

全道一二区、自民全滅の危機だ。町村、中川、武部が危ない。比例区の大地鈴木も民主躍進のあおりを受けて苦戦中。私が住む空知・留萌管内に民主の小平忠正がいる。高校の同級で、同じ汽車通仲間だった。民主は農家の所得保障という雲をつかむようなばらまき政策を公約した。小平に票を投じたことはないが、たしかに選挙巧者だ。「専業農家支援」を主要に訴えている。農業で頑張る農家に光が当たる。これはいいね（?!）。（8・26）

◆国難3　民主党単独初の鳩山政権誕生

165　民主新政権には四年間が与えられた。基本方向を間違わずに、できることを一つずつ

民主対自民＝（一一五↓）三〇八対三〇〇（↓一一九）、（〇五↓）〇九年総選挙は、公示前からマスコミ・識者が予想した結果どおりになった。民意の勝利である。デモクラシィとは国民一人一票の投票結果を争う、多数決政治である。政治の中枢を担うのは政府と与党である。鳩山政権、小沢幹事長が誕生した。絶対多数の強力内閣、強力党だ。小沢は何度も政治生命を絶たれる場面に直面したが、最後に自力で新政権を誕生させた。「見事」という他ない。

△四年間を与えられた

権力は人間を中心に向かって結合する力をもつ。民主党はいまは顔のない統合力の弱い政党だが、心配無用だ。時間さえ経てば圧倒的な数の力で権力の中枢に向かっておのずと凝結する。《おのずと》ということは《時間》が問題ということだ。四年間ある。まず重要なのは急がないことだ。世論の声に耳を傾けるのはいいが、惑わされないことだ。できることを着実にやって、実績を上げることだ。

△性急な世論

しかし世論はつねに性急だ。熱しやすく冷めやすい。あっというまに反転する。難問は経済である。景気は底を打ったとはいえ、デフレ経済である。誰彼の希望や思惑とは別に、「高品質・低価格」で世界競争を強いられる。もちろん人間も「商品」で、職に就くというのは商品になることである。自己開発せず低品質に甘んじる人間たち、企業等ははじき飛ばされる。この現実は、アメリカであろうが、チャイナであろうが、ドイツであろうが、基本的には同じだ。格差は温存され、縮小化は困難だ。政策で格差是正を図るのは重要だが、限定的だということをわきまえて、できることから手を付ける。

△役人の数と仕事の削減

日本の社会はいまなお官僚主導である。それを政治主導に変えるというのが民主の公約だ。官僚の力を弱める最大のものは、国家の管理と統制を小さくし、官僚（役人＝公務員）の数と仕事を減らすことである。民主党の政治手法のアキレス腱は、国家＝「公」がする仕事を増やす公共福祉重視施策である。当然、役人の仕事と権限が増える。高級官僚の天下りをストップさせても、役人が手にする職場が拡大する。公費が潰えてゆく。

△衆三〇〇、参一八〇

全国を三〇〇自治体、一自治体一人の代議士、これが小沢の政治改革の図であった。比例代表と現参議院を道州（一一地区）代表一八〇にする。道州制の実現になる。以上の実現は地域エゴ、議員エゴがあって難しいが、ことは行財政改革、ムダ公費削減の一環なのだ。自民と提携して実現の

方途を探ってほしい。（9・9）

166 民主のマニフェストは「目玉」商品だ。目玉にこだわるな、という声がささやかれはじめたよ

いま世界はみょうに静かだ。金融危機はおさまっていないし、欧米日の景気後退局面にストップはかかったかに見えるものの、雇用の悪化は止まっていない。これでいいのだという勝利の方程式が決まったわけじゃない。暗中模索なのだ。しかしアメリカ大統領選、日本の政権交代、ドイツの右派の「勝利」と続く政治の新局面で、各種プレゼンテーションがつづいている。模様眺め、お手並み拝見、というところである。

△七〇％の支持率

鳩山内閣の支持率はのきなみ七〇％を超えている。八五％を超えた小泉に続き戦後歴代二位で、細川よりも高いのだから、その人気のほどがよく分かる。国内ばかりではない。海外メディアでも好感を持って迎えられている。（国連の英語演説はひどかったのにだ。）

だが、内閣のほうはやる気を見せているが、小沢の意向なのだろう、党人事はなにも決まっていない。自民党総裁と三役が決まったが、こちらは野党になったのだから小型化は否めず、迫力が全く感じられない。旧態然の印象を拭いえない。自民に比べ民主の沈黙は、ある種不気味である。

△マニフェストは「目玉」商品

スーパーに行くと、客寄せパンダの目玉票品が人目を引く。民主の目玉商品のほうが閉店間近の

感を抱かせた自民のそれより格段に人を惹きつけた。民主店の圧勝である。広さも売り場も倍以上に拡張された。

しかしである。目玉商品はかぎられている。競争相手の自民店に閑古鳥が鳴いている。新規品揃えをして客を呼び込む努力をすれば、相手にとどめを刺すことだって可能だ。ところが当の目玉商品が順調に集まらない。揃えようと思えば質を落とさなければならない。客の要望に十分応えられない。

△目玉は取り替え可

客の生活は目玉商品からなっているわけではない。それらはほんの一部、局部にすぎない。だから目玉商品に「卵一個一円、一人一パック」と銘打っても、スーパーは潰れないのだ。その他の生活用品を同じ売り場で買うからだ。

「子ども手当」は子どものいない人、農業所得保障は農業以外の従事者にとっては無益である。すべての人に共通の利となる生活を潤すような目玉商品は、経営を圧迫するから、もともと目玉商品にはなりえない。民主党の一枚看板「生活第一」とは目玉商品で客を釣る商法と同じである。だが辛いのは、今日はサンマ、明日はミカン、というように目玉商品をつぎつぎとかえることができないところだ。

「やらずぶったくり」は長続きしない。これが商道である。マニフェストにとらわれるな、という声がすでに聞こえだしたよ。（10・7）

167　そこどけそこどけ亀井が通る。ルールも「天下り禁止」もまるで無視が鳩山内閣でまかり通る

はやくも鳩山内閣の暴走がはじまった。官僚主導にストップをかけ、政治主導、天下り廃絶を表看板に掲げたはずの民主党が、逆走をはじめた。鳩山邦夫元総務相が民営化した日本郵政に逆ねじを食らわしたのを「政治」盲動とするなら、亀井静香郵政改革担当相の一連の動きは元警察官僚（警視正）亀井による「政治」暴動だ。それも官僚主導を率先推進する「政治」逆行が大手を振ってはじまったのである。

△一大臣の暴挙

最大の問題は日本郵政の「指名委員会」をすっ飛ばした一大臣によるルール無視の人事の断行である。指名委で指名を受け、株主総会で財務相が承認し、総務相が認可するというのが合法的な手続きである。郵政改革担当相であるとはいえ、現社長を「解任」し、新社長を独断専行で指名するような蛮行が鳩山内閣でまかり通ってしまうのだ。驚くべき政治「主導」ではないか。

△執行役員は官僚

しかも新社長斎藤次郎は官僚のナンバーワンである元大蔵事務次官、副社長四人の内二人は元内閣官房副長官補と元郵政事業庁長官でこれまたれっきとした高級官僚である。いま一人は政府系銀行の元日本長期信用銀行元常務だ。つまり純粋な民間経営者は五人の内たった一人、まさに官僚主導の日本郵政に衣替えしようというのである。

△民営化に逆行

さらに重大なのが、郵政事業民営化の最大の目的が踏みにじられることだ。郵貯や簡保の巨大資金が裏予算＝巨額の特別会計の「裏資金源」となること、さらには郵政が国債引受機関となることを断ち、官僚（及び族議員）が自由裁量する資金をストップさせることが宙に浮く。亀井の官主導の日本郵政「改革」はこの民営化の道を逆行させる蛮行なのだ。

△地域格差の是正？

郵便局を地域格差是正の拠点にすえる、これが日本郵政民営化見直しの美名である。ために全国の郵便局にゆうちょ銀行、かんぽ生命の業務を一律に扱わせる。しかし持ち株が一〇〇パーセント政府所有だとはいえ、かつてのＮＴＴと同様に、日本郵政は民営である。その民間企業に、政府や自治体がもともと担うべき役割を肩代わりさせたらどうなるか。重い足かせをはめられた日本郵政は、民間の金融機関と対等に競争できなくなり、弱体化を余儀なくされ、衰退、自滅の道を歩みはじめる。

△特郵が行政サービス？

大喜びなのが全国一万四〇〇〇の特定郵便局である。郵政ＯＢに高い家賃が保証される。だがその特郵に地域過疎対策の行政サービスを代行する能力があるのか？　実績からいって、全く疑問だ。人材も、それだけの組織力もない。

（11・11）

168

さあいよいよ司馬遼太郎の『坂の上の雲』がドラマ化されるよ

来年のＮＨＫ大河ドラマが今年十二月スタートの「龍馬伝」で、十一月末からＮＨＫが数年かけて放映する大作が「坂の上の雲」である。前者に原作はないが、もちろん司馬遼太郎の『竜馬がゆく』を前提にしないわけにはゆかないだろう。後者は生前から司馬がドラマ化を拒んでいたいわくつきの作品である。見どころ、実は読みどころを先走って語って見よう。

△立志＝学志

伊予（愛媛）は敗戦国である。占領したのは隣国土佐（高知）だ。『坂の上の雲』の主人公は、伊予松山生まれの正岡子規、秋山好古・真之の三人だ。地位も家禄も失った徒手空拳の三人は、青雲の志をもって新都にむかう。三人の思いは学問によって「一身立って一国立つ」（福澤諭吉）である。立身出世を目ざすことが、同時に国家に尽くすことと重なる「幸福」な時代だった。

最初政治家（大臣）をめざした子規は、東大に入って大学教授（博士）に希望を転じ、最後に俳句革新運動を起こす。秋山好古は学資なしの道、陸軍士官学校から、陸大に進み、騎馬軍団を創設し、日露戦争では奉天会戦で総指揮を執り、最強といわれたコサック騎馬軍団と戦い、からくも引き分けに持ち込んだ。真之は子規と同じように文学を志したが、兄の助言にしたがって海軍兵学校に入り、トップで卒業し、日露戦争で参謀として実戦の総指揮をとり、バルチック艦隊を壊滅させた。

△「坂の上」＝転落

日露戦争の「勝利」によって日本は明治維新の念願を果たす。「坂の上」に達したのだ。だが不平等条約改正を実現し、独立を果たしただけではない。欧米列強のメンバーになる。ここから国論の統一が失われ、国内分岐がはじまる。勝利に驕った軍と官僚の独断と独走が、遠く日支、日米開戦への道がはじまった。他方、議会政治と大衆運動、つまりデモクラシーの波が拡大してゆく。

△敗戦国民に希望を

敗戦国に生まれた三人が、学問（だけ）によって一身を立て、一国の独立に貢献することができた。これが司馬がこの小説でもっともいいたかったことだろう。

しかしアメリカに負け、占領された後の日本人の歴史教育をはじめとする自国認識は、富国強兵を突き進んだ明治国家の政治と経済、文化と文学を、戦争へ狂奔した間違いだらけの歴史として断罪したのである。

司馬の小説は、この戦後日本人の意識に深く刻まれた自国の劣性認識に訂正を迫ったのである。敗戦で打ちのめされながら、学び働くことで自国の復興と成長を果たし、さらに前進しようとする人々に大きな勇気と希望を与えることとなった。（11・18）

169 「弱者」のみなさん、「安心と安全」はただじゃありませんよ。パラサイトじゃまずいんじゃないですか？

曾野綾子の最新刊のエッセイ集の書題を見て仰天した。というか大丈夫か、と思った。『弱者が強者を駆逐する時代』（WAC）だからだ。しかし直言居士の豪腕曽野のことだから、きっと大丈夫だろうと、さっそく一読してみた。納得した。わたしもこんなにうまくいうことができたら、もう少し説得力を持ち、嫌われないのに、と妙にしんみりとさせられた。

△弱者の天下

「七十、八十にもなって、『年寄りが安心して暮らせる生活』などというたわけたことを言っていて、それで通るのが、日本の弱くて強いお年寄りなのである。人生はどこでも、いつでも『安心して暮らせる』ことなど決してないことを、あらためて肝に銘じるべきだろう。」これが13章「弱者が強者を駆逐する」の結論である。こういう具合にすっといえたらいい。そう強く思える。

もっとすごい表現もある。「持って生まれた素質自体は非難すべきものではないけれど、やはりバカは恥なのである。バカは、自分の引け目を感じて勉強するか、控え目にしているのが、いつの時代でもよろしいのである。」

「バカバカといって、バカにするな」と目を釣り上げていうヤツがいる。とくに女に多い。恥ずかしいという気を少しも起こさずに、少しでも勉強してバカから脱却するということなど頭の端にもなくいうのだから、たまらない。

△上を見て、下を見るべし

上から見下され差別されたら、下を見下し差別する。これが差別はいつまでもなくならない構造だといわれる。しかし曾野がいうように、最下層のような境遇に生きざるをえない人々は、自分たちよりも下層の人たちが生きているのを確認し、あんなにひどい境遇でも頑張って生きているのだから、自分もそうおうに頑張らなくては、という気持ちになることができるのではなかろうか。ほどほどの差別感あるいは被差別感は、人間なら誰もがもち合わせ、しかも必要とする、厳しい人生に立ち向かう種になるものなのだ。

△乳母日傘の弱者ぶり

日本で「弱者」といわれている高齢者や障害者の類も、中南米やアフリカの極貧地帯に行けば、乳母日傘《おんば》の生活と見間違われるにちがいない。だから日本の弱者に分類される人たちが、極貧に甘んじてもいいなどというのではない。自分たちから見れば地獄の生活を味わっている人たちがこの地球上には数十億といるのだ、とまず知るべきであり、できればそういう人たちに同情し、援助の手をさしのべるくらいのことをしてもいい、と思うべきだろう。そうすれば「安心と安全」の確保のために準備を怠らず、懐手で老後を安心して暮らす権利を主張したり、安心と安全を国任せ、他人任せにして恥じないということもなくなるだろう。なによりも「安心と安全はただ」などと言う馬鹿げた破廉恥な政治家やマスコミの虚言に騙されることもなくなる。（11・25）

170　TV版『坂の上の雲』に、原作の欠陥を拡大化する危険性、ありやなしや？

司馬遼太郎『坂の上の雲』のTVドラマが十一月二十九日（日）にはじまった。毎回九十分、全三部（一三回）、今年にあと四回、来年、再来年と放映される文字通りの大型企画で、出演者も豪華というか、これ以上ないと思えるほどの仕上がりぶりを第一回で見せた。なぜ、今、これほどの金と労力を掛けての「坂の上の雲」なのか。

△ノン・フィクション？

『坂の上の雲』は、司馬が四十代の後半もっとも油の乗りきった六八～七二年にかけて連載した、近代史に材を取った最初の作品である。この作品を司馬自身が「フィクションを禁じて書いた」としばしば述べている。しかしこれはもとより小説である。フィクション（虚構）だ。司馬は何をいいたかったのか。明治の歴史「記録」であるといいたかったのだ。「歴史」は「記録」であり、記録はどんなに事実に即していても、人間が書いたもの、つまりはフィクションである他ない。事実に基づかないことは書かない、と強く意識して書いたということだ。

△映像化を拒否？

司馬の作品はその出世作『梟の城』をはじめしばしば映像化されてきた。ところが司馬は一番の自信作で、その歴史観が最もよく表現されていると思える作品を映像化することを避けた。なぜか？　表面的には「技術的に映像化は困難」だ。しかし本意のほどは？

△作品の功罪

この作品は福澤諭吉の『学問のすゝめ』の歴史ドラマ版とでもいうべき性格をもつ。敗戦国伊予松山の三人の青年が、立身出世の夢を描いて東京に出て、「一身立って一国立つ」を実現するのだ。

自分の出世が同時に日本の出立（富国強兵）につながるという、明治期特有の個人と国家の幸福な結びつきを強調するのだ。

同時にこの作品は、息せき切って明治人と明治国家が坂を駆け上がったすえに獲得した富国強兵、日露戦争の勝利と国家の自立（列強入り）が、同時に日本が急坂を滑り落ちる原因を作った、日本歴史の「鬼胎」（異胎）とでもいうべき昭和前半期の国家、国民こぞっての狂気、チャイナへの全面侵略、無謀な日米開戦と敗北に真っ直ぐに繋がった、と断罪する。大枠では正しいが、かなり大雑把で単純な歴史観を提供したのだ。

△ＴＶ版への危惧

この作品は、戦後を支配した近代史の見方、富国強兵は戦争と貧困、国民の殺戮と弾圧の生みの親であるという、日本近代史全体を真っ黒に塗りつぶす単純な見方を否定した。他方、大正から昭和前期にかけての日本の政治経済思想文化生活の全方面にわたる受け継ぐべき豊かな財を切り捨てる見方につながった。ＴＶ版には、この作品の重大な欠点を肥大化する危険性がある。（12・9）

171　天皇陛下とチャイナ国家副主席との会見をごり押しした小沢幹事長の独善かつ単純な憲法解釈と暴君ぶり

「独善」というのは「ひとりよがり」のことで、他の人の言に耳を貸さないことだ。最近の小沢一郎民主党幹事長の言動を見ていると、その独善も極まったといわざるをえない。特段に激しかったのが、チャイナ国家副主席の日本訪問と、天皇と副主席の会見を強引に実現させたことだ。そこで持ち出されたのが小沢独断の憲法解釈である。

△独善ぶり

（一カ月ルールは）法律で決まっているわけではない。日本国憲法には天皇の国事行為は国民が選んだ内閣の助言と承認で行なわれるとある。これが日本国憲法の理念である。宮内庁の役人がどういおうと、日本国憲法、民主主義というものをまったく理解していない人間の発言としか思えない。政府の一部局の一役人が内閣の方針、内閣の決定したことに、もしどうしても反対なら、辞表を提出した後にいうべきだ。天皇陛下の体調がすぐれないというのならば、それよりも優位性の低い行事をお休みになればいい。

天皇陛下との会見は一カ月前に調整するという通則に対する、小沢の発言（要約）である。乱暴きわまりない主張だ。

△天皇は政府の下部機関？

これでは、天皇陛下は、政府が決めたどんな国事行為にも従わなければならないことになる。実際、天皇は政府の決定に従うから、問題は大きいのだ。小沢の単純で危険な憲法解釈では、天皇側の都合などなきがごとしである。だが第一に天皇は内閣の下部機関ではない。第二に、だから内閣が天皇側の都合を確かめるために必要な「猶予」が一カ月ルールであった。宮内庁だけでなく外務省もこのルールを持ち出した。

しかし、そんなものは法律で決まっていない。これが小沢の主張だ。ならば天皇陛下が内閣の助言に「従う、従わない」も法律には書いていない。しかし天皇陛下は内閣決定をつねに尊重し、従ってきた。これが慣例（通則）である。小沢はこちらのルールはまったく眼中にない。守って当然、なのだ。

△政府と官僚

第三に内閣の決定に反対する役人は、やめてから反対すべしと言う独断だ。政治、政府主導はいい。しかし政府や政権党の幹部の都合や独断で、天皇陛下の言動、役人の言動が一方的に左右されない組織やルールも必要である。この問題では宮内庁と長官であり、一カ月ルールである。もちろん天皇の盾になるのもその役割の一つである。長官は筋を通した。

小沢は、自分が設定する会見をごり押しし、その他のどうでもいい国事行為をすっ飛ばせ、という。まさにご都合主義の典型だ。こんな大人になれないわがまま暴君に唯々諾々と従う鳩ポッポや政府首脳もだらしないね。まるで見ちゃおれん。（12・23）

10年＝平成22

172　成果を望むなら、地味に行こう。時間をかけよう。デフレ（減需要）はまだまだ続くんだから

新年である。それも区切りのいい十年だ。心の躍るようなことをいいたい。だがそうもいくまい。わずか四カ月あまり前、「政権交代」で沸き返ったあの暑い衆議院選挙が、いまや遠い昔のよ

うだ。ハネムーン・ベイビーの期待も高まったが、すでに民主党政府と国民とのあいだには、すきま風が走り抜けている。「マニフェスト」などという空手形を信じたわけじゃないが、「新風」の期待はあった。まだある。拙速はいけない。

△地味に行こう

日本はチャイナやインドではない。高成長（総生産・需要拡大）の時代はとうに終わったからだ。貧困・格差対策といっても、日本の「失業」は、職がない、仕事がないからではない。3K、「危険・きつい・汚い」仕事はイヤ、というものだ。介護されるのはOKだが、介護するのはNOよ、競争で格差のでる仕事は「しんどい」である。軽ーるく働いて、軽ーるく生きる、という地味さがいいんじゃない、だ。

△デフレの時代

日本をはじめ先進国はデフレの時代だ。総需要は増えない。収入（賃金、収益）は減る。これが一般的傾向だ。デフレがはじまってすでに二十五年が過ぎたのだ。「損までして安売したくない」というが、新製品を造り、品質を高め、しかも安く売らなければ、売れない。買わない。なによりも買う必要がない。これが消費者の実態だ。デフレ対策で、国ががんがん金を使えば少しは需要が増すだろう。しかし全部借金である。国家＝国民の借金だ。タコが自分の足を食って、これはイケル、ということとおなじだ。

△能力を磨く

地味に行くって、どうするの？　新版「学問のすゝめ」である。やりたい仕事があったら、その仕事をするのに必要な知識や技術を獲得し、磨くことだ。やりたくないと思える仕事でも手を抜かないことだ。そうすれば仕事の能力だけは身につく。つまりニートの逆をいくのだ。Ｅ（学校でしっかり学び）、Ｅ（就職してしっかり働き）、Ｔ（学業や仕事で、日々トレーニングを怠らない）である。「地味」とは、一歩一歩、一段一段である。軽い。イチローのコマーシャルだ。地味だが、長ーく続けるのは軽くない。

△長期戦で

地味に行って、成果を上げるためには、長期戦しかない。一歩一歩、一段一段でも、長い時間を進めば、成果は上がる。日本の高需要期やチャイナの高需要地帯では、ガンガン行くことも可能だ。でも現在の日本は低需要というより減需要の時代である。しかも「戦争」のような大破壊、大需要が生じるわけではない。地味に行こうを国是、国民是にする、これが賢明な選択ではないだろうか。　（1・6）

173　「坂の上の雲」は「竜馬がゆく」の続編である。竜馬は「普通の国」プランを記し留めた

昨年末超大作「坂の上の雲」五回（②一〇年末四回③一一年末五回）が放映され、年初から大河ドラマ「龍馬伝」がはじまった。「龍馬伝」は司馬の原作ではないが、司馬の『竜馬がゆく』抜きには存在しえない。このＫＨＫドラマ放映と歩調を合わせるように、何度目かの司馬ブームが訪れ

ている。雑誌が特集を組み、龍馬本、司馬関連本がしきりと出版されている。

△出版不況と司馬ブーム

出版バブルが九〇年代末に潰れて十年、それでなくとも出版業界も出版人も苦境に立たされている。その上インターネットの普及で、新刊本同然の古本が通販で安価かつ簡単に手に入る。またなかなか浮上できなかった電子書籍の波が、ようやくアメリカからひたひたと押し寄せつつある。紙書籍も、雑誌や新聞と同様にメディア力を大幅に失いつつある。

そんな状況下で、この超大河ドラマは、出版界にとって、渡りに船である。日本で最も本を売ったのは、赤川次郎で三億冊、西村京太郎で二億冊、それに次ぐのが司馬の一・八億冊であるといわれる。赤川も西村も生きたドル箱だが、亡くなって十数年の司馬本が、二人にひたひたと迫っている。

△歴史像の転換

司馬の本領は「歴史」小説にある。その人気を決定づけたのは『燃えよ剣』であり、『竜馬がゆく』である。連載開始からすでに五十年に近づいた。このあいだに、日本人の「歴史」センスが大きく変わった。もっとも変わったのが、戦国末期や幕末期を、戦乱や動乱で日本国中が殺戮と疲弊の地に化したという旧イメージが払拭されたことだ。同時に身分制度の下にがんじがらめになっていた江戸時代という封建＝暗黒＝蒙昧という理解が消し飛んだことだ。さらには、明治の富国強兵策が戦争侵略国家日本の元凶であるという一面的な見方が姿を消したことだ。これらの歴史イメージの変化に司馬作品がどれほど貢献したか、はかり知れない。

△「普通の国」プラン

司馬の小説の八割以上を戦国末ものと幕末ものが占める。戦国末の中心人物は明らかに織田信長だ。司馬は信長を書くためにこそ他の作品を書いた、といっていい。信長に匹敵する幕末の中心は誰か。竜馬だ。幕末ものを含め、さらには日露戦争を描いた『坂の上の雲』でさえ、竜馬の延長線上に位置する。

なぜ信長と竜馬が司馬作品の中心中の中心人物なのか。二人とも、来るべき日本改造のプランを提出したからだ。ともに「世界標準」＝「普通の国」日本を設計した。二人だけにできたのである。信長と竜馬を中心において激動期の変化をみると、その実相がよく見える。（10・1）

174 小沢一郎の異様な強硬振りの原因は、田中・竹下・金丸の轍は踏まないにある

「盗人にも三分の理がある。」このところの鳩山首相や小沢幹事長、それに民主党議員等々の発言や行動を見ていると、すぐにこの言葉を思い起こす。検察の横暴だ。みんなやっていることだ。秘書がやったことで、あずかり知らぬ。単純ミスだから、訂正すればすむ。まさに自民党が与党だったとき、議会やマスコミで追及されると繰り返した「反論」と同じだからだ。「開いた口が塞がらない」とはこのことである。

△脱税だ！　母のポケット

鳩山は、野党のとき、「資金管理団体、政党支部の代表者は政治家本人。事務的なミスではない」「自分に降りかかった火の粉は自分で進んで払うべきである」「秘書の罪は国会議員の罪である」といいつづけてきた。鳩山本人が追及したのは、土井たか子、鈴木宗男、小泉純一郎（首相）、加藤紘一等々そうそうたるメンバーで、ともに議員辞職を要求した。ところが自身のこととなると、会計責任者の（元）公設秘書が起訴されても、「記載ミス」を私は知らなかった、の一点張りで、逃げのびている。架空の寄付者名が記載され、母親から九億円の違法献金（記載漏れと脱税行為）が記載されていないなど、まったくデタラメの収支決算書を提出していたのだ。

△父のポケット

鳩山に輪を掛けて悪質なのが小沢である。政治資金管理団体の土地購入をめぐる疑惑事件である。小沢は記載ミスだ。訂正すれば、それでいいのだ。なんらやましいことはない。この一点張りである。四億円の土地購入資金はどこから出たのか、が焦点になっているが、小沢は最近になってようやく、六九年に亡くなった父親のポケットから出たタンス預金だという。（じゃあこの金って、相続税あるいは贈与税を納めたの、という疑問が湧く。）金は鳩山が母から、小沢が父親からというのは、よくよく似たものコンビだ。

△前轍は踏まず

小沢と鳩山とには決定的な違いがある。小沢は、今回のケースを含めて、小沢への捜査は、検察（官僚）対政治家（小沢）の最終闘争と位置づけていることである。小沢は、自分の師と仰いだ、田中角栄（金脈問題）、竹下登（リクルート事件）、金丸信（東京佐川急便事件）が政治資金問題をきっかけに秘書が逮捕され、結局、辞任と失墜に追い込まれたケースを側近としてつぶさに見てきた。三度あることは四度ある。どんな小さな蟻穴も大崩壊の因になるとみているのだ。「罪」は認めない。全部を、知らなかった、ミスに過ぎない、ですまそうとするのはこのためだ。

これが小沢が異様に頑になって、口を閉ざす理由である。民主党議員や支持者が異様に硬くなる理由だ。こういう一枚岩は危うい。かえって大崩壊につながるからだ。（1・29）

175 リストラ中のトヨタにリコール問題が再燃した。北米から、欧州、日本、チャイナに飛び火した

トヨタは昨年九月、北米を中心にアクセルペダルの不具合を中心とした四〇〇万台にのぼる大量リコールを発表した。リコールは鎮静化せず、欧州から日本にも広がり、これに拍車を掛けたのが、二月三日の米運輸長官の「トヨタの車を運転するな」という発言（下院小委員会）だった。誤解を招いた、ということですぐ撤回されたが、すわ「トヨタたたき」かと大きなセンセーションをよんでいる。

△トヨタの墜落か？

出る杭は打たれる。一昨年のバブル崩壊以来、生産と販売ともに最大量の落ち込みを経験したトヨタは、自力で大リストラを行ない、プリウスを中心としたハイブリットカーの売れ行き好調で、一気に挽回に転じつつあった。アメリカのビッグスリーは政府の後押しによる大規模なリストラで

業績回復軌道を描きつつあるが、トヨタとホンダが目の上のたんこぶであることにかわりはない。今回の数百万台規模のリコール追加で、買い控えによる業績不振、株価下落、回復基調足踏はさけられない。

△言い訳厳禁

しかしリコールはどんな車にもある。高性能を誇ってきたトヨタ車にももちろん生じる。重要なのは、命をあずかる車である。どんなクレームでも、即刻、誠心誠意をもって取りあげ、徹底した改善に取り組むことだ。これが逆に企業イメージをあげ、いっそうの安全性と性能アップにつながる。

一時的にビッグスリーや欧州車の後塵を拝することを怖れてはならない。「即刻」といったが、「拙速」は避けなければならない。言い訳は厳禁だ。副社長が二月三日の記者会見で述べた、問題は「フィーリングの違い」にある、などといなしてはいけない。運転での違和「感」(フィーリング)が乗るものにとってはもっとも恐ろしいのである。原因不明だからだ。それに「トヨタたたき」は日本でも少なからず生じることを覚悟しなければならない。

△社長はどこに?

しかし一つ奇妙なといってすまされないことがある。今回のリコール騒動でマスコミの表面に登場するのが副社長以下だという事実だ。

○九年、創業者の豊田佐吉の直系(喜一→章一郎→)章男(50)が社長の椅子に座った。この社長、「新生」トヨタのまさに象徴的存在たりうる「若き顔」だという輿望をになって登場した。ところがトヨタの看板が、就任早々起こった今回の最大危機の舞台に、先頭を切って立っていない感じが行きわたっている。二月五日ようやく記者会見したが、遅きに失した。

トップは、平和なときはどこにいて何をしていてもかまわない。しかし、危機の時は陣頭指揮が当然である。今回のリコールでトヨタがこうむる費用は五〇〇〇億円を下らないだろう。社長、これは誰でもない、あんたの企業責任なのだ。（2・10）

176 バンクーバーオリンピックは番狂わせがない。実力、実績、調整力がものをいう

冬季オリンピックが十二日（日本時間）にはじまった。十六日、ようやくというのか、はやばやとでもいうべきか、日本人待望のメダル獲得がなった。スピードスケート五〇〇メートル男子で、銀と銅のダブル・ゲットである。まだ前半を終えたに過ぎないが、四年前のトリノの惨敗を思うと、日本人選手もスタッフもよくやっているという感を深める。

△バンクーバー、いいとこ

開催地はカナダのバンクーバーである。人口は札幌を上回る二〇〇万都市で、札幌よりはるか北に位置するのに、気候は温暖である。チャイナ系が約二割を占め、日系も数はそれほど多くないが、古くから住んでいる。時差が十七時間あるものの、イチローのいるシアトルからも近く、太平洋を挟んでもっとも日本から至近距離にある大都会の一つだ。成田からわずか八時間（？）で到着

する。会場にたくさんの東アジア系観衆の顔が見えるのもうなずける。いまからでも飛んでいきたいね。

△ガンバル日本選手

日本人選手は健闘している。女子モーグルの上村は期待されたが、実力、今期の実績、攻撃精神の少なさ、タイム差から見て、四位というのはむしろ健闘したというべきだろう。

ジャンプ・ノーマルヒルは惨敗のように見えるが、トップ一〇との実力差は歴然としていた。とくに一位から三位までの選手、アマン、マリシュ、シュリーレンツァウアーは実力、実績、調整ともに断トツで、ラージヒルでもこの三選手が圧倒するのではないだろうか。むしろ伊東も、葛西もよくやっている。

ノルディック複合ノーマルヒルの小林（7位）、スピードスケート女子三〇〇〇の穂積（6位）は期待通りの戦いをした。スピードスケート女子五〇〇メートル五位の吉井は大殊勲だ。期待に反した選手もいるが、むしろ期待が高すぎたというべきだろう。

△実力通りのレース

オリンピックである。世界選手権やワールドカップとは異なる。すべての有力選手が満を持して登場する。それに実績はなくとも、急成長した若手が現れる。ベテランの目を瞠るような復調、あるいは進化さえ見られる。これがオリンピックだ。しかし今回のオリンピックには見逃しえない特徴的なことがある。

気温が高く、雪・氷とも柔らかいことだ。これが選手を悩ます最大の問題になっている。スピードが予想以上に出ないのだ。だがこれを逆にいうと、実力通りの記録が出るということだ。氷上でも雪上でも、後半の滑り、最後の一滑りが勝負を決めている。しかも屋内競技場には風がない。コンディション次第で、一発勝負が可能という条件ではない。ラッキーは見込めないということだ。実力を出せ、日本選手、それでいいのだ。

（2・24）

177 マニフェストで国民の票を集め、マニフェストで自分と国民のクビを締め上げている鳩山政権の賞味期限

鳩山政権は、予想したなかでも最悪のコースをたどりつつある。第一にマニフェスト＝公約、てんこ盛りの約束がつぎつぎに実行不能となりつつあるからだ。財源不足によってだ。不足解消は、事業仕分けのパフォーマンスや特別会計の見直しによっても、焼け石に水である。一瞬、六七～七九年の美濃部都政、八三～九五年の横路道政の悪夢が頭をよぎる。道政はいまなお赤字のつけに苦しみ、毎年、財政健全化団体への転落の悪夢を見続けている。

△公約の目玉

では政府は財源不足をなんで補うか？　国債という名の借金である。不況だ、税収減だ、予算不足だ、借金だ、といういちばん安易な方法を選んでいる。しかも小泉政権がやった予算縮小策ではなく、大膨張策をとる。〇四年の予算が八二兆円に対して、一〇年が九五兆＋α円である。国債発

行も〇四年比で一五兆円増になりそうなのだ。

しかも公立高校授業料無償化、子ども手当支給、農家への所得保障などマニフェストの目玉は、恒常的な予算である。さらに私学への補助、農家以外の自営業の所得保障の要求へと範囲が広がり、財源膨張へとつながる。来年度予算は確実に一〇〇兆円を超える。
△増税必死
民主政権といえども、この膨大な財源不足の穴埋めを強いられる。増税によってだ。すでにガソリン税の廃止は撤回されている。税は高率の累進課税制度への復帰によって大企業や金持ちから取るか？　もしこれが可能でも、大衆課税である消費税をどうするか？　鳩山政権下では上げないという公約に固執できるか？　できないだろうね。
△大きな借金政府
民主党政権といえども、税収を上げねばならない。大本は企業が活性化し、増益し、雇用を生むしかない。国家はこの活性化を後押しする必要がある。成長戦略だ。ところが民主党政権は、成長の要である自由競争や規制緩和は格差を生むからダメといい、逆に、規制を強化し、国内の民間企業を圧迫している。外国企業だけでなく、日本企業もどんどん海外にマーケットを求めて脱出する原因を創り出している。これじゃあ衰退戦略だろう。

じゃあ公共事業の拡大によって、政府が企業活動を活性化し、雇用を生みだすという路線に復帰するのか？　民主党政権は大きな政府、公共事業の拡大を図っているように見える。だが予算＝財源の壁はどうする。

マニフェストを実行すると借金まみれを加速し、実行しないと国民の支持を失う。鳩山首相は沖縄の基地移転問題解決を五月に決着させると言明した。鳩山内閣の賞味期限が確実に近づいている。

（3・3）

178 「活字離れ」「紙媒体離れ」などと嘆く前に、五木寛之のタレントぶりに学ぼうではないか

作家の五木寛之（77）が直木賞受賞作品の選評に「ミス」があったとして、三十年以上つとめた同賞の選考委員を辞任すると表明したのは先月二十日のことだ。五木といえば、小説、エッセイ、人生論のジャンルを問わず、いまその作品を単行本化すればかならずヒットする数少ない大物作家で、今後の動向が注目される。だが重要な点を見逃してはいけない。

△バブル崩壊

出版バブルが崩壊して十年以上になる。紙の媒体が、新聞といわず、雑誌といわずじり貧のままじわじわと領分を失ってきた。「活字離れ」を警戒するホイッスルが何度もならされてきた。そのたびに、マンガ、映画、ＴＶ、インターネット等が槍玉に挙がった。「活字」文化を浸食する「外敵」としてだ。だがマンガも映画もＴＶも活字を浸食する「外敵」だけの存在ではない。そのどれも活字（言葉）でできあがっている。ストーリーやセリフである。インターネットは言葉そのものではないか。マンガや映画の衰退は活字の衰退と表裏一体なのだ。

△マルチタレント

五木は通常の物書きといささか異なる。『青春の門』(70年)から最新の『親鸞』(09年)まで、その小説が売れ続けているだけではない。その作品の映画化、TV化を積極的に進め、「愛の水中花」をはじめ数多くのヒット歌謡曲を作詩する。『かもめのジョナサン』は五木が翻訳したから売れたのだろう。『大河の一滴』のようにエッセイが小説並みに売れる。露出度は高くないものの、その肖像権でビジネスが成り立つほどの風貌をもつスターでもある。

△タレント⁉

タレントというと「芸能人」、「芸人」とは異なる「芸のない人」の意で用いられる。しかし「タレント」とは「才能」のことである。それもギリシア語のタラントン(貨幣・重量単位)からきた語だ。五木はまさにマルチタレントである。そのタレントの基本となっているのが言葉(活字)だ。

マンガであろうが、インターネットであろうが、新しい表現媒体(メディア)を拒否するのではなく、取り入れ、咀嚼《そしゃく》し、自分の言葉で表現してゆく能力、これこそがタレントではないだろうか。

△年齢に花

芸には「花」が必要だ。観客を魅了するためだ。花をえるためにはあらゆる状況に対応できなくてはならない。年齢に応じた演じ方が出来なくてはならない。能の世阿彌が『花伝書』に記したタレントの精髄である。五木は文壇デビュー作が「さらばモスクワ愚連隊」（66年）で、三十三歳の時だからけっして早くなかった。だが年齢に応じて咲き直し続けてきたそのタレントが、いまも涸れていない。五木を見ていると、活字離れなどというのは非タレントの泣き言に思える。（3・10）

179 常識は「一種の流行」である。常識を「離れる」のは大切だが、「無視」してはいけない

本紙三月二十五日号、好評の「私の人生と読書」欄に外山滋比古氏が「『常識』は一種の流行」を書いている。氏は二三年生まれで、ながくお茶の水大学で教えてきた英文学の泰斗である。八六年に出された『思考の整理学』（ちくま文庫）は静かにロングセラーを続けてきたが、〇八年、にわかに沸騰し、いっきょにミリオンセラーになった。

△惹句がすごい

新書や文庫のベストセラーは数にかぎりない。しかしロングセラーは稀少だ。梅棹忠夫『知的生産の技術』や渡部昇一『知的生活の方法』だって絶版にはなっていないが、売れ筋の地位をとっくに失っている。

『思考の整理学』は二一年で一七万部売れたそうだ。読者層は主として中高年である。ところがこの二年間で累計が一〇〇万部に達した。異例のことである。しかも若者が買ったのだ。まるで小林多喜二の『蟹工船』の再来を思わせるものがあった。しかし『蟹工船』と明らかに異なるのは、キャッチフレーズ「東大、京大で一番読まれた本」に現れている。知的コンプレックスをくすぐる

殺し文句だ。これには参った。この売れ行き、氏自身が一番驚いたのではないだろうか。

△「常識」から離れる

氏のコラムに戻ろう。一、学生時代に読書をしなかった。ただし「読書」には小説は入っていない。二、高校時代、国語の教科書に載った寺田寅彦の「科学者とあたま」にであって大きな影響を受けた。「頭の悪い人もいい科学者になれる」という一種の逆説を説得的な文章で綴ったエッセイであった。「常識から離れて新しい角度からモノを見るから一種の発見がある」が主意である。三、それで図書館で寅彦の全集を二度半ほど読破したところで戦争が始まった。大学で英文学を専攻しようと決めると、「敵国語を学ぶなんて」と大反対される。しかし「常識は一種の流行で変化するから、自分の考えを大事にした方がいい」と考えたそうだ。以上、常識は流行だから、疑う必要がある、と受け取ると、とんだ誤解を招く。

△「常識」の多面性

「常識」には「時流」のものとともに「伝来」のものがある。時流には時流にすぎないものと、伝来に変化するものがある。伝来にもすでに陳腐になっているものと、永続するものがある。つまり時流には伝統になり永続するものがあるということだ。常識を「疑う」のはいい。だが常識を「流行」にすぎないものとみなし、そこにある「不易」なものに初めから目を閉ざすということになってはならない。こういう誤解は氏の文章をじっくり読むと生じないが、なにせ短い文章である。常識は「一種の流行」の含意を汲み取りたい。

（3・31）

180　餌をばらまいたあなたがアホなのか、餌に飛びついたわたしがバカなのか？　たかがあぶく銭じゃない！

〇八年の金融危機（リーマン・ショック）を契機に、ヨーロッパ経済は大揺れに揺れている。アイスランドが財政破綻した。ポルトガル経済が破綻に瀕して三年目を迎えている。ギリシアの経済危機は自力脱出が不可能な状態に追い込まれた。バルト三国はもとより、資源王国を誇ったロシアでさえ景気後退がどこまで続くのか、計測不能状態である。EUにまだ出口が見えない。

△EUの危機とは

EUの経済・金融危機の理解にまったく相対立する意見がある。アメリカ元凶説とEUの構造的弱点説だ。

世界の金融危機は、アメリカがドルを垂れ流し、投資銀行が金融派生商品（デリバティブ）を野放図にバラまいた結果生じた、利益追求に狂奔する金融資本主義の不可避の結果である。EUはそれに巻き込まれた。

EU諸国は通貨統合を果たした。しかし域内の経済格差は大きい。さしたる産業も雇用もないアイスランドも、ポルトガル、ギリシアも、国家予算、産業資本、個人収入といわず、デリバティブに投資して、利益を図った。利回りが圧倒的に有利だったからだ。

オープンな取引である。餌を撒くのが悪いのか、餌に飛びつくのが間違っているのか？　投資銀行（ファンド）を諸悪の根源とするのはどうだろう。株式や債券一般の取引をやめることができるか？　リスクが大きいが、有効かつ有利な資金運用（収集・配分）の一方法であることは間違いない。ＥＵの構造的弱点とは、市場統合とはいっても、産業が少なく経済競争力の弱い諸国を抱えていることだ。

△ギリシアとポルトガル

地中海の東西の端にあるギリシアもポルトガルも基本的には農業国だ。だが驚いたことに〇八年ポルトガルを尋ねたとき、国自体は貧しいのに、国民はかなり優雅な生活を送っているように見えた。一つはローン（借金）、いま一つは金融派生商品の売買によってである。

アイスランドは数年前まで国民一人当たりの収入はトップクラス（４位）で、キャッシュレス化を進め、売買のほとんどをカードで済ますことができた。ギリシアやポルトガルのモデルと目されていた。ところが国民のフトコロすべてをデリバティブに回した結果の「繁栄」であった。バブルの崩壊で、〇八年末、一気に国家破綻に陥り、生活必需品を買う金（ドル）にさえこと欠くことになった。

△あぶく銭じゃないか

人間は過去のことには賢くなれるが、現在と未来にはクールになれない。「成功」はいつまでも続くようにヒートアップする。しかしそうやってわずかだが賢くなる。たかが金融破綻ではないか。あぶく銭だったと思えば悔やみ、絶望する必要などないのだ。

（４・７）

181 「初心忘れるべからず」「新人」とは新入生、新入社員のことだけじゃない

四月、「新入」の季節である。クラーク博士は「ビ・アンビシャス」とのべたが、「志をもて」ということだ。新しい時と場所をえて、「希望や抱負を抱け」である。ところが万事において「はじめ」がむずかしい。思い（希望）と現実、抱負と実力が乖離《かいり》しているからだ。「新入」直後に、だれにでも「五月病」が大なり小なりやってくる。回避策はあるのか？

△五月病

法学部に入った。弁護士になりたい。ところが猛勉強（ハード・トレーニング）しても最速でも五〜六年はかかる。あこがれのＪＴＢ（日本交通公社）に入った。海外旅行のチャンスがやってくるか？　研修（トレーニング）につぐ研修と雑務ばかりの毎日だ。どうするか？　このトレーニング期間を耐えるしかない。「五月病」は長いトレーニングの第一関門なのだ。この関門をくぐることができなければ、思いはつながらない。

△順風とマンネリ

トレーニングに耐えた。思いがかなった。弁護士になり、実務も積んで、「行列ができる」とまではいかないが、かなりの評価をえることができた。海外トラベルの添乗員になり、客の受けもよく、あこがれのベネチアの地もなんどか踏んだ。一見して順風満帆である。ところがである。この時期にこそ大きな落とし穴が待っている。慣れであり、マンネリである。

能楽を大成した世阿弥に「初心忘れるべからず」という言葉がある。「新人」のときの「清新」（ピュア）な気持ちを忘れて、マンネリに陥ってはいけないというふうに解されている。不十分だ。

△初心忘れるべからず

世阿弥がいう「初心」とはトレーニング時代の未熟さのことなのだ。そんな未熟な時代のことを忘れ、一時の成績や評価に満足し、ときに増長し、トレーニングを怠り、マンネリに陥ることに対する警告なのだ。

△人生、いつも新人

しかし世阿弥の「初心」にはまだある。どれほど研鑽を積み、上達しても、「初心忘れるべからず」というからだ。未だ熟せず、さらに上達しよう、そのために新たなトレーニングをしようというのだ。つまりいくつになってもつねに新人の気持ちでトレーニングに励もうということだ。

これを逆にいえば、若い人（「新人」）の未熟さ、意欲のなさをいちいち取り上げてなじる「老人」たちに対する警告でもある。「老成」とはマンネリのことで、若い人にも老人にも、もちろん中年にもやってくる「病」のことなのだ。

「五月病」とは「新人」時期にだけの一過通の現象ではない。だれもが、どんな人生時期にでも罹りうる「病」である。初心を忘れずにこの「病」を乗り切るしかないのだ。

（4・14）

182 鳩山さん、外交上のとりきめを簡単にキャンセルすると、とんでもないしっぺ返しを食らうよ

アメリカという国は露骨だね。〇六年、小泉首相が訪米した時は、ブッシュ大統領が自宅まで招いて、歓待した。メンフィスの旧プレスリー邸をブッシュとともに訪れ、「アイ・ラブ・プレスリー」などと口走るなどのはしゃぎぶりが日米のマスコミに報じられ、さまざまな反響を呼んだが、日米蜜月時代であった。

ところが、この四月、オバマ大統領が招集した「核サミット」（核兵器を使ったテロ防止の安全保障会議）で、オバマはチャイナの胡錦涛と膝を交えて会談したが、鳩山首相とは晩餐会の席上で通常の挨拶を交わすだけに終わった。日本側が普天間基地移設問題で会談を申し込んだにもかかわらずである。これが日米安全保障条約を不安定にする鳩山政権に対するアメリカ側の返礼である。日米双方で長い時間をかけていったん決まったものを反古に（キャンセル）する。これはとんでもないことなのだ。しかも、対立している北朝鮮や、平和条約を結んでいないロシアを相手にしてのことではない。日本とアメリカは同盟国なのだ。

明治新政府は徳川幕府が諸外国と結んだ不平等条約を破棄しなかった。これが日本が国際的に独立国として遇される重要な条件となった。日本は、日露不可侵条約を一方的に破棄して、宣戦布告してきたロシアなどとは国柄も伝統も異なるということをここではっきり銘記しておきたい。

もちろん、アメリカもアメリカ政府も、同盟国とはいえ、軍事従属している日本を第五一番目の

州ていどにしか考えていないところがある。しかし日本にアメリカの軍事援助を離れて、国の安全（セキュリティ）を確保することが可能だろうか。早急には難しい。日本は欧州とは異なる国際環境中にいる。ロシアはキルギスやグルジア、北朝鮮は韓国、チャイナはウィグルやチベットという、つねに軍事衝突地域を抱えた不安定な国に取り巻かれている。当面アメリカの軍事援助なしに国のセキュリティは守れないのだ。

（4・21）

183 勝ち馬に乗ったつもりの、参院選民主党候補さんたち。とんだ脂汗じゃない

新政権には前政権の「つけ」を払うという役割がある。かならずしも否定的な意味だけではない。選挙民（国民）に耐え難いと思えるつけがあったからこそ、新政権を待望し、選択したのだ。膨大なつけの存在こそ勝利の方程式なのだ。ところが、このつけは前政権のもので、わたしは知らない、私たちには責任がないと新政権がいいかつ行動したら、どうなるか。

△赤字財政

日本の財政赤字はこのままゆくと数年で一〇〇〇兆円になる。たしかに国の資産が五〇〇兆円弱ある、国内総生産が五〇〇兆円だから、収入一年分の借金にすぎない、まだ余裕があるという議論も成り立つ。しかし公的資産は売れない、資金運用は難しい。GDPは収入（収益）ではない。借金は借金と割り切るべきなのだ。この借金をどう返し、縮小するか、を新政権は避けて通っている。赤字は前政権が垂れ流した結果だ、国民との約束実現には金がいる、と前政権にもました借金

拡大政策をとる。だが最低限、前政権が「垂れ流した」とみなす部分はカットすべきなのだ。

△年金制度

前政権の舛添厚労相は年金保険庁の記載漏れ等を含むずさんな管理体制をただちに改正するとなんども言明した。だができなかった。その無能を激しく糾弾したのが、現厚労相の長妻である。ところが前政権が決めた年金保険庁から日本年金機構への横滑りをそのまま容認し、未統合記録五〇〇〇万件を残したまま、その完了がいつなのか明示できていない。舛添以下である。もともと「完了」などありえないのだ。そればかりではない。日本年金機構から、元厚労省の官僚のリターンを認める方針であるらしい。年金記録の統合完了は不能なのだからまだいい。年金制度(公的年金、企業年金等)の一本化問題には全く手がつけられていない。積み残し未処理なんて、いい気なもんだ。

△基地移転

普天間基地移設は、前政権がもみにもんでようやく日米政府と住民間に移転同意をえた確定事項であった。ところが新政権はそれをキャンセルし、新たに沖縄県外、できれば国外に移転すると言明した。たしかに公約である。しかしできない約束もある。もっと悪いことに、この公約を盾に移転先辺野古のある名護市首長選挙で、移転反対派が勝利した。鳩山政権は退却口を閉じられ、このままでは普天間基地に米軍が居残るという決定をしたことになる。これからが針のむしろじゃない。

(4・28)

「日本株式会社」の復活だって！　国家社会主義の復活じゃない？

アイスランドに続いて、ギリシアが、ポルトガルが国家破産に追い込まれつつある。「国家」が破産って、何、と思うだろう。拓銀破綻を思い起こしてほしい。拓銀が信用不安による預金引き出しに対応できなくなった。資金提供が止まったからだ。財政破綻による信用不安でギリシアに金を貸す者がいない。逆に紙くずになるかもしれない国債の償還を迫る。国庫にものを買うドル（国際通貨）がない。企業活動も国民生活も「停止」する。

△ハゲタカ、ＯＫ⁉

最近しきりに《日本株式会社》という言葉を聞く。とくに原口総務相が日本経済復活の切り札であるかのようにこの言葉を繰り返す。たとえば「成長分野や安定利回りなどを重視した外国債券などへの投資株式会社」へ日本郵政（民間）の資金を運用するという。一〇兆円と、額が半端じゃない。野党のときは「投資会社」＝ハゲタカ論を展開していたのが民主党である。変われば変わるものだ。

たしかに郵政の大株主は「国家」である。だがその膨大な資金の大部分は国民の預金や保険金である。その資金運用を国家が私しようというわけだ。

△国家社会主義

従来の「日本株式会社」論は、官（僚）主導＝統制による官民一体の経済活動であった。戦前の

「民有公営」は、ロシア社会主義の「公有公営」とはことなるが、ナチスドイツと同じように国家社会主義である。銀行、鉄鋼、炭鉱、造船産業から食料や衣類まで国家（官僚）ががっちりと管理統制した。日本はこの基本構造を戦後にもちこし、国家（政府）が先頭になって経済活動し、国際競争に勝利するという方程式を打ち建てた。「仮面をかぶった共産主義」だと批判された、日本株式会社の強さの側面だ。

△破顔の官僚？

だが国家（官僚）の意向や統制に服さない企業の経済活動は、無視、抑圧、排撃された。たとえば銀行の「護送船団」方式である。大蔵省銀行局長の通達一本でノンバンクへの資金の流れが途絶え、土建の高騰が止まり、バブル崩壊のきっかけとなった。拓銀への資金ストップも大蔵省の意向があったればこそだ。あるいはホンダが自動車産業に、クロネコヤマトが宅急便に新規進出するのをなんども阻まれた。結果、自由競争の抑圧と規制で日本の経済力強化に足かせをはめてきたのだ。九〇年代以降、社会主義の崩壊で熾烈な国際競争が始まった。日本株式会社は障害物になった。それから二十年、またぞろ日本株式会社＝国家社会主義の「復活」ののろしを上げつつある。それも自民によってではなく民主によってだ。官僚の笑う顔が見える。（5・12）

185　子ども手当を、五〇〇人分申請されたら、支給しますか？

出るべくして出たという感じだ。記事は四月二十七日の朝日新聞の一面コラム「天声人語」に載っていたのだから、多くの人が読んだのではないだろうか。

「妻の母国、タイの修道院と孤児院にいる五五四人と養子縁組している」という韓国人の男性が、年間で約八六〇〇万円の子ども手当を申請した。尼崎市役所は拒否する。書類が本物かどうか確認できないし、厚生労働省が「たとえば孤児五〇人の養子を抱える外国人には支給しない」と自治体に伝えたからだ、とコラムはいう。じゃあ、書類が本物だったり、養子が四九人だったら支給するのだろうか？

そもそも一年以上日本に在住している外国人のこども一人あたり月一・三万円の手当てを支給するというのが、新法の主意だ。子どもである。母国に残した子どもも当然含まれる。もちろん実子、養子の区別はできない。条件は、仕送り、里帰り、電話、メールを定期的にしていることだ。難しいことではない。さして費用もいらない。

定期的に仕送りがあり、里帰りがあり、通信があるということが確認されれば、たとえ五〇〇人を超えようと、一〇〇〇人に達しようと、子ども手当の支給を拒めない。もちろん五〇人以上はダメだと拒むのは、立法の精神にはかなうだろうが、法律に反する。「不自然だ」とか「異常だ」といっても適法だ。申請を拒否することはできない。

そもそも外国人の子どものことだけをとりあげて議論するのがおかしい。日本人が、国内、国外で養子縁組をし、年一〇万円程度を仕送りし、年数回会いに行き、メールを送ったら、年間数千万円、数億円の子ども手当てが支給されるというケースを考えることができないのだろうか？　孤児や難民等の子どもとの養子縁組を斡旋するブローカーがすでに甘い汁を当て込んで、活動しているだろう。暗躍ではない。堂々たるビジネスだ。養子縁組は法律違反ではない。何人と縁組みしようとかまわない。

よかれと思って作った法律が、ざる法のため、悪用される。生活保護法、政治資金規正法しかりである。「地獄への道は善意で敷きしめられている」（ダンテ）というではないか。（5・13）

186 ギリシアに左派政権ができる「悪夢」。ギリシアの財政破綻は、EUに薄く広くだが、厳しい負担を強いる

EUはギリシアの財政危機支援のために七五〇〇億ユーロの緊急支援を発表した。円に直すと八六兆円の巨額にのぼる。ギリシアの財政破綻が、信用不安と株価の大幅急落を招き、深刻化するユーロ安を防ぐためである。じゃあこれでギリシア国債に投資したEU各国の政府や投資家が、国債を換金したり、株売りに走るのを防ぐことができるだろうか。

△対岸の火事

二十～十年前のことを思い起こしてほしい。日本ではバブルが崩壊し、どの金融機関も不動産等の膨大な赤字債権を抱え、株価低落（最大幅で五分の一に下落）で、資金不足と信用不安に陥り、深刻な金融危機にのたうち回っていた。あおりを食らって「大名」の拓殖銀行や長期信用銀行等が破綻し、消滅した。

そのときUSもEUも対岸の火事として野次馬を決め込んでいた。ようやく自社から自公連立政権になって、金融再編に取りかかり、小泉政権のとき巨額にのぼる公的資金を投入し、金融危機を食い止めることができた。およそ十五年間かかったことになる。「失われた十年」といわれるが、「克服した十五年」なのだ。

△過重な債務国

ギリシアに対する緊急融資（決定）は、現下の信用不安を緩和するのに有効な手段となることは間違いない。なにしろ一ユーロ一一二円台（5月17日現在）の安さなのだ。二年まえのドル並みの価格である。これはギリシアの財政破綻が招いた「結果」だが、EU各国がギリシアの「危機」を共同で背負い込んだことになる。もう少しいうと、ギリシアに貸す国（民）が、自国（民）のこれ以上の損益を防ぐために、公的資金を提供したのだ。ギリシアはこれを返さなければならない。

△左派政権の誕生か

ギリシアは財政破綻を回避し、莫大な借金を返すために、国民に犠牲を強いなければならない。行財政のスリム化はもとより、増税、年金減額、社会保障費の削減等、国民に直接打撃となるような施策を避けるわけにはいかない。まずこの激痛に耐える同意を国民に取り付ける必要がある。だがデモクラシィなのだ。こういう施策を強行する政府は選挙で勝てない。「国民生活が第一」の「左派」政権が生まれると、ギリシアの財政再建はストップする。すると「盗人に追い銭」の格好になる各国政府・国民は窮地に陥る。投資家だけでなく諸個人も、金融機関から預金を引き出し、国債等から逃避する。各国に財政、金融、さらには政府危機が「飛び火」する。こんな悪夢は御免だが、あり得るシナリオだ。日本にも対岸の火事ではなくなる。（5・26）

187 鳩山さん、「最低でも県外」というのは、基地機能を「ひとつでも県外」という意味なんですか？

ちょっと早過ぎやしませんか、鳩山さん！ まだ政権発足八カ月にしかすぎないのだ。「政権交代、即、行財政改革＋景気回復だ！」と煽った皆さん。もっともっと応援をしなくていいの！ 支持率一〇％台に突入寸前で、すでにして末期症状なのだ。目は血走り、声はかすれ、陳謝とお願いの行脚である。

△手を挙げたいのは山々だが

辺野古基地移転を実現したい。それについては沖縄の基地負担軽減が必要だ。五月二十七日に首相は全国の知事を招いて懇願した。つまり基地機能の移転を引き受けてくれる都道府県は手を挙げてください、というわけだ。

財政不足に悩む自治体は全国にごまんとある。「基地」は金のなる樹である。喉から手が出るほどほしい。騒音に悩まされるって！ 高齢化、少子化だ。過疎地だらけじゃないか。だが首長が「ハイ！」と手を挙げたらどうなる。「基地反対！」の声に取り巻かれ、選挙で落ちて席を失う。なに、住民の「生活第一」だ。わたしの首が飛んだってかまわない。こういう奇特な首長はいないのかな？

△基地と共生⁉

鳩山首相の公約を信じて、「辺野古基地移転反対！」を唱って当選した名護市長さん！　ひとつ提案だが、基地と共に生きたい人と、基地移転ならわたしたちが移転するという人たちをセレクトして、双方に存分の「補償金」を政府からぶんどったらどうだろう。海を埋め立てる必要もないから、自然を守れ派も満足させることができるだろう。そうでもしなければ、軽信の市長であるあなたを選んでしまった選挙民＝基地反対派だけでなく基地共生派からも見捨てられるよ。

△抑止力維持

日本に米軍基地は必要でない派の人たち。基地なしにチャイナ、北朝鮮、ロシアという軍事優先国を正面にしている日本と日本国民の安全は確保できますか。かつての鳩山議員や民主党の一部の議員、それにもちろん民社党・共産党員のようにアメリカへの基地提供がいやなら、日本はアメリカの軍事力が抜けた穴を補わなくてはならない。これには膨大な金と人員が必要になる。もし戦後、アメリカの軍事力なしに日本が旧共産国の「侵略」を防げたと公言できる人は、共産チャイナやロシアに侵略され支配された何億もの人びとの悲惨な運命を思い起こしてほしい。「最低でも県外。できれば国外」という鳩山民主党代表の公約は、ありうべからざる幻想を振りまいたのだ。これだけでも政治指導者として万死に値する。

△米軍基地は沖縄

米軍基地は沖縄にあってこそ価値がある。沖縄が日本と東アジアの平和を維持するキーストンであり、日本人が総じて視野の外に置いている台湾（中華民国）の存亡がかかっているからだ。海兵隊を北海道に移したら、チャイナの台湾「侵攻」が早晩始まると見ていい。（6・2）

188 鳩山・小沢辞任。後継「たらい回し政権」に、明日はない

六月二日、民主党両院議員総会で鳩山首相は辞任し、直ちに代表選挙の準備に入った。四日には新代表＝首相が決まっている。小沢幹事長も引責辞任した。ここに「政権交代」によって新生日本を築くという小鳩コンビの宿願はアワのように消えた。この辞任劇で、民主党最強コンビを謳った二人がその指導力のなさと無責任さを改めて浮き彫りにした、というのがわたしの第一感想である。

△選挙民は気まぐれだ

国民は、八カ月半前、圧倒的支持を与えた鳩山政権をボロぞうきんのように捨てた。なんという無責任で意志薄弱な国民なんだろう。「国民の生活第一」に支持を与えたのだ。外交・防衛問題でのふらつきに批判は必要だが、肝心要の公約実現のためには時間がかかって当然だ。こう叫ぶ人、叫びたい人がいるだろう。その気持ち、よくわかる。

しかし民主政治は多数決で決まる。田中角栄、小泉純一郎、小沢一郎が政治家として凄みをもったのは、この単純で冷徹な数の鉄則を貫こうとしたからだ。逆風を順風に変える「熱気」＝「熱狂」を起こし、煽る力を発揮したからだ。

△「豹変」結構

ところが七〇％の支持率が一〇％台にまで急降下した。まさに国民の気まぐれである。五〇％が豹変したのだから、尋常ではない。「豹変」のもともとの意味は「君子豹変」で、「面目一新」を意味する。しかし最近は、「転向」と同じように、多くは悪く変わるケースに用いられる。

いずれにしても、国民は鳩山民主政権に「失望」し「豹変」した。大変心である。支持率は気まぐれで、理論的には、再上昇可能だ。ただし一〇％台まで急降下し、そのポストを維持したままで人気を回復し、政権を維持した首相はいない。選挙民は気まぐれだからといっても、寛容ではない。一票を投じた政権に裏切られたら、可愛さあまって憎さ百倍が通常である。

△参院逆転は必至

民主主義＝多数決のいいところは、まちがったと気づけば悔い改めることに躊躇はいらないことだ。つまり気まぐれだからいいのだ。民主主義＝多数決を否定する共産主義＝一党独裁政治とことなる長所である。

鳩山政権は麻生政権の轍を踏みつつあった。ポストにしがみつけばつくほど、政権の基盤はきしみ、脆弱になってゆく。参院選惨敗を招き、衆参ねじれ現象を生み、重要法案が決まらず、政治が機能麻痺に陥り、民主党そのものの存廃が問われる。まさに安倍、福田、麻生政権と自民党が歩んだその鉄路を滑走しつつあったのだ。

では鳩山・小沢辞任で民主政権の信頼回復と人気挽回が可能か。選挙で信任を得ない政権にノー

を突き続けてきたのが民主党である。参院選で敗退必至のたらい回し政権に明日はない。（6・9）

189　民主主義は怖い。菅は、国民新党斬りと自民党自滅を謀って、参院選にまっしぐら

六月七日、菅内閣が発足した。脱小鳩の布陣を組んで支持率をいっきょに六〇％台に戻した。数字だけからは、二日の鳩山内閣辞任時に二〇％を割って目前に迫る参議院選挙惨敗必死が蜃気楼のように消えた。この菅内閣人気にもっとも青くなったのは野党では自民党である。もう一つある。連立を組む国民新党と天下りの日本郵政経営陣と二〇万人を誇る郵政グループ労働組合ならびにファミリー企業だ。

△麻生の轍

○八年の麻生内閣発足時、支持率が五〇％に跳ね上がった。人気凋落の旧内閣から新内閣に変わる時、よほどのことがないかぎり、期待度が一挙に高まる。安倍内閣退陣を受けた福田内閣でさえ支持率五〇％を超えたのだ。

与党自民・公明両党の多数は衆議院解散に打って出ることを要求した。解散権は首相にある。麻生は自分で自分の首を切る解散を拒んだ。政府を支えるのは「人気」である。これに良いも悪いもない。民主＝多数決政治の原則だ。麻生はこの原則を無視した。大惨敗を招いた根因である。菅は「麻生の轍を踏まず」を選んだ。

△廃・郵政改悪法案

国会は延期しない。参議院選挙は先延ばししない。これが菅の選択である。政局はいっきょに選挙戦へと移った。民主党惨敗から過半数獲得の芽が生まれたのだ。

割を食ったのが連立を組む国民新党である。郵政改革（関連）法案の通過が不可能になったからだ。民営から事実上の公社に戻すこの法案は、国民新党のごり押しで、議論も審議もなしに強行採決されて衆議院を通過し、参議院に回された。鳩山辞任がなければ今国会に成立必至で、亀井大臣の高笑いが聞けたはずである。

旧郵政労組は、国営のときも公社のときも公務員と同じ待遇で、最強を誇った。小泉の郵政改革とは行財政改革の要である公務員削減を意味した。今回、郵政改革（改悪）法案成立を「断固支持」する郵政労組の「勇姿」に出会い、「幽霊」かと思えた。

△自民打つ手なし

鳩山辞任は、新米主君を棚上げしようとした実力家老に、主君が伝家の宝刀を抜いて相打ちとなった古いお家騒動に似ている。このお家騒動を旧主自民は高みの見物を決め込み、棚ぼた式を見込んでいた。とんだ目算違いであった。自民復活には、強力政策と新リーダーが必要だ。ところが旧態然である。渡辺みんな、舛添改革、平沼・与謝野立ちあがれは小さくても「主張」がある。ところが自民党には「これぞ」という主張も、リーダーもいない。人材難とも思えないのに、火中の栗を拾おうとする反逆者も出てこない。えっ、谷垣がいるって。渋柿で食えない。没新鮮、無難で小粒、せいぜいで小結だ。

でも選挙まで一月以上ある。勝負はこれからだ。自民が「豹変」すればのことだが。（6・16）

190 菅の「強い経済・強い財政・強い福祉」は小泉の構造改革路線の再来だ

菅首相は、国会審議を、所信表明に対する代表質問と答弁だけに限定し、いっきょに参院選挙に突入した。「支持率」頼みだが、衆院で絶対多数を誇る与党としては賢明な選択である。しかしハトからカンに替わったとして、なにが変わるの。冷静になって、こう自問自答してみようではないか。

△友愛と最小不幸

鳩は「友愛社会」を高唱し、菅は「最小不幸社会」を目指すという。どちらも格差社会に反対してだ。格差社会とは競争社会の別名である。「競争は進歩の母」ではなく、競争＝「弱肉強食」で、「不幸の母」というわけだ。

競争とは競い合い、切磋琢磨だ。かならず「優劣」を生む。「格差」のことだ。優劣＝格差を生まない社会とは、共産主義が目指した平等社会である。結果は、競争力を失い、大部分が貧困と抑圧と戦争を平等に味わうことになった。ロシアも、チャイナも、東ドイツも共産社会を捨てざるをえなかった理由だ。

△三つの強

しかし「友愛」を説く金持ちボッチャンとはちがって、雑草菅は「強い経済、強い財政、強い社会福祉」を正面に打ち出す。

強い経済とは国際競争に勝ち抜く経済力ということではないのか。大・中・小・個人の別なく、企業もそこで働く労働者も、競争に勝ち抜く能力を持たなくてはならない。

強い財政とは税収入の拡大を必須とする。企業が活況を呈し収益を上げ、労働者は所得を拡大し、より多くの税を払う必要がある。そのためには企業も労働者も国際競争力を持たなくてはならない。ならば菅は強い競争社会を提唱しているのか。

△強い競争力

強い競争社会はおのずと優劣＝格差を生む。その格差を縮小するためには社会福祉の充実が不可欠だ。福祉の充実は福祉産業の創生と雇用の拡大を生む。福祉に金を回せば財政は好転する。こう菅はいいたいらしい。

しかし強い福祉産業ってなに？　医療機器や新薬の開発なの？　ここでも競争力ある産業と産業人（経営者と従業員）の創生と育成が大前提になっている。

いずれにしても、強い経済・財政・福祉は強い産業と産業人を必須とする。熾烈な国際競争に勝ち抜く能力を持つ産業と人材である。そういう産業と人材はどうしたら生まれるの？　激しい競争のなかでしか生まれない。福沢諭吉がいみじくもいったように、学ぶ＝競争することがなければ不可能だ。

菅は働き蜂で、「口舌の徒」鳩よりましだ。だが強い産業の創出が格差を生むが、福祉の拡大を可能にし、格差の拡大を是正する、をもっと率直に語ったらいい。小泉・竹中路線の是認である。ならば現自民など怖くないよ。長期政権も可能だよ。
（6・23）

191　巨星墜つ！　ノーベル賞二個分に値する、首相並みの政治力をもった学者、梅棹忠夫

七月三日、文化人類学者の梅棹忠夫さんが亡くなられた。九十歳であった。

「学恩」というものがある。梅棹さんの書いたもののほとんど、その言動の一部、直接お会いしてロングインタビューをさせてもらったことを含めて、とびっきり大きな影響を受けた。学恩人である。国立民族博物館の創立者・初代館長で現顧問の梅棹さんについては、しかるべき方面の人が書くだろう。ここでは私的なことを書かせていただく。

△ノーベル賞二個分

ある大きな学術賞の思想部門の推薦（準備）人を長くしている。ずっと梅棹を推薦してきたが、なぜか外国人ばかりが受賞する。しかしわたしの見るところ、理系や文学関係でノーベル賞を受賞した日本人はいるが、文・社会系で最初に受賞すべきは梅棹だと思ってきた。理由は、五〇～六〇年代に二つの世界発見をしたからだ。一に「文明の生態史観」であり、二に「情報産業論」である。生態学とはエコロジーのことで、人は自然のエコをいうが、文明もエコだと梅棹は論じる。情報産業論は、コンピュータによるネット社会が登場する前に、ポスト（＝超）産業社会の到来を指摘する。二つとも現在では「常識」になっている。

△一国の宰相並

梅棹は理学部出身で、文系に転じ、京大に文化人類（民族）学講座を創りたい、ひいては世界の情報センターを兼ねた民族博物館を創立したいと、東大の泉靖一とタッグを組む。西と東の「公武合体」である。このビッグプロジェクトの成功は、国、行政、官僚、企業、そして学者、マスコミを動かす、一国の宰相を任すにたる梅棹の政治力によるといわれた。

△知的生産の技術

梅棹は、超ロングセラー『知的生産の技術』で知（＝考え・書くこと）の生産は「技術」化できると断じる。だれもが、一定の順序を踏んで練習すれば、必ず一定の水準に達する、というのだ。これは知は個性的だとみなす知識人たちを怒らせたが、わたしはいたく感じ入って、哲学は思考の技術だ、と断じて顰蹙を買っている。

△幻の遺著

梅棹さんを民族博物館の名誉館長室に訪ね、二日にわたってインタビューしたことがある。視力を失ってかなりの年月がたっていた。登山家にしては背が低く華奢な感じがしたが、少年時代からはしこかったそうだ。

梅棹さんは、明快をむねとする。どんな難しいことも、誰にでも理解可能な語り口で押し通す。残念ながらこのインタビューはまだ刊行されてはいない。わたしにとってはいつまでも「遺影」のそばにそっと置きたい梅棹さんのもう一冊の「自伝」である。

（7・14）

192　枯衰日本と日本人を立ち直らせるには、勤勉《インダストリ》しかありません

「栄盛するチャイナ、枯衰する日本」といわれてかなりの時がたつ。栄枯盛衰は世の常である。しかしチャイナの勢いは、北京オリンピックまでだとか、上海万博がピークだといわれるが、日本の例を見るまでもなく、東京オリンピックと大阪万博のあと日本は二十年上昇気流に乗り続けたのである。しかし明らかに一九八五年頃、バブルに突入したその時期に、日本の下降が始まっていたのだ。

△勤勉はいやよ

日本人を称して欧米人は「働き蜂」と揶揄した。しかしこの呼称には「羨望」と「驚異」が含まれていたのである。自然資源もない、耕地も少ない、人口過密の日本と日本人の躍進は、「勤勉」によるということが明らかだったからだ。

ところが欧米並みの賃金、休日、レジャーが、社会保障が必要だという空気が生まれはじめる。日本号を引っ張る日本国民の気風のなかに、勤勉（ハードワーク）や競争（ストラッグル）よりも、楽な（イージー）勉強・仕事・稼ぎのほうが「いいのだ」というエートスがじょじょに腰を落ち着けいった。

△パラサイトで行こう

日本人が「イタリア病」「イギリス病」と呼んできた気質に日本人の過半が染まってしまったの

である。そのイギリスでは「鉄の女」のサッチャーが「勤勉」熱を煽っているときに、日本では「怠惰」風を全身で受け入れたわけだ。

とどのつまり、地方は国に、従業員は会社に、老人は年金をはじめ「公」に、若者は「親」に寄生すれば「いいじゃない」ということになった。小泉が狙ったサッチャー流の新保守主義、小さな政府、福祉縮小、民間主導の規制緩和も、楽して儲けるのが「いいのだ」ということになって、勤勉の再興を訴えなかった。

△気楽がいい

小泉後、小泉流の構造改革を総批判する勢力が一様にたどったのは、勤勉と競争に蓋をする「生活第一」、すなわち「楽に生きるがいいのだ」である。国民に勤勉の気分が充満していたとき、「サラリーマンは気楽な稼業ときたもんだ」は、勤勉人間にギャグとしてだけでなく、涼風を送るサービスとして作用した。

だが昨今の「格差社会」、「労働プア」、「自殺地獄」などという標語は、勤労と自立の精神を嘲笑して、「気楽がいいのだ」の寄生と脳天気を助長する。

△新学問のすゝめ

福沢諭吉は『学問のすゝめ』の冒頭で、「天は人の上に人を造らず……」とのべたが、勤勉による自立だけが、国民一人ひとりだけでなく、国家発展の源泉だと訴えたのだ。そのひそみに倣って、ここでわたしごときが「学問＝勤勉のすすめ」を強く訴えねばならない。

（7・28）

193　大韓航空機爆破実行犯を「国賓」待遇で招致した民主党政権の破廉恥ぶりは長く世界の「大珍事」として記憶されるだろう

一九八七年十一月二十九日、日本人蜂谷真由美になりすまして一一五人全員を爆死させたテロ実行犯、元北朝鮮、元死刑囚（特赦）の金賢姫《きむきょんひ》が来日した。日本政府がチャーターした特別機である。滞在中は国賓待遇だ。マスコミはテロ犯を特別待遇とする日本政府の「変態」を「重大事件」としてまったく報じていない。

△テロ実行犯に超法的措置

日本は死刑囚の入国を認めていない。ところが菅首相と千葉法相が「超法規的措置」で入国を許可した。千葉は参院選で議席を失ったが、このために首がつながったのか、と勘ぐられても仕方なかろう。

「超法規的措置」ですぐ思い出すのは、一九七七年の日本赤軍日航機ハイジャック事件である。福田赳夫首相は一五一人を人質にして服役・拘留中の犯人の保釈と六〇〇万ドルの身代金要求に、「人命は地球よりも重い」という名言＝迷言を吐いて、テロに屈し、世界の物笑いになった。だがそのときでさえ福田一法務大臣は首相に強硬に反対し、直後辞任している。これが法の番人の基本である。

△鳩山の脳天気ぶり

ただし福田首相の「超法規」には「人命救助」という「一片」の釈明理由があった。ところが金の招待はどうだ。

金の招致を目論んだのは、「テロを憎んで金を憎まず」の「友愛」丸出しの鳩山前首相である。鳩山は軽井沢の別荘まで提供し、歓待これ勤めた。完全なショーだ。この男、日本政治をめちゃくちゃにした反省のカケラも感じていない。鳩山の「友愛」の過半は「自愛」が占める。「鳩罪」も「金罪」も救済というわけだ。しかも首相辞任声明で政界引退を明言したのに、次の参院選挙出馬は白紙状態だとさ。

△民主党のていたらく
民主党は、日本を第二の故郷とする親日家の元台湾総督李登輝の入国のたびに、チャイナを刺激する、「私人」として以外は入国させるな、と政府にクレームをつけてきた。反日テロ犯金には、厳重護衛付きの「国賓」待遇である。

唯一の金招致「目的」は拉致日本人にかんする情報入手だろう。金は拉致日本人の田口さんに日本語を習った事実がある。だが日本政府は金の「事情聴取」を封印して招致した。警察の事情聴衆を、マスコミ取材をさえ封じて、日本旅行をお膳立てしたのである。

△後の祭りの自民党
自民党の安倍元首相たちは「国費」のムダ使いだなどと、金が帰国したあとに騒いでいる。なぜこの招致計画段階からがんがん反対しなかったのか。「外交」とは相手国に「反発」を招かないが

原則という微温外交の自民党を、民主党が受け継いでいる。（8・4）

194 「ゲゲゲの女房」は人間の美質、仕事に奔命し依存を嫌う自立自尊の夫婦愛ドラマである

NHKの朝ドラ「ゲゲゲの女房」が登場したときは朝ドラ最低の視聴率だった（そうだ）。ところがじりじりと率を上げて七月には二〇％を超えた。山崎貴監督「ALWAYS三丁目の夕日」に通じるノスタルジックな（懐旧の念を呼び覚ます）人間情感、風景描写がその「人気」上昇の秘密であるという人がいる。そうだろうか。

△貧乏の程度

最初にお断りしておけば、一、視聴率が高い低いは質の良否とは正比例しないといっていい。おおよそは逆の場合が多い。二、「ゲゲゲの女房」は演出が優れているとか、俳優がすばらしい、というわけでもない。とくに主演の女優は、背が高く美人なのは「モデル」に似ているが、ヌーボーとしたところがない。三、貧乏を絵に描いたような部屋、食事、商売（たとえば貸本屋）が出てくるが、同時代を大阪近辺で過ごしたものにとって、貧乏とはそんな程度のもんじゃないぜ、といってみたい。

△素の夫婦愛

NHKの朝ドラを見なくなってどれくらいになるのだろうか。わたしは途中からなんの気なしに見はじめた。しかしつまらない。ところが紙芝居作家がダメになり、貸本マンガに転じても貸本屋

が長続きせず、それでも漫画家になることを念じて専心努力（古くさい表現だね！）する主人公のしげるの変わらない姿＝姿勢（心の持ち具合）にえらく感動してしまった。そのしげるを支えようとして支えることのできない妻のだめさかげんにえらく感じ入ってしまった。このドラマ、夫婦愛物語である。愛だの恋だの二人だけの楽しい時間だのという要素が隔絶的にない夫婦関係ドラマだ。

△人間の美質

夫は家にいるが、家計も家事もまったく省みないというか、その余裕さえもないほどに仕事に奔命している。妻はドジだから、夫の仕事も家計も助ける術がない。質屋にゆくくらいが関の山である。

ところがこの夫婦の実家は特別というほどではないが、裕福である。実家を頼れば生活にゆとりが少しは生まれる。しかしこの二人、依存や寄生はもちろん、愚痴さえ実家に漏らすなどということさえまったく念頭にない。貧しいから誰かに、友人に、ましてや国家に依存しようなどという心意をまったく示さない。貧しても鈍（ダル）にならない。

ま、こういっては身も蓋もないが、この人間ドラマのいちばん良質なところは、まっとうな人間に共通な仕事に奔命と心の自立自尊にあるといっていい。昨今の老若男女を問わないパラサイト（寄生）とニート（勉強・仕事・準備を拒否）に欠けている人間の美質である。（8・11）

195　世界の泰斗に学び、ソ連崩壊を予見した学問一筋の小室直樹が亡くなった

未発表だが、九月初旬のある日、小室直樹氏が亡くなった。「エッ、小室って何者？」だって。『ソビエト帝国の崩壊』（80年）の著者である。「なんだ予言者か」だって。

△世界最高を求めて

三二年生まれの小室の半生は、七二年博士号を得るまで、「学生」である。

京大（数学）から阪大（経済）大学院へ、五九〜六三年アメリカ留学し、経済学をサミュエルソン、行動心理学をスキナー、社会学をパースンズ等に学ぶ。帰国して東大大学院で、政治学を丸山真男に、法社会学を川島武宜、経済史を大塚久雄、文化人類学を中根千恵等に学んだ。すべて日米で最高峰と任じる人たちである。そして名著『危機の構造　日本社会崩壊のモデル』（76年）があらわれ、『ソビエト帝国の崩壊』が書かれたのだ。

△鉄の規律の必然

この本はカッパ・ビジネスブックの一冊として出されたためもあって、「際物」と扱われたが、内容は学術書であり、それまで小室が研鑽を積んだ学の総決算であり、ソ連崩壊を解明した世界最初の「快挙」であった。その主張を簡縮しよう。

①資本主義を通らない社会主義は解決不能な根本矛盾を含む。②この矛盾の発現を防ぐためには、鉄の規律（独裁）が不可欠だ。③ソ連軍は「張り子の熊」で、外に出れば、敗北必至で、国家

崩壊の危機を招く。
③はアフガンを侵略し、泥沼に陥り、国軍は危機に瀕した。②はペレストロイカで独裁をゆるめたため、ソ連は小室の予言通りに崩壊した。社会主義は「鉄の規律」（政治・経済・思想統制）なしには存続不能であるということを小室は「予見」＝理論証明したのである。学の勝利だ。ちなみにチャイナ共産党が「独裁」をやめないのはソ連の「崩壊」に学んだからである。

△学術紳士と狂騒市井人

六十歳までの小室は清貧に甘んじつつ、世界の最先端の学問を身につけてきた精神的貴族である。だが研鑽した学問力を生かすに足るジョブ（定職）と研究場をえることができなかった。ぼろアパート（見たわけではないが）に単身で住み、泥酔の果てに乱闘に及ぶことしばしばだったそうである。救急車で緊急入院を繰り返していたと聞く。学術紳士と狂騒市井人が同居している「変人」であった。

しかし、六十歳を境に、小室の「生活」は一変する。小室を徹底管理する秘書役＝妻が現れたからだ。つれて陸続と著作が定期的に現れ始めた。二冊あげれば、ケインズ主義の有効性を論じた『資本主義の革新』（00年）と『日本人のための宗教原論』（00年）である。その学と書は日本の遺産である。合掌　（9・29）

196　日中間に領土問題はなく、日ロ間に領土問題はある。だが菅民主党政府は直視できない

菅民主党改造内閣につぎつぎと外交上の「難題」が降りかかっている。尖閣諸島でチャイナ船船長逮捕・釈放問題である。ロシア大統領のサハリン訪問問題だ。だがこれらははたして「難題」なのか？　菅内閣に問題を「解く」能力がない。その上、問題の所在が自覚されていない。

△問題は領土侵犯

国家は国民の安全と治安を維持することが至上命令である。そのために国土の保全（国防）が不可欠なのだ。

日本は平和国家だ。敵が侵略、侵入してくるのを想定して、国土保全策を立てるべきではない。これが民主党の大まかな国防戦略である。この点で、菅、小沢、鳩山に大きな違いはない。

その日本の領土・領海にチャイナの漁船が侵入し、それを排除しようとした巡視船に追突を繰り返した。即時逮捕、拘留、取り調べ、訴追、裁判が当然だ。ところがチャイナは即時釈放、謝罪、損害賠償を要求し、種々の圧力をかけてきた。常軌を逸している。

前原外相は、日中間の領土問題はない、国内法で粛々と処理して行くと言明したが、政府は船長釈放で事態を収めようとしている。

△日ロの領土問題

ソ連とロシアは南樺太と千島列島を不法占拠して今日に至っている。だから日ロ間には平和条約

が結ばれていない（法的には戦争状態である）。その樺太にロシア大統領がトップではじめて訪問するというのだ。明らかに無法な挑発である。

日ロ間の領土問題は、二島返還か四島返還かではない。ロシアは、日ロ間に領土問題はないと繰り返す。平和条約には、日本が樺太と千島の領有を無条件に放棄すべきだと主張する。理不尽だ。

日中には領土問題はない。両国にはすでに平和条約がある。尖閣列島の領有問題は日中には存在しないのだ。チャイナ政府は領有権を主張するのは強奪者の論理である。

チャイナとロシアの無法と膨張主義が領土問題の解決を不能にしている元凶である。

△米軍の袖に

日本が、戦後、中ロの無法と膨張主義のなかで、領土侵入と侵略をある程度防ぐことができたのはアメリカ軍と同盟関係にあったからである。その同盟関係をさえ、国防力の増強をはからずに、軽視ないし弱体化させようとしてきたのが政府の偽らざる姿勢であった。国民多数は平和国家日本を唱え、この政府姿勢を容認、歓迎してきた。菅民主党政府とそれを支持する国民はこの延長と純化の線上にある。中ロの無法を黙認せざるをえなくなって当然だ。

しかし菅といえども、最後はやはり米軍の袖にすがって尖閣列島の領土保全を主張せざるをえなくなっている。恥ずかしいかぎりである。（10・6）

197 栄枯盛衰というが、アップルがマイクロソフトを逆転した。MSの逆襲はあるか

かつてマックというと、コンピュータ利用者、とくに職人肌の愛好家にとって一種独特の輝きをもっていた。しかしその輝きには、すぐれているが汎用性がなく衰滅してゆくものへの哀歌感情が伴っていた。ところがあのアップルが完全復活したのである。驚きというより、かつての衰退を知るものには、奇蹟に近い。

△IBMに挑んだMS

七〇年代までコンピュータ業界の巨艦はIBMであった。理系の研究者、技術者にとってIBMの巨大コンピュータなしに先進的な巨大プロジェクトを推し進めることは不可能に近かった。ところが八〇年代、パーソナルコンピュータ（PC）のオペレーションシステム（基本ソフト）の独占によってあざやかにマイクロソフト（MS）という快速艇が巨艦をはるかに抜き去った。だれにでもPCを利用可能にしたMSはいっきょに巨人に成長し、コンピュータ業界の頂点に立って、二十世紀が生んだ技術革新の最後の奇蹟と讃えられたのである。

△マックの復活

素人に歓迎されたMSに対して、PC業界の玄人に愛用されたのがアップルのマックであった。しかし汎用性の高いMSの勢いに押され、PC業界ではアップル社はMSに吸収合併されるのではないか、という噂が絶えなかったのである。

ところが九〇年代、インターネットが一気に普及しだした。この全世界を巻き込んだ流れには二つの大きな特徴がある。一つはＰＣを使わない携帯電話の普及と多機能力の技術革新である。もう一つはインターネットの検索エンジンの出現だ。

二十一世紀に入って、検索エンジン業界にグーグルというもう一つの巨人があっというまに生まれた。対してアップルはＰＣを使わない、ＰＣよりも簡便な多機能携帯電話（スマートホン）の開発に全力を挙げ、息を吹き返しただけでなく、巨人ＭＳを追撃しだしたのである。

△超新星ｉＭａｃ

アップルは今年の七～九月期決算で過去最高の売上高（２０３億ドル）、純利益（８００万ドル）を記録した。この売上にもっとも貢献したのがｉＰｈｏｎｅで全体の四〇％を占め、快走中である。それに今年四月発売したＰＣの機能も備えたタッチ式パネル型携帯端末ｉＰａｄは七～九月期に四一九万台売れ、この分野で独走中である。

ｉＰｈｏｎｅでの進撃が、ＰＣを含むｉＰａｄの新開発を呼び起こし、九〇年代に気息奄々だったアップルは、いまやＭＳを追い抜き、コンピュータ業界の超新星に輝きつつある。グーグルとアップルに挟撃され、反撃力も鈍っているＭＳの再浮上はあるのか。お楽しみはこれからなのだ。

（10・27）

198　難易二種類の入試センター試験は、改善か、改悪＝差別助長か

大学入試センター試験が、一六年度から難易二種類に分けられ、難試験のほうは主として国公立（一部私立）大、易試験のほうは主として私立大学の志願者向けに分けるというプランが、独立行政法人「大学入試センター」から出された。「歓迎」（？）したい。

△偏差値＝差別？

従来、「差別教育」反対を標榜する日教組をはじめとする旧社会党・共産党系にくみしてきたマスコミや評論家たちは、偏差値教育を、その温床である大学入試センターを批判してきた。「点数で学力を判別」するのが「差別」なら、「試験」はすべからく廃止すべきである。だれでも行きたい高校、大学に自由に進めなくてはならない。

偏差値教育とは、もっとも厚い層、全体の五割前後（偏差値四五～五五のあいだ）の人が理解できる教育を目指す。「平均値教育」の別名なのだ。したがって偏差値五六以上の人には偏差値が上がれば上がるほど易しすぎ、偏差値四四以下の人には偏差値が下がれば下がるほど難しすぎるということになる。

△現状の改善策

偏差値の高い東大や北大のような大学では、センター試験は「足切り」（たとえば倍率三倍以内第一次合格）の材料にすればよかった。ところが大学進学率が五〇％を超えた。定員数だけを目安

にすれば全入になり、猫も杓子も大学に行くようになったのだ。

だから平均点を六〇点に設定した問題を出すと、偏差値六〇以上（全体の約一割）の受験生には易しすぎ、ほとんどは満点近くを取るので、点差がつかず、選抜の材料にならなくなる。逆に偏差値四〇以下（全体の一割）の受験生には難しすぎ、まともな点数がとれず、たとえば一〇〇点満点で一三点と一五点のように、点差で判別しても優劣の意味がなくなる。ともにセンター試験が有効に働かなくなる。露骨にいえばこういうことだ。つまり、センター試験の改革は現状にあわせた「改善」を意味する。

△遅きに失した

だがセンター試験の難易二種類に変えるというプランは適切な改善とは言い難い。すでに実施されている高校の「習熟度別教育」にあわせたもので、遅きに失したからだ。

現行の主要科目、英国数社理の教科書（内容）も、その進行（速度）も、大別すれば二種類ある。難易度のちがう教科書で学んだ受験生を同じ試験問題で点数分けするのは理に合わない。難易度のちがう教科書で学んだ受験生を、別々の試験問題で合否判定するのが当たり前じゃないか。これを差別教育の強化などと叫ぶほうがよほどおかしい。つまるところ難易二種類の試験はとうの昔に実施されていなければならなかったのだ。

（11・10）

199　民主党政府の要、「悪役」を演じる仙石由人の吉凶を占えば

政府には憎まれ役が必要だ。ソンな役回りだが、トップの首相の言動をつねに陰で支え、政府要人の不始末や弱みを極力小さくしようとする「黒子」である。それが内閣の要である官房長官であり、政権党の要である幹事長が担うべき不可欠な役割なのに、このところこの黒子にぴったりの人が現れなかった。

△悪役だが黒子ではない

民主党政権になって、豪腕幹事長のあとを堅実無比の岡田が、無色無愛想な平野内閣官房長官のあとを仙石由人《よしと》が特命担当大臣から横滑りしてきた。仙石は、一見して、小沢に負けず劣らずのこわもてで、憎まれ役を買ってでも出る。だが顔に似ず苦労人でもある。

四六年徳島生まれで、東大法学部時代は全共闘の学生活動家であった。七一年弁護士になり、九〇年社会党から初当選したが、九三年落選、九六年民主党から出馬し当選を続けているが、選挙下手なのか、態度がでかいのか、選挙にはほとほと弱い。それに徳島には自民党の派閥の領袖三木武夫（元首相）、三木の仇敵である田中角栄の懐刀でカミソリといわれた後藤田正晴がいた。

民主党になってからは、旧社会党のカラーをいちはやく捨て、鳩山、菅グループと距離を取り、政策通で知られ、親米派とも仲がいい。小沢の大連立構想には真っ向から反対した。バランス感覚がいいのだ。

しかしこの人に黒子役は勤まらない。目立ちたがり屋、出たがりやだからだ。トップになろうとつねに機をうかがっているの感がある。

△不倒翁・周

中国共産党で周恩来は「不倒翁」といわれた。建国の四九年に首相に就任して以来七六年に亡くなるまでその地位を維持した。「造反有理」を掲げた「文化大革命」（毛沢東の実権奪還闘争）をはじめとする大激動の時代を、唯一、その地位を全うしたのだから、奇蹟に近い。その地位保全法の鉄則は、ナンバーワンはもとより、ナンバーツーにもならないことであった。晩年、No.2林彪が失墜して、自動的にその後釜になってしまったとき、No.1の毛の疑心暗鬼を招いた。周は鄧小平を復権させ、No.3に退き、地位保全を図ったのだ。すごい処世術だ。

△菅も小沢も食う⁉

周とはちがって、政治家仙石に実績はほとんどない。ただ鳩山や菅はおろか小沢さえも食らう気概はある。気概＝剛毅＋美徳だから、正確には度胸のことで、民主党では傑出している。小沢以上と見ていい。

だがこの強気が身の破滅に導くということも政治の定則である。いまのところ「民主党＝自民党＋社会党」をもっともよく体現しているのがこの仙石である。その意味では日本の代表的政治家になってもいいのだが、実績がなく、小泉のように派閥の後押しがなく、強気一本だと、政権党である。利権が強烈に絡む。致命傷を負うにちがいない。（12・1）

200　ミラノで、アイルランド破産、朝鮮戦争勃発かと驚いたが、イタリアも日本も対岸の火事を見るごとし

十一月の末イタリアはミラノにいた。不景気に電力不足と雨もてつだってか、朝も夜も暗い。路を歩く人々の服装が黒一色なのもいっそう暗さを濃くしている。それに濡れた石畳が続く。足もとに気をつけないととんだ目に遭う。車ががたがた道を疾走する。そんな中を石ばかりの建物をぬうように歩いてきた。ファッションの町である。ショウウインドウだけがきらびやかだった。

△アイルランド破産

滞在中、アイルランドが財政破綻に追い込まれた。ＥＵではアイスランド、ギリシアに続く三国目だが、ポルトガルへの飛び火を懸念してＥＵ主要国は躍起となっている。一兆円ていどの資金援助計画を決めたが「破綻」の現実は変わらない。アイルランドは自国の資金（財政）不足を国債発行（借金）でまかなうことができないのである。

これが会社の破綻とちがうのは、アイルランド国家（会社）は消滅しました、国民（社員）の皆さんさようなら、難民（失業者）は他国（他社）に移り（求職し）なさい、ではすまないからだ。財政破綻はアイスランド、アイルランド、ギリシア、ポルトガルとＥＵ周辺国の現象のように見える。しかし一昨年のリーマンショックに端を発するバルブの崩壊は、ＥＵ諸国の深部までも蝕んでいるのだ。ただしイタリア人は対岸の火事視しているように思えた。

△ナポリのゴミ地獄
「ナポリを見て死ね」といわれた。世界三大美港の一つと謳われたこのイタリア南部の古都が、ふたたびみたびとゴミ戦争に巻き込まれてきた。ゴミ処理従業員（公務員）のストライキに端を発する。人間が道路一杯にうずたかく積まれたゴミの山の隙間をくぐり抜けてゆく。閉口気味だが慣れっこになっているのか、あきらめ顔である。対してミラノの清掃はじつに行き届いている。

北部ミラノは、南部ナポリのゴミを、仕事熱心でない怠慢《サボタージュ》のせいだと一刀両断にする。
△日本車消滅？
ミラノ、トリノの北部工業地帯を歩いてひどく驚かされたことがある。この十数年なんどか訪れたこの町々で見かけた日本車をこのたびはほとんど見ることができなかったことだ。イタリアの国民車フィアットが圧倒的多数だが、フォルクスワーゲン、メルセデスベンツ等のドイツ車も疾駆する。ときに韓国車ヒュンダイを見かけた。日本車激減は日本工業衰退の一証左なのか？

十一月二十三日北鮮軍が韓国を砲撃したという報を受けた。すわ朝鮮戦争再発かと思えた。膠着状態が続いている。日本に帰ると海老蔵殴打でにぎわっていたが、対岸の火事を見るように静かだった。内向きだね。

（12・8）

201 価格競争は共倒れを招くなどと「弱音」を吐いては、日本人がすたるよ

価格競争で、物価が下がり、収益が減り、業績が悪化する。これが多くの企業、自営業の頭痛の種だ。他方、物価が下がり、生活費が安くなるのは大いに歓迎できるが、人間の価格（賃金）が下がり収入が減るないしは増えないのはたまらない。これが大多数の消費者＝給与所得者の悩みだ。それで政府からも評論家からもインフレターゲットの声が上がる。デフレを脱却するために物価・賃金上昇を目指すというわけだ。

△インフレターゲットだって？

ゆるやかなインフレを起こすために通貨量を増やす。価格の過当競争をやめる。企業は賃上げをする。これは可能だろうか？

第一に、通貨量を増やすことは可能だ。だがこれ以上増やしてどうする。それでなくてもじゃぶじゃぶ状態ではないか。むしろ問題は投資先がないことだ。第二に価格競争をやめることは国内では可能かもしれない。しかしチャイナや韓国との価格競争に勝てなければ、(じっさい負けている)、貿易を生命線としている日本経済は凋落を免れない。第三に賃上げをすることは可能だ。だがこれ以上高くすると日本企業はますます競争力を失い、国外に出て行かざるをえなくなる。

△インフレ国とデフレ国

かつて高成長を、したがって高インフレを続けていたとき、日本は低賃金で安売りしているという国際批判を浴びた。国内でも、賃上げ分を物価上昇がうわまわるインフレは「悪」とみなされ、低成長、ゼロ成長を多くの論者が主張した。その日本が一九八〇代のなかばにすでにデフレ基調に突入したのである。あのバブル期にだ。

世界的にいうと先進国がそろってデフレ基調に転じた。しかし後進国はインフレ基調が続く。この流れを決定的にしたのが、社会主義の崩壊で、安価で良質な労働力が国際市場に浸透しだしたことだ。二十一世紀を迎えて、チャイナ・ロシア・インド・ブラジルが一挙に台頭してきた。安価で質のいい労働力を武器に「世界の工場」になり、また膨大な国内市場（人口）を武器に「世界の消費地」になり出す。

△競争に終わりはない

生活用品の生産と販売でチャイナに勝とうと思えば、生産コストをさらにカットし、賃下げして価格競争に勝たなければならない。たしかに車や工作機械の生産では負けていない。しかし韓国の例を見るまでもなく、距離はどんどん縮まってゆく。これは必然である。したがって日本と日本人は、先進国とであれ、ブリックスとであれ、韓国とであれ、どのような領域においても競争し、一位の地位をつねに保ち続ける他ないのである。そうでないと、賃上げはおろか、企業存続も危うくなり、国家衰滅の道を歩むことになる。それでいいの。

（1・19）

202 「反古」など気にするな。第二次菅内閣は、やりかたさえ間違わなければ、日本を再浮揚のレールに乗せることができる

「反古《ほご》」という。「約束を反故にする」というように使うが、古「紙」のことで、役に立たなくなった古証文のことをさす。民主党の鳩山・小沢＝首相・幹事長コンビは証文（公約）履行を果たすことができずに退陣した。そればかりではない。こんどは古証文を盾に後継内閣を批判する。みずからの所業を省みない厚顔無恥は、ここまで来れば開いた口が塞がらない。

△財源不足

もちろん菅内閣といえども民主党政権である。証文に責任がある。しかし「当面」できないことはある。出来ることと出来ないことの「仕分け」をまずしなければ、国民の支持を大幅に失って、この内閣も短命で終わらざるをえない。

とくに参議院では過半を割っているのだ。予算案が通らなければ、やろうとしていること、やれることも、出来ない。当面の最大問題は「財源」不足である。「反古」にすべきものはする。「弊履」（破れぞうり）のごとく棄てる必要はない。財源の手当に目途が立てばやりたい、やる、とすればいい。エッ、支持率を落とすって。もう危険水域一歩手前まで落ちているではないか。

△日米同盟強化

外交路線を独立国にふさわしいものにするためには、日米（軍事）同盟の強化をはかり、対チャ

イナ・ロシア外交を再構築することだ。尖閣・千島両島をはじめとする両国の挑発的で理不尽な言動をストップさせ、両国との友好関係を維持する具体方策は、いま、これしかない。どうやら菅内閣は、日米同盟強化、沖縄基地移転問題に向かって動き出したようだ。沖縄は移転に「絶対」反対だって。そんなことは「絶対」にない。

△増収・二つの道

財源確保には二つの道がある。一つ目は増税である。消費税のアップは（残った二年半の）任期中に避けられないという判断から、与謝野薫の入閣が実現した。これは自民党（案）に大幅に譲歩してでも実現しなければならないし、実現可能な政策である。

二つ目は経済浮揚で、税収を上げることだ。一つはすでに手を打ち出した。法人税の減税で、企業の競争力強化と外国資本の流入を容易にする。ただしＥＵや東南アジア諸国とくらべて、まだまだ高い。（当然、日本の減税にアメリカが鋭く反応した。）二つは、自由貿易圏をめざすＴＰＰ（環太平洋戦略的経済連携協定）の締結である。とくに日本には、農業保護政策・高関税の撤廃によって、近隣諸国とフラットな経済活動が、その得意とする分野で経済競争力を高めることが可能になる。これは日本農業の壊滅策だという批判がある。（以下次回）（１・26）

203 ああ、菅首相の施政方針演説は、「断行」の意志が出ず、倒閣運動にエネルギーを贈ることになった

前回、第二次菅政権にエールを送った。「公約」の見直しを示したからだ。①ばらまき予算のカット。②日米基軸の外交に戻し、沖縄内基地移転の実現。③社会保障予算確保のために消費税アップ。④日本経済浮揚と競争力回復のために法人税減税とＴＰＰ締結。これである。自民も公明も正面から反対できない、首相が掲げる基本方策でもある。ところがだ。

△「熟議」だって。「断行」だろう

国会開幕の初の所信表明で、菅首相は、「言葉」としては四つの基本方策を述べた。だが、文字通り、言葉の羅列という印象を強く与えたにすぎなかった。菅内閣として、以上四点を「断行」する、という姿勢を示さなかったのである。「目途」をつける、「実現」をはかるという、日本語独特の「曖昧」な表現に終始した感があるのだ。

とくに気になったのは「熟議」という表現である。「私はこれだけはやる」ではなく、「これはやりたいから、衆参で十分議論を尽くしてほしい」というもので、議会に下駄を預けた形になった。

△地方選は戦えないって。保身だ

国会はねじれである。予算案を通し、関連法案を成立させるためには、参院で野党の「賛成」が必要になる。自民・公明と多少もめるのは、ＴＰＰ（環太平洋パートナーシップ協定）くらいだろ

う。菅民主党政権は、実質、自公の政策を受け入れたのである。

むしろ問題なのは、民主党内の「公約」維持派である。これは当面の地方選挙で「公約」違反を問題にされ、議席を失うのを怖れる「姑息」派である。自分の議席を守るために、国の進路を迷路に誘う「保身」派だ。

△過保護は自滅の道

日本経済が競争力を取り戻すためには、農業「過保護」政策をやめることだ。過保護を続けると、日本経済全体が基盤沈下するだけでなく、結局のところ、農業自体も停滞し、破綻する。農業「保護」政策の基本とは、日本農業が国際競争力を身につけることをおいて他にない。過保護は、個人、企業、地方自治、国家に関係なく、そのものをダメにする。

問題は、過保護の継続ではなく、競争力のない農業分野の「一時救済」にある。もっといえば、過保護の典型である「農家の所得保障」などでは断じてない。一時救済費用は所得保障をやめれば十分まかなえるのだ。

△「断行」は自公政権で?

これでは、菅が「断行」しないなら、国会で「熟論」を重ねて、予算案を通さず、解散に追い込み、自公で「断行」するのが本筋という、倒閣気運が強まりこそすれ、弱まらない。菅はせっかく「打開」の道を見いだしたのに、その道をまっしぐらに歩もうとせずに、立ち往生する可能性のほうが大になった。これは地方選での大敗を意味するし、民主党が政権の座から滑り落ちる契機にも

なる。さあ、菅よ、どうする。（2・2）

204　戦後世界の展望を与え続けてきた、思想巨人ベルの死去を悼む

一月二十五日、ダニエル・ベルが九十一歳で死去した。日本の諸新聞は死亡欄（社会面）でわずかに報じたにすぎないが、ベルは、戦後世界の思想巨人の一人であり、日本と日本人にも大きな影響を与え続けてきたのである。そういえば〇五年九十歳でなくなったピーター・ドラッカー（経営学）も、昨年亡くなった梅棹忠夫（文化人類学）も、思想家として遇されてこなかった。日本に特殊な視野狭窄現象といっていいだろう。

△情報社会の到来を予測

一九一九年、ニューヨークの貧しい家に生まれたベルは、誕生したソ連（社会主義ロシア）に魅了され、十三歳で社会主義青年同盟に入り、急進的学生運動の拠点であったニューヨーク市立大学では指導的役割を演じたが、三〇～四〇年代のアメリカ内外の共産主義運動の誤り（党員に対する血の粛正、スペイン市民戦争に対するソ連の妨害、独ソ不可侵条約等々）に幻滅し、マルクス主義とナチズムのような狂信的イデオロギーの批判者として自己成長をとげていった。

ベルの名前を決定的にしたのが『イデオロギーの終焉』（60年）であり、狂信的イデオロギーを「終焉」させる政治経済的基盤を明らかにしたのが『脱工業化社会の到来』（73年）である。両著は、マルクス主義思想と社会主義政治経済の不可能性を明らかにしようとした意欲作であるばかりか、

「脱工業化社会《ポスト・インダストリアル・ソサイアティ》」＝高度産業社会＝情報社会の到来を語る先駆的著作である。

△モダニズムを批判

八〇～九〇年代に現実となった、社会主義社会とマルクス主義思想の衰退と崩壊は、まさにベルの予測どおりであったといっていい。

ただしベルを、資本主義社会とモダニズム（近代主義）思想の単純な擁護者と考えると、単純な誤りを犯すことになる。ベルは主著の一つでもある『資本主義の文化的矛盾』（76年）で、政治、経済、技術、文化は相対的に独自な進み方をするが、現代社会の根幹に文化的矛盾（非統合）があることを明らかにしようとする。個人主義を基準にしたモダニズム文化のニヒリズムを批判するのだ。

△民主主義と貿易重視

ベルの主著を自己解説した感のある論文集『知識社会の衝撃』（95年）では、二十一世紀文明を予測し、二十一世紀は「太平洋の世紀か？」と問い、その条件は独裁から民主主義に、軍事より貿易重視だ、と指摘する。チャイナを過大視しがちなわが日本への助言だろう。（2・9）

205 中東の長期独裁政権のドミノ倒し。社会主義武断政権に最後の弔鐘が鳴りはじめた

チュニジア、エジプトの長期独裁政権が倒れ、それがリビア、バーレーンに飛び火した。この独裁政権崩壊の雪崩現象にいちばん神経をとがらせているのが、チャイナである。同じように長期共

産党独裁政権だからだ。日本のマスコミは、石油産油国のリビアやバーレーンからさらにサウジアラビアに飛び火したら、石油が停まる、オイルショックだ、と騒ぎ出した。これは今回の政権崩壊の核心を見誤らせる報道である。

△社会主義の崩壊

東欧諸国そしてソ連の長期独裁政権が崩壊してから二十年余がたった。その間、イラクのフセイン独裁政権がアメリカによって倒された。これらの国に共通するのは社会主義政権であったことだ。国民所得（=国内総生産）の大部分を国家（政権）が所有・管理し、国民に再配分する政治経済を行なっていた。国家所有が、当然、政府要人と独裁者のフトコロに滑り込むような仕組みである。

チュニジア、エジプト、リビア、バーレーンも、そしてサウジアラビアも国家社会主義政権という点では、旧東欧、ソ連、イラクとまったく同じである。今回の崩壊や崩壊の渦中に巻き込まれた諸国のうち、エジプトを除き、石油産出の収益の上に立つ社会主義国であるという共通点をもっている。石油利権の上に立つ社会主義国で、独裁者たちの利得も超莫大だ。

△恐怖政治

ソ連の崩壊によって社会主義国はその歴史的「使命」を終えた、といわれる。しかし、長期独裁政権が社会主義政治経済を維持してきた。それを可能にしたのは、例外なく、国民を強圧的に政治支配したからである。エジプトのムバラク政権は、その発足以来三十年にわたって戒厳令を敷いてきた。リビアのカダフィ政権は、同じ石油社会主義のフセイン政権を打倒したアメリカを怖れ、大量破壊兵器を破棄したが、国内で一片の政府批判も許さない、恐怖政治を敷いてきたのである。

△チャイナの震撼

チャイナをはじめとするベトナム、ラオス、ミヤンマー等の東アジア共産党独裁の社会主義政権が、中東で続行している長期政権崩壊に神経をとがらせ、政府批判、政治反乱の動きを若芽のうちに摘もうと躍起になっているさまが手に取るようにわかる。

中東諸国で生じている長期独裁政権崩壊の真の原因は、その崩壊を武力弾圧と言論弾圧で押さえ込んできた社会主義権力が雪崩を打って瓦解しはじめたことにある。この政権崩壊の自爆装置になったのは、たしかにインターネット・ケータイの普及である。しかし真相＝社会主義政権の居座り、を見失ってはならない。

（3・2）

206　坂本龍馬の蝦夷移住計画は大風呂敷だった!?　上

一〇年のNHK大河ドラマ「龍馬伝」で何度目かの龍馬ブームが起こった。北海道と龍馬（の系譜）との関係が深い。函館に北海道龍馬記念館が生まれた。朝日新聞は二度にわたって「北の龍馬たち」の連載を行なっている。非常に興味深い。それに『坂本龍馬と北海道』『坂本龍馬　志は北にあり』の単行本も出た。龍馬好きには堪えられないほど嬉しい。しかし喜んでばかりはいられないのではないだろうか。

△土佐から北海道へ

坂本龍馬は土佐は高知の生まれである。江戸より北には足跡を残していない（もっとも福井は江戸より北緯度は高いが、京都＝都にずーんと近い）。しかし坂本家とその血族は多く北海道の地を踏み、永住の地としたのである。山岳画家の坂本直行さんはその直系である。

それに龍馬は生前、三度ほど、蝦夷開拓プランを吐露している。じつに北海道と龍馬の系譜との関係は濃密ではないかということになる。しかし龍馬その人の蝦夷移住計画そのものが、龍馬＝フリーメイスン説ほどではないにしても、怪しいのである。正確にいえば、淡々としたものなのだ。そのことを押さえた上で、龍馬の系譜と北海道の関係を云々すべし、といいたいのである。

△リアリスト龍馬

龍馬は日本で最初に、身分制度の廃止、幕藩体制の廃止、天皇を戴く議会制民主制のプランを立て、それを実現すべく活動した。暗殺で頓挫したかに見えたそのプランは、龍馬の死から二十三年後に、憲法発布と国会開設によって実現されたのである。一見、理想主義者に近い龍馬の目は、クールなリアリストの目であったことが証明された。ただしそのときは龍馬のプランのことなど忘却の彼方に置かれてはいたが。

△大風呂敷

同時に、龍馬は、幕末の志士、西郷や桂のように藩という後ろ盾をもたなかった。独立独行の人間である。仲間の浪士たちと言行をともにするためのアドバルーン（観測気球）を、つぎつぎに打ち上げなければならなかった。

第一回目の蝦夷移住計画は、勝海舟の海軍塾に集まった浪士たちの暴発をおさえ、「海軍」＝神戸海軍操練所創立を実現しようとする過程のなかで生まれた。海舟の助力で幕府の船を借り、資金を調達し、大挙して蝦夷に渡ろうというものだ。しかし、池田屋騒動等で龍馬の仲間から死人が出て、海軍塾が不逞分子のたまり場とされ、龍馬とその仲間が指名手配となって、頓挫したのである。だがクールな目で見れば、幕府の船で反幕浪士を引き連れて蝦夷に移住する計画は、そもそも許されるはずもなく、実現の見込みのないものであったというべきだろう。

（3・9）

207　坂本龍馬の蝦夷移住計画は大風呂敷だった!?　下

開拓、それも蝦夷（北海道）のような未開の林野を切り開いて、農・酪農を成功裏に導くことができるのは、よほどの幸運か、数代にわたる粒々辛苦のエネルギーを必要とする。龍馬の血族はこぞって北海道に移住してきた。しかし「開拓」は初期段階で頓挫した。実際に開拓事業に奔命したのは、坂本家を嗣いだ直寛の孫の直行だけで、父に反対してはじめた二十年におよぶ苦闘の開拓事業は失敗に帰し、一人の山岳画家を生んで終わった。

△竹島開発計画

龍馬の蝦夷開発計画の二度目は、薩長連合の密約が成立し、土佐海援隊の活動が本格始動する空白期に生じた。この時期、龍馬は薩摩の下請け仕事を離れ、その根拠地を長州の下関にすえている。ただし、この計画の主眼は「竹島」開発であり、蝦夷開発は年来の望みだが、という付け足しに後退している。

ところでこの「竹島」が問題なのだ。現在、日韓で領有権を争っている「無人」島（〇・二三平方km）ではなく、この竹島から九〇キロ余離れている、現韓国領の鬱陵島《ウルルン》（七三平方km）で、もちろん朝鮮人が住んでいた。

鹿児島には琉球という密貿易の前進基地がある。対して、長州の吉田松陰は鬱陵島に早くから目をつけ、これを領有（侵略）して、満洲・朝鮮進出の中継基地とし、あわせてイギリスの侵出を牽制する拠点とすべきだと主張している。

△海難事故

松蔭の「竹島」開発計画が、桂小五郎を介して龍馬にもたらされたのか、龍馬は長州商人に資金を借り受け、土佐商会の岩崎彌太郎を動かし、開発に備えた「竹島」事前調査を依頼した。（ただし、この借金四〇〇両は、どうも亀山社中・海援隊の運転資金であったようだ。）

実際、岩崎は、「探検」と称して「竹島」に渡航した。途中エンジンの故障などもあって、しかも無人島と聞いていたのにそうではなかったと知り、収穫ゼロで帰ってくる。一方、龍馬のほうは、借り受けたいろは丸（大洲藩船）で海難事故を起こしてしまい、「竹島」開発どころの騒ぎではなくなり、プランは雲散霧消する。

△蝦夷は待避地

蝦夷開発計画の三度目は、大政奉還が成功した直後の、一種の政治的空白時期に出した手紙（芸州藩士宛）に記された。その内容は、大政奉還は一時的なもので、おそらく武力衝突が避けられないだろう。だが君ら若い者は、この争乱に巻き込まれず、海援隊の船で蝦夷に一時待避して、他日の異国の侵略に備えてほしい、という遺言めいた内容のものである。事実この手紙の五日後に、龍馬は暗殺されてしまう。三度目も、一度目と同じように「待避」勧告の性格を帯びている。

（3・16）

◆国難4　東日本大震災と福島原発破壊

208　巨大な地震と高津波で、福島原発は統御不能状態に陥った。では、原発捨てますか？

北から青森、岩手、宮城、福島、茨城県等の太平洋側を襲った激震、高津波、原発事故であるいは亡くなりあるいは苦しむ膨大な数の被災者に、謹んで哀悼と痛嘆の意を表したい。ときあたかも危機管理の意識と能力に乏しい民主党政権に当たっていた。思えば阪神淡路大震災のときも、村山（社会党主）首班の「自社」連立政権であった。ともに国民の不幸であること、疑いない。その上でいうべきことがある。

△原発は危険だ

福島原発の故障がどのような原因で起こり、どのような惨事の程度に終わるにしろ、国内外から、原発懐疑・有害・廃止論がわきおこること、疑いない。ただし「原発の安全神話は崩壊した」はそれ自体「神話」である。原発は安全ではない。

原発はきわめて危険な技術である。太陽は統御不能な裸体の原発である。その子である地球もまた内部にマグマを抱え込んだ、統御不能な巨大原発である。人間がかろうじて閉じこめることに成功した原発は、「釜」（発電所）のなかで生命に危険な放射性物質を燃焼して電気エネルギーに転換する技術である。釜が壊れると、危険物質が放出蔓延する。

△技術は危険だ

技術は総じて危険である。自転車、自動車、飛行機を思い浮かべてみるといい。私個人の経験からも、六〇年代に運転していた危険極まりない自動車のことを考えると、ゾッとする。「危険」を理由に「車」の技術を、総じて技術を排してきたら、人類はいまだ原始時代の生き方を余儀なくされていただろう。

なるほど原発技術の危険度は、車や、水力・火力発電の技術とは桁違いである。同時に確認すべきは、原発技術も、故障や「爆発《クラッシュ》」をへて、ようやくのこと統御力を高め、より大きなエネルギーを閉じこめ、電力に変換することができるようになったのである。

△必要なのは改善

問題は、人類は原発ほどに危険な技術を統御し利用しなければならないか、ということにつきる。どんなに完全を誇ろうとも、技術には想定外のことが生じる。原発とて同じだ。しかもまだ原発技術は「完成」度を誇る段階に達していない。細心の注意による管理運営が必要である。ただし事故は起こる。回避可能な場合もあれば、回避不能な場合もある。それが技術の本性だ。

重要なのは、事故発生によって、当の技術を排することではない。事故の原因を取り除く技術改善を加えることだ。原発は、世界で五一年に、日本で六三年に稼働した。およそ六十〜五十年の実践技術の積み重ねがある。今回の大事故が教えるのは、安全性を倍加する技術改善であり、危機管

理の徹底であって、原発技術の廃棄ではない。（3・23）

209 石原慎太郎、都知事四選出馬。必然であり、必要であり、勝利する

東日本半分を大地震が襲った。最大の被害は津波によってもたらされた。二万人を超える死者・行方不明者、福島原発の故障・爆発も、想定外の高津波によってもたらされた。

日本中が翻弄され、世界中が注視しているこの大震災のなかで、国内外で重大問題が起こっている。一つは石原都知事四選出馬表明であり、リビア内乱への国際介入・空爆である。

△超都市＝国家、東京

石原は引退を表明していた。石原後継候補として松沢神奈川県知事が名乗りを上げ、マスコミに露出した外食産業ワタミ会長渡辺、共産党の小池前参議院議員が手を挙げ、前宮崎県知事の東国原や参議院議員丸山和也が立候補表明の機をうかがっていた。

これら候補者を並べてみて、いちばん不安に思ったのは、東京都民と首都圏民だっただろう。マスコミはこの重大点を一切報じていない。ニューヨークはアメリカではない。ロンドンもパリもベルリンも、その国の首都以上・以外の存在である。東京もそうだ。

大阪や名古屋が「都」になると息巻いているが、なれたとしても「東京都」とは異なる。それほどに東京は世界の超都市＝都市国家と直結した巨大かつ特別なエリアなのである。

△悪夢の再来！

東京都民は、首都圏民は、九五～九九年の青島都政の悪夢を忘れようたって忘れることが出来ない。東京はまさに植物人間状態であった。その上、九四～九八年、日本は自社連立政権であった。湯水のごとく公共事業に金をつぎ込み赤字国債を発行したにもかかわらず、いっこうに景気は好転せず、金融機関の赤字債権解消の目途はまったく立っていなかった。

いままさに都民の目前で演じられているのは、自社政権の再版である民主政権の混迷と停滞である。これで石原後継候補が落ちたら、あの青島都政の悪夢の再現である。

△嫌石原、選石原

石原嫌いの友人（都市プランナー）がいった。どんなに石原が嫌いだといって、石原以外の候補者よりはるかに石原が東京には必要だ。石原を老害と決めつけた評論家がいった。松沢が一二〇パーセント力を出しても、石原が七〇パーセントを出せば、石原のほうが数倍ましだ。他の候補（見込）者は、評するに及ばない。

この気持ち、都民のほうにより強いだろう。政治は「実績」である。もちろん石原には新銀行東京、オリンピック誘致等の失敗がある。数え上げたらきりがない。しかし東京を文字通り「復興」させたのである。その実績を都民が体感済みなのだ。そしていまのところ石原に替わる者はいない。選挙だ、何が起こるか分からない。しかし石原の圧勝は動かない。

（3・30）

210 リビアの内戦へ多国籍軍が軍事介入。引くも地獄、進むも地獄か？

国連安全保障理事会は三月十七日、リビア上空への飛行禁止区域設定を決議した。これを受けて米英仏の多国籍軍は軍事行動を起こし、「限定」的空爆を開始した。欧州連合は空爆を支持し、NATO（北大西洋条約機構）も軍事行動への参加を表明した。チュニジアから始まりエジプトに飛び火した長期独裁政権打倒の動きは一挙に国際化したかに見える。

△内戦に軍事介入

独裁政権打倒を掲げているとはいえ、リビアは、チュニジアやエジプトと異なる、内戦である。それに対する「国連」の軍事介入である。泥沼のようなアフガンのようにならないとはかぎらない。イラクでは軍事独裁政権は倒れたが、国内安定には至っていない。

だが自国民を空軍力を行使してまで攻撃する（「人道に対する犯罪」の）カダフィ政権の蛮行を許すことは出来ない。これが国連の「正義」である。この安保理の決議にチャイナとロシアは棄権した。この二国がまさに反政府行動を軍事的に抑圧しているからだ。

△アメリカ次第

問題はここでも世界の警察を自負しているアメリカの態度いかんである。アフガンやイラクの二の舞を踏みたくない。軍事介入で地上軍派遣は控えたい。派遣の余裕もない。これがオバマ大統領のいま現在の考えであろう。

リビアの軍事介入にいちばん熱心なのはフランスである。しかし仏軍が単独で軍事介入を続行する意志も力もない。英はアメリカ次第である。ドイツは慎重だが「参加」は拒めない。日本は地震対策で手一杯、もとよりアメリカ支持「表明」以外に選択肢はないし、そのように振る舞っている。

△中東諸国の事情

もっと複雑なのが、中東諸国、それも長期独裁政権が続くサウジアラビアをはじめとする石油産出国だろう。真っ先にカタールが禁止飛行区域での偵察に爆撃機二機をもって参加し、アラブ首長国連邦がこれに続くことを表明し、クウェートとヨルダンも物資補給などで参加を表明している。

アメリカはイラク侵攻でアラブ諸国の「反感」を買った。リビア攻撃で、アラブ諸国を分断することを避けたい。同時に、長期独裁制を敷くアラブ首長国連邦やサウジアラビア等は、反独裁政権打倒の波及を防ぎたい。心底は、リビア攻撃容認あるいは参加によって自国の反政府運動を押さえ込みたいわけだ。

△帰趨は不明

しかし戦争である。軍事力行使をカダフィは瞬時もためらっていない。この内戦の帰趨は分からない。もし反政府軍が劣勢に追い込まれたなら、アメリカ軍をはじめとする多国籍軍が、またアラブ諸国がどう出るか、反政府軍を見殺しにするか、それとも介入拡大を余儀なくされるか、いずれの道も「地獄」である。

（4・6）

211 「理路整然とした理論構成が文章の極意であるとは限らない。表現とは結局、自己を鍛え直す作業である。」

三月八日、谷沢永一先生が永眠された。三十五歳の時、先生の一冊の本に出会って以来、先生は私の変わらぬ導きの主だった。先生の最後のコラムは『Voice』に二十五年間連載された「巻末御免」の「二十五年」である。連載三〇〇回目に当たっていた。まさに擱筆にふさわしい文章である。

△自己発掘
「自己発掘の努力が生む熱意、これが一つの動脈となって読者の身上に訴えかける。……評論とは自己を評価し直すことである。それを縮約する不断の努力が、読者の胸を打つのではないか。」谷沢はこう述べる。

このコラム「二十五年」に登場する評論家が三人いる。最初のひとりは小林秀雄だ。
「だいたい結論なんてものは書いてみなくてはわからない筈で、わかっているものは書く必要がない」と小林がいうが、「これは人の心を動かす文章、人の心に響く文章の要を告げた文言であると思われる」と谷沢が記す。

いまひとりは伊藤整である。
「自覚しないうちに蓄積された無意識または印象を、自ら掘り起こし、見つめ直し、検討する努力が求められる場合がある。伊藤整が戦後まもなく刊行した『小説の方法』はこの自己発掘の熱意が頂点に達していたと推察される時期の労作である。」

△再読に及ばず

この二人に対するのが福田恆存である。

「例えば福田恆存の文章が説得力に満ちているにもかかわらず印象が薄いのは、結論が最初から定められているからである。福田恆存の文章は読み返す気が起こらないのが珍しくないのは、一度読むとたっぷり咀嚼できるからであろう。」

こういう風に福田をすらっと評した人をまだ知らない。先生の口からも直接聞いたことはなかった。

△伊藤を継いで

小林、伊藤、福田の三人は、まちがいなく戦後日本をリードした評論の三巨頭といっていい。谷沢の最後の文章が、この三人を「自己発掘の熱意」を尺度にして腑分けするのである。

最初に引かれる小林は、位置からいっても、導入である。ダシだ。しかも小林の「殺し文句はたしかにみごとなものだが、ただし、それは論じられている当面の問題や批評対象から独立した、相当手前勝手な感慨の表明に過ぎないことがきわめて多い」(『大人の国語』)というのが谷沢の基本小林評価である。

谷沢は「表現とは結局、自己を鍛え直す作業である」と伊藤に仮託して述懐する。つねに何歳になっても「新人」としてことに臨んだ、谷沢の遺訓であると私は受けとった。

(4・13)

212　この非常時、大震災対策を争点に、衆院解散、国政の転換を要求する国民の声が聞こえてこない!?

東日本大震災からの復興は二十年～三十年かかるといわれている。大災害のとき、とかくその損傷を過大に見積もるのは人間の習性だと知りつつ、やはりあまりに大げさだといわざるをえない。あげて市町村の崩壊と福島原発の爆発・損傷が取り沙汰される。だがさきの戦争で、日本を焦土にした爆撃と広島長崎の原爆被災を思い起こしてみるといい。

△貧日本＝十年復興

敗戦から十年、五五年「経済白書」は「もはや戦後ではない」と明記した。日本国民は主権を制限され、経済活動に足かせをかけられ、「安かろう、悪かろう」と世界中から叩かれながら、復興を遂げ、六〇年代の高成長期に突入していった。

もちろん、当時、戦後復興と国際社会への復帰という国民的「夢」があったことは事実だ。だが、六〇年代は「急成長」を遂げようとしていたとはいえ、東京オリンピックを想起してみるまでもなく、日本も日本人も十分に貧しかった。灼熱の夏になると、東京の水道は水瓶が空になり給水制限を余儀なくされ、大阪も京都もクーラーなどは夢のまた夢で、夜は眠られない日が続いた。

△被爆地永久封鎖!?

広島も長崎も、被爆で一〇〇年以上、草の一本も生えない荒蕪地になるといわれた。たしかに人類がはじめて経験する甚大な被害であった。いまなお被爆で苦しんでいる人がいる。だが今日の広島、長崎の活況を見るといい。

どれほどの災害だとて、人間の手と頭による復興再建の意欲と努力があれば、そこからの復活は可能だ。復興に二十年、三十年かかるなどというのは、この意欲や努力を欠いたときにはじめて起こるのだ。それとも現在の日本と日本人に意欲と努力がなくなったとでもいうのだろうか。

△解散＝総選挙こそ！

たしかに現在の日本政府と日本政治は右往左往して、まことに心細い。しかしこの政府や政治家を選んだのは国民である。国任せ、政治任せでは埒があかないのは目に見えている。

いちばんまずいのは、国民のあいだから、多少の時間、政治的空白が生まれても、国政選挙を行なって、この国の政治的危機を転換するという気運が澎湃と生じていないことだ。最善の道は、現状のまま政治休戦・大同団結や政界再編を待望することではなく、「東日本」復興を争点にすえて衆院選挙をすることだ。これが復興再建の最短コースである。

与党民主党はもとより、野党も変わらなければならない。自民のように指導力のないトップを据えたままではもちろん国政を任すことはできない。公明のようにこのまま待っていたら民主は自壊するなどという無策ではどうしようもない。みんなのにはまるで非常時に対する対策がない。つまりは現在の政党の「執行体制」を変える総選挙でもある。

（5・11）

213　浮き足立つな。自分の持ち場で奮闘努力、これが東日本大地震に対する非当事者の基本だ

前回で震災復興の最短コースは「総選挙」にあると書いた。政府だけでなく各政党のトップ・指導部を即刻変えなくてはならぬからだ。今回は一見して逆のように思えることを書く。被災地以外は、自分の持ち場、通常の生活、生産、営業に戻り、そこで奮闘努力することこそが重要である、と。

△貧者の一灯

新入生に「東日本大地震に何ができるか」という作文を八〇〇字で書かせた。募金と節電、これ以外に具体策はなかった。それはそれでいいとして、誰一人、学業で頑張って、東日本復興（正確には日本躍進）の力になりたい、と書いたものはいなかった。

学生が現状でできる最大のことは、四年間で卒業するために講義や演習に出て単位を揃えるなどというケチなことではない。自分の能力を目いっぱい上げることである。大学の授業や試験はいわば昼飯（ランチ）である。朝食（ブレックファスト）と晩餐（ディナー）は自学自習である。九割五分の学生がランチですましている。体力も知力もつかなくて当たり前だ。

△自分の持ち場で

大学における学業のありかたは、家庭、会社、工場ににおける「仕事」（正業）にも当てはまる。仕事の準備（朝食）、仕事の点検と錬磨（晩餐）がなければ「正業」に充実と進化がなくて当然で

ある。

大地震の災害を他人事とみなしてはだめだ。これは事実である。しかし、募金やボランティアに馳せ参じたり、節電や自粛に努めることは、あくまでも一時的なことで、はっきりいえば第二義的なことなのだ。自分の持ち場で従来よりも二、三割高に精を出す、これが正攻法である。

△自助努力

関東大震災や敗戦の大被害から日本が早急に立ち直ったのは、国や都の復興プランとその実行が大枠正しく、大きな間違いがなかったこともあるが、大本は個々の日本人が自分の持ち場で頑張ったことにある。経済学の父といわれるアダム・スミスは、国の富は個々の国民の労働の成果の総計であるといった。各人が自分の成果（利得）を拡大するために努力する、これが国富が拡大する根本だと考えたのだ。自助努力である。相互扶助はたいせつだが、自助努力のないところに相互扶助は成立しないか、ごくごく小さなものになる。

△他山の石

アダム・スミスは、五〜六万の死者を出した一七五五年のリスボン大地震に衝撃を受け、同情心をかきたてられた。しかし同情である。あくまでも非当事者のものだ。リスボン地震は、自分の関心・利害と無関係だが、対岸の火事ではなく他山の石として、自省と自助努力の契機とすべしということだ。これは一面では、東日本大地震にも当てはまる。

（5・18）

214　国難1　この国難の最大要因は政治家の不在にあるのか？

東日本大震災がもたらした最大の国難は何か。国民多数が抱く菅政権に日本政治を任せておけないという危惧感か？　では現政権に代わって舵を取る政治家がいるだろうか？　民主党にも自民党にも、ましてや他の政党ににも、この国難をのりきる力量をもったリーダーにふさわしい人間がいるのか？　菅に代わるリーダーがいない。現れそうにもない。まさに今日の最大の危機はこの人材不足、人的国難なのか？

△老外交官吉田茂

明治維新から一五〇年、このあいだに多くの国難があった。日清戦争、日露戦争、関東大震災、金融・経済恐慌、敗戦・被占領、バブルの崩壊・金融恐慌等々、大国難を数え上げただけでも七指にのぼる。そして思い起こしてほしい。

明治維新で誰が薩摩のイモ侍、大久保利通がこの国の舵を取ると予想しただろうか。四五年の敗戦はまさに最大の国家存亡の危機だった。誰が老外交官吉田茂の登場に期待を寄せただろうか。しかも国民は忘れやすい。大久保や吉田の功績だけでなく、まだ十年もたっていない小泉政権が辣腕をふるった銀行赤字債権処理等をほとんど忘れ去っている。

△電力不足!?

関東大震災では首都圏の全機能が崩壊した。基幹産業はもとより出版文化まで大阪に移転を余儀なくされたのである。敗戦では全日本の主要部分が消失した。それでも日本はたかだか十年で震災はおろか敗戦からさえ「復興」したのである。今回の東日本大震災、首都圏をはじめとする最大心配事は電力不足、最大の難事は福島原発の処理だ。後者を広島・長崎の被爆からの復興と比較してみるといい。

△自力更生の念

何も過去の国難と比較して、今回の国難が軽度である、心配ないと強調したいのではない。今回が過去の国難と最も異なる点は何か。いつに自力更生の念が弱いことではなかろうか。政府も、産業《インダストリ》も、商業《ビジネス》も、国民一人一人も、自立自尊でゆくという姿勢が明らかに弱い。

敗戦後およそ二十年、公務員の給与は低かった。教師は自分一人をようやく養えるペイしかもらえなかった。理由は簡単である。国家が貧しかったからだ。国家財政が苦しい現在、公務員給与のカットは当然である。日経連は法人税率の五％カットを一時棚上げした。経済界にも人がいない。日経連は経済を活況させ、税をガツンと納める気がないのだ。五％といわず一〇％カットを要求すべきである。（6・1）

215　**国難2　総選挙なんて、地方選挙でさえできなかったのに、などとお考えのみなさん江！**

〈未曾有の国難にさいして「政争」か？「内閣不信任案」や「解散総選挙」なんて、かくも「緊急時」なのに、政党も政治家も被災地の、ひいては国民のほうに顔を向けていない。〉マスコミ、とりわけTVの司会者、コメンテータ、出演者つまりは国民に顔をさらすものたちが、こう口を揃えていう。バカもいい加減にしたらいい。いいこぶりっこの振りをした、思考停止、無知無能の典型ではないか。未曾有ではない、とは前回いった。

△政権選択が必要

震災から二ヵ月たった。政治選択は大別して三つある。①菅政権の続行。②民主政権の続行で、菅をニューリーダーに替える。③政権交代する。

三月一日、自公が出した内閣不信任案が否決された。民主は、秋以降まで菅、その後首班交代という選択をした。自民公明の不信任案と小沢の「反乱」は封じ込められた。一見して民主の勝利である。だが被災地と日本双方にとってばかりか、民主と小沢派にも最悪のコースなのだ。民主は「公約」を捨てないかぎり、この国難を打開する方途はない。自民公明はこの難局打開をお手並み拝見でやり過ごすことができるという意味で、最善ではないがよりましな結果をえた。

△民主は最悪の選択

政治選択のうち①はよほどの菅びいきか、あと二年は議員でいたいという議員根性か、逆にこのまま放っておけば民主政権ならびに民主党は四分五裂すると考えている冷静だが底意地のわるい党利党略の持ち主である。

②菅に代わる、菅よりましなニューリーダー候補なら民主にもいる。だが菅内閣よりましな内閣になる保証はない。今回の民主の選択は、①と②の折衷で、無策と不安定の合体である。最悪の選

択をしたという理由だ。

△派閥の長はバツ

ニューリーダーは、与野党を問わず、現在の党や派閥のトップは除くべきだ。谷垣、山口、ましてや亀井はバツ。大小はあるが菅と「同罪」だからだ。鳩山、小沢、町村、古賀等の派閥の長は全くだめ。無能と自堕落ゆえに菅政権を生み出した「元凶」だからだ。

△「震災」選挙

国難である。現内閣のもとで挙国一致内閣は出来ない。現内閣が無能なばかりか、国を誤った方向へ進め、国難をより拡大する元凶になっている。それなのに政権交代の声は起こらない。マスコミが率先して政権交代を潰そうとしている。不思議な国だ。唯一の理由は、選挙している「暇」などないである。その通り、問題は「暇」である。

だが民主菅で二カ月、さらに「四~五カ月」の「暇」をかけてこの難局を突破できる道が開けるのか。まったく疑問だ。だから実は選挙が一番緊急かつ必要なのは被災者なのだ。

地方選挙も出来ないのに国政選挙は無理だ。こういうだろう。そんなことはない。震災直後とは異なる。それに昨今はやりの大げさな選挙活動や会場整備などなくていい。これこそボランティアの「手作り」選挙でいいじゃないか。問題は被災者の熱意だ。

国政選挙である。問題は、各党、各候補者が、国政の基本プランとともに、はっきりと災害対策を中心におく政治経済と国民生活の「実行プラン」を掲げて選挙を戦う、これが基本となることだ。

216 政府の無能さは中央省庁官僚の怠慢さを免罪しない。地方役人は当然の責務を果たせ（6・8）

東日本大震災で政府とりわけ菅首相の無能さ、国会の対応の悪さが大きな批判の的になっている。当然だろう。しかし同時に忘れてはならないのは、中央省庁に盤踞する官僚の怠慢である。さらには、被災自治体の県・市町村の役人の対応の遅さも見のがしていいわけではない。「政治」不信というが、官僚も自治体役人も政治（＝行政）の重要な部署を担っているのである。すべてを中央政府と議会の責に帰すことは出来ない相談だ。

△官僚たちの怠慢

最も剣呑なのは、中央省庁の官僚が、この国難といわれる緊急時に、まったくといっていいほど正面に出てきていないことだ。「洞ヶ峠」を決め込んでいるとしか思えない。菅内閣の「政治主導」が官僚の抵抗にあって、政府は官僚を使い切ることはおろか、動かすことさえ出来ない、といわれる。

事実その通りだが、政治主導そのものが間違っているのではない。官僚に従来と異なった頭越しの決定や命令がやってくる。自分たちの権限・権益が危うくされる。許すことはできない。だから可能な限り政府の決定や命令をネグレクト（無視・怠慢）する。これが官僚の「抵抗」スタイルだ。

しかし、こんなんでいいの。許されないのは官僚たちの「抵抗」と怠慢のほうである。しかも国難なのだ。政府がどうであれ、なんといおうと、自分たちの仕事をこなす。これが官僚（職能集団）の役割であり、使命じゃないか。しかも通常の時期ではないのだ。数倍の仕事量をこなす必要がある。そんな仕事に没頭する官僚の姿がついぞこの緊急時に見えてこない。

△当然の責務を果たせ

これは中央省庁の官僚（役人）ばかりではない。例えば災害援助費、義援金が被災者に届いていないケースだ。たしかに政府や日赤等の義援団体に問題はある。だが、どういう形になるにせよ、被災者「名簿」がないもとでは、「義援金」を分配しても、金は役所に留まって、住民まで届かない。

現在、被災地の地方自治体は被災者名簿（ならびに住民名簿・所在地の確認）作成は不可能なのか。そんなことには被災地の現有役人・職員の手が回らない、というならば、それに必要な人員確保に働かなければならない。政府や他の自治体に援助をこうか、あるいは臨時職員を確保しなければならない。

そんな加重を被災地に求めるのは苛酷だ。こういうかもしれない。しかし、住民の所在やその意思の確認なしに再建事業は始まらない。これが正則なのだ。そのための住民名簿である。

官僚や役人は職能集団である。どんな政権や首長のもとでも自分の職務を遂行するプロという意味だ。ならばその熱意と実力をいまこそ示すべきである。

（6・15）

217　国政の指導者たち、この国難事、全員若葉マークだなんて！

3・11の東日本大震災は、津波と原発破壊事故を併発し、被災地だけではなく、日本全体に甚大な被害を与えた。まさに「国難」である。このときにあたって日本と日本国民にとってもっとも大きな不幸は、若葉マークの運転免許の面々を国家指導者としていたことである。これが致命的なのは、いちど方向を誤ると、自力で方向を正す力がなく、猪突猛進するか、遅疑逡巡するかの両極端に陥ることだ。

△決定力不足

トップに立つものは、自分の存在が事態をスムーズに進行させる障害物になっていると分かったならば、いさぎよく退くことである。とくに若葉マークの場合はそうだ。ところが菅とその政権にはこれが見られない。むしろ逆である。日本は直近に阪神淡路大震災を経験している。復興の一定の方程式はすでに存在する。たとえば阪神淡路大震災ではもたついた自衛隊の投入が、今度はすぐになった。それも尋常の数ではない。

しかし「東日本大震災復興基本法」がようやく成立をみたのは六月二十日である。阪神淡路大震災復興基本法が一カ月余で成立したのに対し、二カ月半の遅れである。しかも基本法を実施する財政的措置である特例公債法案は審議さえされていない。

△野党も若葉マーク

若葉マークの指導者たちは、与党政権だけのことではない。自民・公明・みんなの党も、指導部は若葉マークである。とくに野党第一党の自民党総裁の谷垣を菅首相以上に心許ないと感じている人は過半を占めるのではないだろうか。

菅の体たらくを許しているのは、野党の若葉マークの面々でもあるのだ。そんな若葉マークに党の手綱を握らせている「実力」者たちはさらにたちが悪い。

△若葉マークをみかぎる

若葉マークたちに政権を与えたのは国民の過半である。その公約と若葉マークゆえに清新さを感じて支持した国民の輿望を担って、まず鳩山（首相）・小沢（幹事長）コンビが「公約」実現をはかり、財源不足と沖縄の基地移転問題で立ち往生し、無能・無責任の惨状をさらして舞台から姿を消した。ところが次の菅・岡田コンビは財源確保のために「消費税」を参議院選挙の争点に掲げようとしたが、不評だと知って、途中で降ろし、参院選で惨敗して、ねじれ国会が再現した。（このとき国民は若葉マークをみかぎる。）

民主党にとって最悪だったのは、いちど退いた小沢が、ばらまき「公約」の実現を掲げて代表選に打って出て、惨敗後も、ことあるごとに政権の足を引っ張っていることだ。菅若葉マーク政権は、前門の虎（谷垣・山口）よりも怖い後門の狼（小沢）にその身をさらしている。

しかしそれもこれも、若葉マークの菅・谷垣・山口が退き、ただ噛みつくだけの小沢が姿を消せば、少しはましになるのでは。（6・29）

218　菅首相の逆襲。「脱原発」で、解散総選挙へ打って出る「切り札」を握った

菅は「裸の王様」であった。退陣は直近とみられていた。しかし「勝負」は相手次第なのだ。反・非菅勢力が懐手してもたつくなか、菅は総選挙で戦い、勝利する展望をもつ最強の「争点」を手中にした。反・非菅勢力を一気に恐慌に追い込む水爆級の強力弾である。

△反・非菅の無為無能

菅の「窮地」は東日本大震災から迅速かつ適切に「再生」する施策を実行できないでいることである。「再生」を阻む要因の一つは民主党内の反・非菅分子である。出来もしない「公約」を固執する勢力（小沢や党）や、政権のたらい回しを狙って棚ぼたを決め込んでいるニューリーダーたちだ。二つは野党の「非協力」である。菅・民主政権の「野垂れ死に」を懐手して待つ勢力だ。三つは、官僚や役人の非協力と無能である。この勢力も、責任をあげて菅政権の無能無責任に押しつけようとしてきた。つまりは反・非菅勢力は無為無策によって菅を自滅に追い込み、後釜を狙う姑息な方式をとってきた。

△退陣三条件

だから、菅が「退陣」を臭わすと、反・非菅勢力のボルテージが一気に下がった。「花道」論がにわかに起こった。退陣の条件は、一つ第二次補正予算案通過、二つ赤字国債発行法案成立、これを与野党幹事長会談が「内諾」した。だが菅は再生エネルギー特別措置法案成立を退陣の目途であ

ると強く押し、与野党に呑ませた。ここが決定的な分かれ目で、裸同然であった菅が一気に強気に転じた。なぜこんなことが可能だったのか。

菅首相は、他の誰でもない首相だけが行使できる衆議院の解散権を行使し、総選挙で勝ちうる「争点」を掌中にしたからだ。

△「脱原発」

「再生エネルギー特別法案」を、総選挙の争点にすると、どういうことになるか。

「脱原発、是か非か」である。この争点は、「郵政民営化、是か否か」を争点とした小泉の「郵政」解散よりもわかりやすい。さらに「脱原発」は全国民の関心を単純明快に喚起し、賛成を迫る超強力な選択肢である。たんに被災・被爆地だけ、あるいは日本だけの関心事ではない。日本の選択を全世界が注視する「勝利を約束」された切り札なのだ。

△危険な標語

ただし「脱原発」は、原発被爆直後の人を強力にとらえるが、内容もその実現方法も定かでない、強力なうえに扇情的な、したがって危険なスローガン（標語）である。二つだけいおう。一、日本の経済活動を停滞させ、二、原子力（エネルギー）開発技術を破棄させる現実性を帯びた標語なのだ。「スモール・イズ・ビューティフル日本」でいいんですか？

（7・6）

219 女子ワールドカップでなでしこジャパンが圧勝した。女子サッカー王国の幕開けだ

「戦後、女と靴下が強くなった」はいまでは忘れ去られたフレーズ（成句）である。ところがにわかに記憶の底から浮上してきた。七月十八日早朝（日本時間）、ドイツのフランクフルトで開かれた女子ワールドカップ（サッカー）で、なでしこジャパンが強豪を連破して、「奇蹟」の優勝を果たしたからだ。日本国中が燃えた。

△ナイロンの強さ

合成繊維のナイロンは、絹の肌触りと木綿の強さを兼ね備えた「魔法の繊維」といわれた。それが靴下（ストッキング）の素材として登場、日本では一九五〇年代に製品化され、しなやかで光沢があって強く、「ノン・ラン（伝線せず）なのでナイロンなのだ」などという造語まで生まれ、大流行した。そういえば、五〇年代、高校生以下では、着用禁止になっていた。「婦人＝成人女子」専用とみなされていたからだ。

「なでしこ」ジャパンは、決勝リーグ戦で、ドイツ、スウェーデン、アメリカという長身で男顔負けのストロング・パワーのチームに勝った。一見して、薄氷を踏むような僅差の勝利だった。しかしその勝利はフロックではない。「絹＋木綿」が「鋼鉄」に打ち勝ったからだ。まさに「女」独自の強さを発揮してだ。

△「なでしこジャパン」

なでしこ（撫子）は秋の七草の一つで、日当たりのいいところに自生するごくごく平凡な草花だ。つまり清楚で強い。まさに大和撫子（日本婦人）の典型である。一勝もしたこともない対アメリカ決勝戦で、とくに目立ったのは百戦錬磨の沢穂稀（MF）、中堅の宮間あや（MF）と海堀あゆみ（GK）、新鋭の熊谷沙希（DF）の活躍であった。宮間のキック力はその正確さにおいて出場選手中ナンバーワンではなかったろうか。海堀の反応抜群のキープ力は、PK戦でも遺憾なく発揮された。熊谷はアメリカのエース、長身のワンバクのゴール前での攻撃を六十分間ことごとく防いだ。沢の延長ゴールもこの三人（とその他）の活躍なしにはあり得なかったし、試合も惨敗に終わっていただろう。

△アメリカなでしこ

しかしそれにしても、アメリカ女のサッカーは見事だった。体力、走力、技術力のすべてにわたって日本選手を上回っていた。残念ながらゴールポストに嫌われ続け、予想外の敗北のやむなきに終わった。しかし（?）美人揃いである。「アメリカなでしこ」は別名ビジンナデシコといわれる。まさに鑑賞にたえうるのだ。

なでしこジャパンの勝利に、東京オリンピックの「東洋の魔女」（バレーボール優勝）がダブって見えた。だから（?）、日本の女子諸君、なでしこジャパンの土台の上に、アメリカなでしこをも取り入れ、サッカー女王国への歩みをはじめようではないか。

（7・27）

220 利用限度額なしのカードを握って、「節約」はいいのだと叫ぶ菅政権やマスコミの末期症状

債務上限引き上げ法案可決か否か、アメリカ議会の最大焦点になった。これがぞんがい日本であまり大きな問題として取りあげられていないのは、日本には債務法定限度額問題はないからだ。しかし、アメリカ政府にとって、債務が「上限」額にたっしたら、もはや借金できなくなる。公務員給与支払いや国債の利払いが出来なくなり、債務不履行《デフォルト》に追い込まれる。会社なら即破産につながる危機だ。

△打ち出の小槌

東日本大地震の対応で、菅政権が国民の低支持や与野党の猛反対にもかかわらず、一パーセントになっても辞めない、という底意を秘めて頑張っていることができるのは、地震・原発対策で無作為にばんばん金を使っても、借金がどれほど増えても、債務上限限度額がないので、利用限度額なしのキャッシュカードを持っている感覚でいられるからだ。

その実、増税カードを切るような姿勢を見せながら、国民や企業には「節電」を奨励し、国民精神運動＝生活・生産スタイルの見直しを推進する。なにか戦時中の「欲しがりません勝つまでは」を彷彿とさせる。

△菅のしたたかさ

独創性ゼロの菅は模倣第一でゆく。末期症状の麻生政権は、満期まで辞めないで、借金の垂れ流

しに固執し、権力欲を満喫した。結果、選挙で大敗北、自民衰滅の因を作り、末代まで莫大な赤字を残した。

菅は、任期はまだ二年ある。大震災の課題にめどをつけるまで辞めない。そのために必要な財源はじゃぶじゃぶ使う。さらに、衆院解散も辞さない、と解散で総崩れになる与党にビシッとにらみを利かせ、「脱原発」で勝つチャンスはあるのだ、と暗黙の脅かしを野党にかける。

△清潔で衰退に

朝日や毎日は菅の「脱原発」に大乗り気。悪の技術原発＝「清貧の思想」がいいのだ、という「幻想」を振りまく。菅はなでしこジャパン人気に載って国民栄誉賞を授与。それにこの政府は「不正」を行なわないのだ、という印象を国民に強く与える。

不正まみれの政治はいただけない。だが清潔で無策なだけ、国と国民を衰退に導く「楽しい楽園」（朝日系）の全国民版は、いただけない。麻生が一年で自民党を壊滅に追い込んだが、菅は三年で、民主党はおろか、日本政治を壊滅状態に追い込む。

△中進国日本？

日本企業は、トヨタであれパナソニックであれ、世界企業として国際競争のなかで生きるかぎり、ビジネスライクが必要だ。日本をアメリカやチャイナより不利な経済環境におきつづけたら、敗退は必至だ。日産などは露骨にチャイナにシフトすると表明する。さあどうすると問われているのは、菅よりも、日本国民なのだ。

（8・10）

221　向田邦子が逝って三十年。八月はいつも死とともにある

向田邦子は八一年八月二十二日に急逝した。今年のこの日、三十年経たことになる。生きていれば八十一歳だから、まだまだ現役だろう。しかしこの作家も、その作品も、いつも死がそのまぢかにあった。三十年忌記念作品として放映中の「胡桃の家」（ＮＨＫＴＶ・６回）を見つつ、「希死念慮」という言葉が頭をよぎった。

△死に引き寄せられて

向田（51歳）は、旅行先の台湾で、「不慮の死」を遂げた。超多忙中のこの旅行は、そもそもが偶然の産物であった。シルクロードへの予定が政情不安で、台湾に切り替わる。さらに、最初は別行の便で飛び立って機体不調で引き返し、高雄行きの便に切り替わり、十五分後墜落事故にあった。だがこの偶然は必然であった。

△『父の詫び状』

脚本家向田は『父の詫び状』（78年11月）で作家になる。ＰＲ誌『銀座百点』に連載された初のエッセイ集で、激辛口コラムで有名な山本夏彦は「向田邦子は突然あらわれてそれなのにすでに名人である」と追悼の賛辞を送る。

このエッセイ集は、七五年の乳癌手術後、血清肝炎にかかり、右手が利かなく左手で書いた、死を強く意識し、遺書になるかもしれないとして書かれた。一読、戦前派の頑固で独善的な父親への

遺書かつオマージュ（讃仰）といいうることがわかる。順風満帆、向田は八〇年「かわうそ」等の短編小説で直木賞をえる。

△劣勢意識

向田は讃辞に囲まれ、「美貌」「食通」「独身」と三拍子そろった人生を享楽する派（エピキュリアン）とみなされる。わたしの実感は少し違う。自分の顔やスタイルにコンプレックスを持ち、旨いものは好きだが食い意地が張ったという意味であり、男の影が窺える、どこか素顔を見せたくないというふうのおどおどしたところが透けて見える。

△「希死念慮」

エッセイストで中国文学研究者の高島俊男がいう。

「わたしが向田邦子の書いたものを読んで感じたのは、この人はつねに自分のことを敗北者と感じている、ということだった。そして、おりにふれてからみついてくる敗北感にさいなまれて、なろうことなら早く死にたいと思っているらしい、ということだった。

死にたい、という気持ちを心のどこかに持っている者が、世間に無関心であるとはかぎらない。世の中のさまざまなこと、たとえばことばに、文章に、あるいは映像に、物語に、生き生きとした関心を持ちながら、しかしいつもその底に希死念慮のつめたい水をひたひたとたたえている人もある。」（『メルヘン誕生』）至言である。

（8・24）

222 野田代表選出で民主党は瓦解の危機を乗り越えた。「国難」は去った

民主党の代表選挙を見ていてまず第一に思ったのは、人はどうにかこうにか学ぶことができる。それには時間が必要だということをだ。海江田という「鵺《ぬえ》」のような存在を振り切って野田を選び、その野田が、ナンバーツーの幹事長に、煮ても焼いても食えない輿石を据えた。民主党はこれでようやく初等教育を終えたように思える。党内「融和」などというママゴトから脱却できるのではなかろうか。

△ようはスピード次第

東日本大震災問題はやるべきことがはっきりしている。ようは金次第＝財源次第ではなくスピード次第である。これには心配することはない。加速がついたら速い。これが日本国民の特性だ。原発問題はヒステリー状態が解消するまでゆっくり時間をかけていい。原発技術の問題は、車の「燃費＝排ガス」問題同様、技術で解決するしかない。時間と金と人材が必要だ。政府民主党、とくに鳩山、小沢、菅という旧主三人の愚行が招いた国民の反感（アパシー）も、時間をかけてゆっくりその解消を図るしかない。こちらは焦っても仕方がない。

△自民党の退廃

それに野党になった自民党・谷垣や公明党・山口が野党としての機能を果たしていないのだから、問題はアクセルとブレーキを踏み間違わなければいいのだ。まあ単純化していえば「大連合！

大連合！」の掛け声だけで野党対策は十分であるかのように見える。二年間浪人暮らしである。準与党になっておこぼれに預かりたいという飢餓状態なのだ。

自民党はつねづね「国益」第一といい、「愛国」を掲げてきた。しかしどこをどう突いても身を挺して奔走している人を見いだせない。民主党の失策や欠陥をあげつらい、わたしなら「こうする」という、政権党のとき出来もしなかったようなことを口走るだけだ。

△「鎖国」でいいの？

「国難」は去った。だがこういうだろう。

円高だ。エネルギー・電力危機だ。中心企業が海外逃亡だ。円高は止まらない。

輸出産業は一時的に痛手だが、日本は資源の輸入国である。大歓迎じゃないか。エネルギー危機は日本にとって「常事」である。騒ぐ必要はない。企業の海外流出は日本人、とくに日本人従業者の雇用にとって重大事だが、企業活動にとっては少しも痛手ではない。この二十年、日本企業は海外進出を経験済みである。

雇用問題のポイントは、企業だけでなく日本人が海外に仕事を求め、外国人労働者を受け入れる時代にすでにはいっていることの確認にある。「鎖国」は時代錯誤なのだ。（9・7）

223　観るべし！　映画『探偵はバーにいる』の成功は札幌をパワーアップさせる

札幌を舞台にしたハードボイルド・ミステリ映画『探偵はバーにいる』が九月十日公開された。

「二〇〇万都市」札幌である。さまざまな映画・TVの舞台になってきた。しかしこの作品は丸ごと札幌舞台の映画である。その魅力を、あまり語られない側面から述べてみよう。

△ホームズに伍して

原作者の東直己は純粋札幌っ子である。札東高から小樽商大中退、北大（印度哲学）中退で、『探偵はバーにいる』（92年）でデビューした。ただし映画は第二作目の『バーにかかってきた電話』（93年）が原作である。

名探偵を創造したら、ノーベル賞ほどの価値がある、というのが私見だ。事実、シャーロック・ホームズやエルキュール・ポアロは、エジソンや福沢諭吉よりもはるかに「有名」人であり、多くの人にとって「貴重」ではなかろうか。東はこのシリーズをすでに一一作書いているのだ。

△札幌のシンボルに

ホームズやポアロの世界がすごいのは、作品が面白く、よく読まれ、映像化もされる文化・娯楽価値や膨大な経済効果を生みだしているという理由からだけではない。十九世紀末の世界最大の都市、魔都ロンドン、二十世紀の前半、世界の中心をNYに奪われつつあるロンドンが活写されているからだ。マルクスが記した資本主義の活力と腐敗を知ろうと思えば、シャーロキアンになればいい。国家社会主義であるナチスの台頭と没落を実感しようと思えば、ポアロに近づくにしくはない。

二十世紀末から二十一世紀初頭の日本を知ろうと思えば、札幌の魔窟であるススキノに盤踞する名無しの探偵とその仲間の友だちにならなければならない。

△奇っ怪な原作者

映画も小説も、観て読めばわかる。ことは難しくない。しかし「作品」を生みだした作家ははるかに奇っ怪だ。コナン・ドイルもアガサ・クリスティも、その外見にだまされてはならない。東直己もまたしかり。その作品よりもはるかに複雑（怪奇）なのだ。外見さえオーソン・ウェールズより奇っ怪ではなかろうか。巨漢で、一見して不潔だ。ところが清潔癖である。ある人にとっては真直で礼儀正しい。ある人にとっては偏頗ではなはだしく無礼に思える。

映画は原作とは違う。探偵演じる大泉洋、その友人の高杉を演じる松田龍平のイメージは、原作とかけ離れているよう。が、映画好きはそんな乖離にこだわらない。名無しの主人公と名がある相棒のイメージを二人が見事に演じている。

△二〇〇万動員！

この作品が興行成績をあげ、シリーズ化されれば、上田市長もいうように、札幌のイメージ・アップにつながる。作品の成功は二〇〇万市民の力にかかっているのだ。

（9・14）

224　羽生が四十で六十九歳の大山にならんだ。その自然流のいく末は、大山を超えられるか

ヨーロッパの金融危機は少しも鎮静していない。いよいよギリシア救済がままならず、破綻（クラッシュ）必至の状態で、ついに拡大の一途をたどってきたEUの一角が崩れそうだ。国内では野

田内閣は本格始動の矢先、道選出の鉢呂経産相が失言失態で辞任する予想されたハプニング（?・）で出鼻をくじかれたが、復興の加速化の「予感」がする。述べたいことがたくさんあるが、今回は羽生の九月十三日「王位」奪回を取りあげたい。

△苦戦の連続

四十歳なった。若手が力を上げ一気に追撃をはじめた。それでも、若手筆頭の渡辺明（84〜）竜王と、〇八年初代永世竜王を賭けて戦い、「三連勝して四連敗」という初体験を味わって敗れたものの、〇九年は同期の郷田真隆と戦い名人位を防衛し、王座戦では山崎隆之（81〜）を三対〇で下した。一〇年は、棋聖戦で同期の深浦を三・〇で退け、王座戦では同期の藤井猛をこれまた三・〇で下す好調ぶりを示した。

しかし一一年に入って、同期の森内俊之を迎えた名人戦では、三連敗後に三連勝するが、最終局で惨敗し、名人位を失う。棋聖戦は福浦を三・〇でのけたものの、広瀬章人（87〜）王位に挑戦し、二連敗のあと二連勝、最終局まで戦って四・三でかろうじて逆転した。

△もつれると……

なんだ、全体としてみればタイトル戦は五対二で、それもストレート勝ちが多いではないか、というかもしれない。しかしタイトル七冠のうち「最高位の竜王と名人」の二冠を若手の渡辺、同期の森内と戦って、ともにフルセットの末敗れた。王位戦では若手の広瀬に先行されるも、辛勝したが、もつれると強かった羽生に変化が起きていることはたしかだ。

△自然流だからこそ

羽生の将棋はあらゆるデータを搭載したコンピュータといわれた。特に終盤もつれると強く、正確無比といわれたが、大山康晴の強靱な二枚腰とか中原誠の縦横無尽とは異なる。しかし最近、羽生は自ら、相手よりも先の先まで読むのをやめ、流れにまかせる、というようになった。自然流《じねん》というべきだろうか。したがって守りを固めて進むか、相手を意想外の戦いに持ち込むか、は予め決まっているわけではない。圧勝も苦戦もこの羽生の変化と関係するといっていいだろう。

△A級棋士で死ぬ？

羽生は今回の王位戦獲得でタイトル計八〇期と大山にならんだ。続くのが中原六四期、谷川二七期である。公式戦も大山の一四三三勝、棋戦優勝一二四回を追い抜くことはたしかだが、大山が六十九歳現役でA級棋士のまま亡くなった破天荒の記録を破ることは可能だろうか。羽生自然流なら可能になると思える。（9・21）

225 「反省」と「節約」好きの皆さん。本気ですか？ 心変わりはありませんね！

3・11以降、「反省」と「小さいことはいいことだ」の大流行である。こういう光景は、七三年の「オイルショック」でも、九〇年の「バブル崩壊」でも見られた。はるかに大きな規模で見てきた。しかし七八年第二次オイルショック後、八〇年代に入ってバブルでは、「反省」も「省エネ」もまったく影を落としさえしていなかった。「リーマンショック」以降も、猿の「反省！」に終わった。

△「縮小」はむずかしい

反省が足りなかったのか？　懲りていないのか？

第一にいえるのは、一度膨らんだものを縮小するのは、家計と、会社会計と、国家財政とを問わず、「言うは易く行なうは難し」なのだ。短期だけなら縮小は可能だが、日常的永続的に緊縮に耐えるのはむずかしい。史上に類を見ない。

第二に、人間の欲望は、物質的・精神的を問わず、昨日より今日、今日より明日、「モア・ベター」（もっとよくなる）をめざす。これは自然＝本性である。

第三に、したがって、「モア・スモール」（小さいことはいいことだ）を貫くことは、人間の本性に逆らうことだから、なまじの「反省」や「節約」ではとうてい難しく、ほとんど付け焼き刃で終わらざるをえない。

△「最小不幸社会」だって

経済の規模が多少小さくなっても、世界の競争からとり残されても、「格差最小社会」や「最小不幸社会」の方がいい。こういう一見して口当たりのいい考えが民主党政権の「理念」だ。だがこの理念、社会格差の解消と実質的平等をめざす正真正銘の「社会主義」を別の言葉で置き換えたにすぎない。

社会主義の七十年の実験がどれほどの惨禍と不幸を生み、悪夢に終わったかを「反省」せず、簡単に忘れ去った鈍感者たちが、こともなげに「格差最小社会」や「最小不幸社会」などを高唱できるのだ。破廉恥もはなはだしい。

△無理強いは無駄に終わる

「欲望」のコントロール、さらには「縮小」には、第一に社会・集団の強制（「欲しがりません勝つまでは」「無駄を省け」等）と、第二に個人道徳の統制（「贅沢は罪だ」「必要最低限で生きよ」等）を必須とする。社会主義経済には「消費」の項目がなかった。「消費＝浪費＝ムダ＝罪」＝社会的不必要であった。

よほど強力な社会的強制や個人的自己抑制がなければ、「モア・スモール」は実現不能である。こんな社会をだれが望むのか。こんな社会が実現したらまさに「悪夢」という他ない。もちろん新聞など、不要、ムダである。

無理なことを強いると、悲惨な結果を生む。「スモール・イズ・ビューティフル」などという、過去・現在・未来をすこしも考慮しない言説に惑わされ、「反省」をいい、「省エネ」を誓っても、ま、心配無用だろう。無理と無駄に終わるからだ。しかし、無駄な努力である、停滞は免れない。

（9・28）

226　ポスト資本主義時代の寵児たちに退潮傾向が見えはじめた

武豊（競馬）、イチロー（野球）、羽生善治（将棋）は、世界と日本がまったく未経験の世界、ポスト資本主義社会に突入してから生まれ、育ち、活躍を続けてきた「ポスト人類」の第一人者たち、天才である。「ポスト」とは「あと」（後期）であり、「超」（超越）である。しかしこの天才たちが四十歳をはさんでいっせいにかげりを見せはじめた。

△ポスト資本主義

ポスト資本主義の本格化は社会主義体制が崩壊した一九九〇年を境にしている。世界市場は「一つ」になった。先進国は、生産中心主義から消費中心主義に変わる。コンピュータによる情報ネットが世界の末端まで広がり、国家と企業と個人等々を問わず、高度情報＝知識抜きに政治経済も、文化も、生活もスムーズに進展しなくなる。「デモクラシー」は目標や理念ではなく、現実の一部、日常生活になる。もちろん、世界にはまだポスト資本主義の恩恵に浴していない国や地域や人々がいることを忘れたわけではないが。

△金融商品恐慌

同時にポスト資本主義は「光」の面だけを持つわけではない。ヨーロッパのながねんの「夢」だったEU（ヨーロッパ連合）が結成され、嚇嚇たる拡大と進化の道を歩んできた。一時はアメリカの一極支配にとってかわる勢いを示した。だが〇八年のリーマンショック（金融商品恐慌）のあおりを食らって債務超過に陥ったギリシアすら救うことが出来ていない。また消費資本主義の進展は、激烈な価格競争（価格の中には賃金も入る）、価格破壊を生みだす。世界の工場を誇るチャイナも、インド、ベトナム、ミヤンマー等の価格破壊の脅威にさらされている。

△新しい困難

ネット社会の拡大と濃密化は、情報を簡便に共有するチャンスを与える。一方では、「ジャスミン革命」（デモクラシー）を生み、独裁政権を倒すと同時に、デモクラシーを一片の情報で混乱に陥れる要因となる。金融恐慌を目の当たりにして、「資本主義は終わった」という論者が絶えないが、ポスト資本主義が内包する困難、たとえば情報を正確に読み取る能力の未成熟を見ないせいだ。

△旧式コンピュータ

武もイチローも羽生も、「精密機械」ではなくコンピュータといわれる。勘や経験によるのではなく、きっちり計算しきってことに及ぶ、という行き方だ。（ちなみに、コンピュートとは計算するの意である。）彼等の退潮傾向は、コンピュータに狂いが生じたからなのか。そうではあるまい。コンピュータが「古く」なったからだろう。それを経験や勘で補おうとして、あえいでいるに違いない。時代の寵児の光と影である。

（10・12）

227 震災で、東北に産業空洞化は起こらない。被災者の救済とともに、先端技術工場の再開を急げ

東日本大震災で最も驚いたことの一つは、世界一三〇余の国々が、あたたかい援助の手をさしのべてきたことだろう。筆頭はアメリカで、同盟国である、当然だ、といえばそれまでだろうが、航空母艦を引き連れ、二万人を投じる「トモダチ作戦」を展開した。壮挙である。特記すべきはタ

イワン。そして韓国、チャイナ（自国費用で同朋を帰還させる）、さらに最大規模の医療団（62人）を派遣してきたイスラエルの支援である。

△GM、操業停止

マスコミ等は、日本のこれまでの災害支援や援助が顕著で成果を上げてきたからだ、と大々的に報じた。もちろんそれもある。しかし、地球は一つ（グローバリゼーション）である。東北の町工場でつくられる電子部品、化学材料、自動車部品等の供給がストップすれば、ゼネラルモーターズをはじめ、世界中のメーカーが混乱を来した。早急な復興、なによりも製造再開、が、各国にとってもまた緊急課題だったのだ。

△一国主義か

東北沿岸部をはじめとする製造業が大打撃を受けた。再開を早めることが急務である。そうしないと、他所、他国にその地位を奪われ、東北経済の空洞化は避けられない。こう悲観論が声高に報じられる。

同時に、長期的には、他国や、他所に部品供給を依存する体質から脱却する必要がある。地球主義は危険だ。農業ばかりでなく、工業も一国主義＝自給自足体制に戻る、あるいは、近づける必要がある。自由交易を促進するＴＰＰ（環太平洋戦略的経済連携協定）反対とも絡まって、こういう声が起こっている。

△非価格競争力

世界が東北の復興を待望している。理由は三つ。①高品質。そこが作る部品は、他所では代替できないほど質が高い。②信頼性。東北人特有の律儀さ、責任感、忍耐力の強さを持っている。③納期が確実。東北の製造業は、これら三つ、金では買えない最優先の「非価格競争力」を持っている。価格競争ならばチャイナに取って代わられるが、東北に産業の空洞化は起こりにくい。

△世界に冠たる技術

信越化学の白河工場は、シリコン生産で世界の二〇％以上のシェアーをもつ。シリコンがなければ半導体工業はストップする。世界最大の電機・電子メーカー、韓国のサムスンは、東北の一工場の操業再開に関心を持って当たり前。韓国がいち早く日本に援助をさしのべた最大理由である。福島原発事故に最も早く反応を示したのはフランスだ。原発推進国フランスが、世界の世論を反原発の流れに向かわせないため、全面的な技術援助を表明した。「世界に冠たる東北」の偉観を目に焼きつけてほしい。（以上、長谷川慶太郎『必ず復興する日本のシナリオ』を参照）（10・26）

228 鳴かず飛ばずの自民党。まずはトップを変えなくちゃ。派閥のトップも変えなさい

野田政権が走り出した。総額一二兆円余と増税をセットにした第三次補正予算も楽々と通すだろう。公明党は増税には消極的だが、震災復興の目玉である予算は通したい。野田首相はＴＰＰ（環太平洋経済連携協定）にも積極的だ。自由貿易の拡大促進は、日本全体の経済を考えれば、景気回復に欠かせない切り札の一つだからだ。ＴＰＰ参加を推進してきた自民党が反対するのは筋違いだ

が、今の執行部ではどうしようもない。

△お株を奪われた

野田は、財政再建・増税でも、自由貿易協定推進でも、完全に自民党のお株を奪ったかっこうだ。それがなにがなんでも反自民の民主党支持者には面白くない。自民党にはもっと面白くない。しかし政治は「結果」である。民主党がやろうが、自民党が進めようが、いいものはいい。鳩山・小沢コンビはどこからどこまでもトンチンカンだった。無能である。これは倒れるべくして倒れた。菅はマが悪かった。反対派だけの人であった。野田はまがりなりにも実行する。実現できる線で政策をまとめる。線とは何か。反対野党の自民党が正面から反対できない線である。理念も信念も自己主張もない政治家に見える。見えるだけではなく、その通りなのだ。これが政権をもたない野党にとってはやっかいなのだ。

△清水の谷垣じゃ⁉

このままでは一時近づいたかに見えた自民党再登場のチャンスはどんどん遠のいてゆく。原因は何か。兎にも角にも野田ドジョウは元気がいい。ドジョウは清水を好むのだが、野田ドジョウは泥水を飲んだって平気である。かつての自民党にはあえて泥水を飲む豪傑がいた。角栄、竹下、それにわが北海道の鈴木宗男などである。ところが現総裁の谷垣は泥水を目をつむっても飲み込めない。最大派閥の長である町村もそうだ。

泥水を飲むのがいいというのではない。必要ならばわが田の水でないものだって飲み込むことができなければ、政治の世界では役立たずになるだけなのだ。

△シャッポがいない！

自民党がダメなのは、こんな谷垣をトップに戴き、しかもナンバーツーもスリーにも、必要ならば与党に与してさえ、必要不可欠な政策を通し、実現に邁進する姿勢がまったく見えないことだ。これじゃじり貧である。自民が戦後政権を独占できたのは、まがりなりにも掲げた政策が正しかったことにある。民主に自派の政策をつぎつぎ奪われておたおたしている自民なぞ、たんなる反対のための反対党ではないか。シャッポを変えろといったが、新鮮でまともなシャッポはいるのかい。名乗り出る人間さえいないのだから、悲しいね、嘆かわしいね。（11・9）

229　放射能は怖い、見えないから怖い、と連呼するみなさんに読ませたい本がある

八六年のチェルノブイリ原発爆発事故で、当時の発電所所員一三四人は一〇〇〇～八〇〇〇シーベルトの線量を浴びた。直後に二八人が、さらに事故後二十五年間に約二〇人、計四八人が死亡した。エッと思うかもしれない。福島原発で被爆して死亡した数は、〇、今後とも被爆が原因で死ぬ人が出る可能性はない。こう言い切るのは副島隆彦である。最近著、副島編著『放射能のタブー』（KKベストセラーズ）においてだ。

△原爆死者数？

長崎・広島の原爆投下で直接死んだのは七万人と一六万人である。膨大な数だ。（ちなみに誇大

視される南京大虐殺の数に匹敵する。）これは多くの人が知っている。だが六十年間、放射能のせいで八〇〇人がガンで亡くなった（にすぎない）という事実を何人が知っているだろうか。これにもエッと驚かされるだろう。それに被爆者（手帳保持者）の平均寿命は短くない。

△CTスキャン全廃？

原発や放射能は危険でない、といいたいのではない。「原発安全」は神話だ。しかし原発は「危険」である、人間に統御不能である、だから「全廃」せよと主張し、その実行を率先して（ドイツ政府のように）迫るのは、理論的にも実践的にも間違っている。総じて自然であろうが技術であろうが、危険のないものは少ない。問題は「危険度」である。

放射能は危険である。しかし一ミリシーベルトでも浴びれば身体に危険だというのは、科学（＝事実）ではない。CTスキャンを行なうと瞬時に一〇ミリシーベルトの線量を浴びる。一ミリで危険なら、CTスキャンの全廃を主張しなければならない。

△五シーベルト

副島は恐ろしいことをいう。「五シーベルト以上を一瞬のうちに浴びたものだけが死亡する。それ以下は死なない」（1シーベルト＝1000ミリシーベルト）。だがこれは副島の独断ではない。東海村で九九年九月三十日に起きた事故のデータから引き出された結論だ。被爆し、一六シーベルト浴びたOは八三日、六シーベルト浴びたSは二一一日で亡くなったが、一〜二シーベルトしか浴びなかったYは、回復して退院した。

△原発跡地利用？

原子力安全委員会と安全・保安院は、四月十二日の共同会見で、三六万テラベクレル（テラ＝兆）～五六万テラベクレルの放射性物質（チェルノブイリの10分の1）が放出、と発表した。副島は書く。過小発表が政府の常道なのに、なぜ過大発表なのか？　被爆二〇キロ圏内に廃棄物最終処理所構想があるからだ、と。奇々怪々か？

（11・30）

230　消費税は低所得層に有利　消費税二〇％で財政破綻も年金機構破綻も防げる

民主党政権、財源不足に悩みはつきない。無駄の切り詰めを公約したが、七兆円カットの約束が七千億円カットがやっとだった。これには開いた口が塞がらなかった。それに東日本大震災の復興資金も必要だ。背に腹は替えられない。消費税の値上げを筆頭に、年金カット、公務員の給与引き下げ、等々、財源不足をまかなう施策が目白押しである。

△二五％の消費税国

ところで消費税は低所得者に負担増を強いる「不公平」な税であるという考えが日本では政治家にもマスコミにも、それに学者間にも「常識」としてまかり通っている。この「常識」をひっくり返す「良識」が登場した。

消費税（付加価値税）は不公平ではない。もしそうなら消費税率二五パーセントのスウェーデンやデンマークの福祉国家で、低所得者や彼らを代表する政治団体から反消費税運動が高まって、存続しようもない。こう断じるのが桜井良治『消費税は「弱者」にやさしい!』(言視舎 11年11月30日)である。

△消費税二〇%

日本の財政赤字は、まるまる消費税値上げをしてこなかったツケである。消費税を欧州並みの二〇%にすると、一%で二・五兆円、毎年二・五×二〇(%)=三七・五兆円で、財政の累積赤字八九四兆円は約二十四年間分にひとしい。つまり単純計算で八九年消費税創設以降の赤字が零になっている。こう桜井は推論する。理にかなっている。

△負担税率格差

ではなぜ日本で消費税は不公正な税で、必要悪税であるという言説が蔓延するにいたったか。同じ価格の物を買うと、高所得層も低所得層も同じ税額を支払うことになる。これでは低所得層に不利である。これが消費税の「逆進性」といわれる。

この論拠になっているのは、高所得者が多くの税を負担する所得税(累進課税)が公平であるという原則だ。これに反して消費税は逆進的で不公平だというわけだ。一見して自明に思える消費税の逆進性という考えは、現実と統計データを引証すれば、自明ではない。

消費税にも、逆進、比例、累進がある。所得税が累進税率の構造であるのに対し、消費税が比例税率構造のため、低所得者の消費税負担率が高所得者のよりも大きくなる。ただし(統計に表れる)高所得層の低所得層に対する負担率の違いは〇・八一倍で、これは税率アップにつれて負担額が二倍、三倍と増加しても変わらない。

△消費税の恩恵

消費税が社会保障に使われたら、低所得層のほうが大いに恩恵を受ける。負担税率のわずかな格差など何ほどのこともない。（12・21）

231　二〇一一年の回顧と展望　東日本大震災と橋下都構想　筋書きのないドラマとあるドラマの連鎖の中で

二〇一一年は三月十一日の東日本大震災と原発破壊の年として深く長く記憶されるだろう。もちろん震災と汚染からの復興あるいは新生は日本人すべてにとっての祈念であり緊急課題である。同時に、社会も時代も時々刻々に動いている。政治経済を中心に一一年の回顧と展望をおこなってみよう。

△ＥＵ危機は対岸の火か？

第一はＥＵの金融危機、国家財政破綻の連鎖である。周辺国ギリシア、スペイン、ポルトガルから、中心国、イタリア、フランスにその波が及んでいる。福祉優等国といわれているオランダ、デンマーク、ノルウェー等に飛び火するのではないかと戦々恐々の体だ。この筋書きの見えないドラマを日本は対岸の火とみなしてはならない。

△〇〇年代の構造改革に

一九九〇年代、バブル破綻を招いた日本が一人負けで、EUもアメリカもこれを対岸の火として眺めてきた。二十一世紀初頭のリーマンショックとはバブルの破綻である。この被害を日本が最小限で留めえたのは、九〇年代から〇〇年代の懸命の努力があったからだ。かの構造改革に学ぶべし。

△民主政権始動か

しかし選挙民は気まぐれだ。行財政や経済の構造改革より、より大きな財政出動を約束する民主党政権に大量の票を投じた。そのしっぺ返しをいま食らっている。政権は基地問題、年金問題、財政破綻、大震災、あれもこれも、立ち往生で、二年半、ようやく目が覚めたというのか、正常に戻ったのか、その成否は不明ながら、公務員給与の大幅カット、日米関係の改善、消費税アップに動き始めた。

△自民の停滞

しかし野党の動きが不活発だ。後ろ向きの議論、政局がらみの話題に集中している。政権奪取のために大胆な政策を出す雰囲気すらない。野田政権は自民党亜流といわれるが、野党自民よりよほどましだ。

△橋下革命

一一年最大の政治衝撃は、大阪市長と府知事のダブル選挙で橋下維新の会が圧勝したことだ。名古屋や横浜と違うのは、橋下府政、一千億円以上の歳出カットを含む四年の実績をひっさげて、大阪都構想を打ち上げた。日本の道州制は大都市連合をその起点にしないかぎり、充実は見込めない。福岡、大阪、名古屋、神奈川、千葉、新潟、仙台、札幌等をどう組み込むかである。大阪都構想は道州制の起爆剤になる。（12・29）

232　二〇一二年の展望　政権交代は間違っていなかった　幻想と未来

民主党政権にたいする幻滅感を今年も払拭することは不可能だろう。しかし幻滅を嘆いていても始まらない。個人の人生、企業の歴史、日本の政治においても、ありもしえない「幻想」がはっきりとはげ落ちることが必要不可欠である。

△社会党の命運

九四年の自社さ連合政権がそうであった。非武装中立の社会党（委員長＝首相）が日米安全保障条約を承認した。自衛隊＝違憲論を引っ込めた。それにとどまらなかった。五五年以来の社会党が解党になった。仕掛け人は横路孝弘等の北海道の議員たちだった。幻想が消えて、意想外なことが起こる。

△民主党の命運

鳩山政権、菅政権の無能、無策振りにあきれるより、あれが民主党の「本体」だったのだ。それを支えているのが小沢グループである。こういえば、菅と小沢・鳩山には深い溝がある、というだろう。そうだろうか。菅政権と野田政権のあいだには越えられない溝はなかった。ただし菅の政治能力の中に首相の資質がないのである。鳩山にも、小沢にもない。小沢にあるのは密室に相手を呼び出してテストする姿勢だけである。自分がテストされるのは大嫌いなのだ。すでにして、鳩山・菅・小沢のトロイカの民主党は消失の運命にある。こういっていいのではなかろうか。

△自民党の溶解

自民党に政策がない。政権がない。人材が頭を出さない。洞ヶ峠を決め込んでいるのだろうか。はたしてそんな余裕があるのだろうか。野田柿が腐って落ちるのを待っていても無駄だ。野田は自民党が行なおうとして、行なわなかった大きいが個別の施策、消費税値上げ、年金削減、公務員給与の引き下げ、等々をどんどん実行する。そうなれば公明党は野田政治に同調してゆく。こう見た方がいい。自民党に出番がなくなる。

△旧民主党の清算

民主党は、鳩山・菅・小沢の民主党ではなく、野田・前原・岡田の民主党になる。すでになりつつある。かつての自民党の良質部分と同じだ。行財政改革、要の道州制、日米基軸の外交、規制緩和と自由貿易の促進を推し進めればいいのだ。皇室典範改正や再生可能（自然）エネルギー開発などに脚を掬われなければ、あと一年半で出口を見いだすことは可能だ。

△幻想のあとに

しかも大阪、名古屋で都構想が進展し、東京都も黙ってはいない。行財政改革、要の公務員制度の改革に大なたが振るわれる。政治全体に活気、活力が戻ってくる。幻想に幻滅した停滞が止み、新しい風が吹きはじめる。自民党の中にだって帆が上がらざるをえなくなる。地に足が着いた努力が前進する。走り出したら日本人は速い。むしろ性急すぎる嫌いがある。それが二〇一二年の趨勢ではなかろうか。（1・11）

233 北海道新幹線は地方の財政逼迫を加速させるか、都構想＝都市連合社会の接着剤になるか

初夢（？）を見た。新幹線に乗っている。客は一人、雪の中を猛スピードで突っ走っている。視野がふっと開け、左手にみおぼえのある噴火湾の黒い海が光っている。どうも北海道新幹線らしい。札幌からおよそ三時間半、四時間もあれば仙台は国分町で呑んでいる。

△そんなに急いで?!

目が覚めてはっと気がついた。北海道新幹線全線開通は今年着工でも二十五年ほどかかるから、私は九十五歳になっている勘定だ。ありえない。それに一人で酒場で飲むなんてなんぼなんでも不可能だろう。まさに初夢、そう思ったが、このときばかりはその一杯のために長生きしたいな、と一瞬だが思えた。

一九六四年、開通した新幹線にはじめて乗った。大阪・東京間が四時間ちょっと。夢のようだった。それに思ったほど揺れない。なによりも清潔感が漂っていた。早朝に新大阪を発てば、昼飯は東京で食べ、用事を済まし、夜行（鈍行）でゆっくり帰ってこられた。

△財政圧迫

新幹線は時と費用をかけた近代日本の夢だった。北海道新幹線も総工費三兆円のビッグプロジェクトだ。ＪＲだけで捻出不可能、地元北海道でも二千億の支出は免れないという。開通まで二十五年はかかりすぎだと思うが、財政圧迫のため致し方ないらしい。またぞろ土木業者の懐を暖めるだけだという声がある。

それにすでに飛行機が定着している。無駄だ。そんなに急いでどうする。こう思えるだろう。それに札幌・東京間が六時間程度でつながると、大阪・東京で起こったことが先行する。ビジネスも人の流れも、東京に吸引され、それでなくとも東京支所・札幌の地位がますます強まる。

△豚まんの具

以上の危惧はたんなる杞憂ではない。だが北海道と東北・北関東の人・物・政治経済・文化・生活のつながりは確実に強まる。これまでの東京と札幌の関係は、肉や野菜（東北・北関東）の入っていない豚まんのようなもので、外皮一枚、すかすかだった。

もう一つの危惧は、伸延は札幌集中をさらに進めるというものだ。年末正月の商戦は今年も札幌駅近辺の一人勝ちだった。この傾向は伸延でさらに強まる、と見てまちがいない。

△札幌都構想

だが大阪都構想は他人事ではない。道と札幌の二重行政の解消、地方の行財政改革の柱となるものだ。北海道は札幌市さらに開発局を抱えているから、三重行政解消問題である。都構想は、東京のようになりたいではなく、地方自治の確立（道州制）の「実体」を勝ち取ることなのだ。仙台・新潟・東京・名古屋・大阪・福岡等の都構想、すなわち都市連合社会へとつながってゆく、日本活性化の表街道でもある。（1・18）

234 五十年後、日本の人口は三分の二になる（とさ）。そうなら、けっこう毛だらけじゃないか

三十六年後の四八年、日本の総人口が一億人を割る。五十年後の六〇年には八六七四万人まで、およそ三分の一減少する。こう一月三十日、国立社会保障・人口問題研究所が発表した。各メディアはいっせいに少子高齢化に歯止めがかからない、経済と社会に活力が失われ、社会保障制度の崩壊をまねく等、あいもかわらない凡庸な日本悲観論をかき鳴らしている。

△人類の「人口問題」

人類はその「発生」以来、人口増が食料増を上回り、人口増が人類を貧困と衰退に、ひいては衰滅にみちびくと警鐘乱打してきた。いわゆる「人口問題」である。その典型がマルサスの『人口論』（1898年）で、マルサス主義者たちは人口増を防ぐために「禁欲」や「早婚の禁止」をかかげたのだった。

ところが二十世紀に入って、英仏をはじめとする工業社会＝西欧先進国は人口減に悩むようになった。人類の宿命とみなされてきた「人口問題」は「解決」（棚上げ）され、新しい「人口問題」、人口減少をどう防ぐかに苦しめられるようになった。移民を「推進」したり、安心して子供を産め

る社会保障制度をどう整備するか、が国策になった。「多産」は美徳になったのだ。

△日本の「人口問題」

日本が最大の「人口問題」を迎えたのは、経済と社会が停滞した江戸中後期の一五〇年余で、総人口が三千万人でぴたっと止まったままだった。明治の政治経済社会の変革がこの「人口停滞問題」を解決した。二十世紀初頭、日本が積極的に海外に軍事進出し、植民地を獲得すべきだという理由の一つとされたのが、「狭い国土に過密な人口」であった。このマルサス流の「人口問題」を雲散霧消させたのが日本の敗戦で、それからから六十年、日本はようやく西欧がたどりついた「人口減」の問題に直面し、右往左往することになる。

△人口減＝衰退か？

「人口減少社会」、日本の都市と農村がたどる未来図を、「過密」から「過疎」とするのはまったく正しくない。現在、日本は面積で二五倍強のアメリカに対して、人口数では二分一弱の先進国で第二位なのだ。面積一・五倍のフランスより、六十年後の人口数（フランスの人口数が変わらないとして）は多いのだ。

五十年後、六十五歳以上が四割になる、もしその通りになったとして、それがどうしたというのか。六十年後、平均寿命は男＝八十四歳、女＝九十歳になる。七十五歳まで働ける「幸運」に恵まれた社会が来ると思えないのだろうか。

△過保護脱却社会へ

重要なのは「過剰保護」社会を脱却することにある。「仕事」をしたくない人、国や「他人」のツケで生きたい人、ニートにとっては、生きにくい社会にじょじょに変えてゆく。いいじゃないか。それが正常な社会と人間の生活というものだろう。（2・8）

235

現状維持ではいけません。日本と日本人の温床が干上がるよ

「貧すれば鈍する」といわれる。「鈍」は「頭」（知性）のことだけでなく「品」（徳性）のことでもある。同時に忘れてならないのは「貧」（窮）こそが打開の第一歩だということだ。国家崩壊の危機を迎えた「明治維新」や「敗戦」の困窮（困難のきわみ）を想起してみればいい。なによりも「現状維持は不可能だ」という意志が、指導者だけでなく国民大衆に必要なのだ。

△苦汁を飲む

液晶、半導体で日本は韓国の後塵を拝している。自動車でも肩を並べられそうになっている。韓国の「躍進」には世界が目を瞠っていが、この躍進は九〇年代の金融危機（財政破綻）でＩＭＦ（国際通貨基金＝通貨と為替の安定化を目的とする国連機関）の管理下に置かれた「危機」（困窮）の結果でもある。だれでもない韓国自体と韓国人自身が「苦汁」を飲まされ、みずから飲んだ結果なのだ。

△赤字そして赤字

日本の政治家や経済人、とりわけ国民大衆には知性も品性も稀薄だ。現状の「ぬるま湯」に可能

な限り浸り続けようとの魂胆がありありと見える。一一年国際収支が三十一年ぶりに赤字になった。二・九兆円という半端な額ではない。トヨタ、ソニー、パナソニックという国際ブランドの企業がのきなみ大赤字となった。円高のせいだと、政府も経営者も口を揃えていう。

じゃあ円高にどう対処するのか。打開策はあるのかというと、政府は為替介入、経営者は生産現場を国外に移転する策の一点張りである。「札」をばんばん刷ればデフレから脱出できる、つれて円は安くなる、などという乱暴至極な意見が、国会でも、マーケットでも、そして国民のあいだでもまことしやかに語られ続けている。

△デフレ基調

敗戦後の日本は、八五年まで、現象的には九〇年代までインフレに悩んできた。ところが社会主義国の崩壊で、世界経済は九〇年代から一気にデフレに突入した。最大原因が旧社会主義国の安価な労働力が大量に市場に流れ込んだからである。デフレ（物価下落＝物価破壊）の最大原因が人件費の下落（人事破壊）にあった。チャイナが大量消費財の「世界の工場」（生産拠点）になりえた理由である。

同時に日本やアメリカにとって困難なこの世界基調は、チャイナやインドの政治経済と国民生活を向上させる起因となった。この基調は速度を弱めつつあるがまだ終わらない。

△干上がる

「札びらをばんばん刷れ」は論外としても、「過剰競争、価格競争はやめよ」「ＴＰＰ反対」「消費税値上げ反対」「徹底的な行財政の削減」等々、「内向き」の議論に終始していると、日本はますます世界から取り残される。残されるのならいい。そのうちに日本の温床が干上がる。(2・15)

236 国民総背番号制はすでに実行されている!? じゃあ、野田内閣の「共通番号制」はいったい何なの?

野田内閣は二月十四日、「共通番号制度法案」(マイナンバー法案)を閣議決定し、国会に提出した。この法案は一一年六月菅内閣が打ち出した大綱を引き継ぐもので、一五年一月の導入が明記された。まさに「国民総背番号制」の再来だといわれる。もっとも「税と社会保障の一体化」法案(消費税の値上げを含む)の実現にまったく目途が立っていない。審議入りすらあやしい。

△国民総背番号

佐藤内閣は一九六八年国民総背番号制導入を図って、野党はもとより労働組合、市民運動、マスコミ、日弁連等々の猛反対にあって、断念した。いわく、国家(自民=政府と官僚)による国民の監視と一元管理をもたらす、基本的人権の否定だ、個人情報の流出と悪用を招くなどのほか、コンピュータによる人間支配(オーウェル『1984年』)の到来だという声さえあがった。「わたしは番号ではない」などと力んだ保守派の論客もいた。

八〇年、マル優や郵便貯金等を利用する少額貯蓄等の利用者カード(グリーンカード)法が実施をみた。部分背番号制導入だ。だが少額貯蓄で「脱税」をはかる金の亡者の利を守るためなのか、与野党の反対で廃止になった。

△住民基本台帳カード

住民基本台帳法は一九六七年に実施され、その利用は各自治体に任された。問題は住基ネットシステムの登場である。〇二年、基本台帳の登録者に十一桁の番号（コード）がつけられ、政府諸機関、各自治体の統一利用が可能になった。国民総背番号制の再来という大合唱がおこる。自治体ネットを全国ネットに繋ぐなという反対があり、繋がない市町村も現れた。ところが例えば、年金保険庁が年金給付に関する全国統一のデータベース化をおこたった結果、「年金問題」が噴出し、自民政権崩壊につながった。

△電子政府

六〇～八〇年代、まだコンピュータの個人利用や情報管理が「杜撰」だった時代、国民総背番号制が簡素で効率的な国家・自治体運営に必要だと理解できても、多くの人が国家に一元的に情報管理をまかせてもいいという気運からは遠かった。野党やマスコミの反対は、過分に感情的だったが、当然だった。だが九〇年代、日本でネット社会が本格化した。

〇二年六月住基オンラインが稼働する。政府はオンライン利用項目を限定すると何度も言明したが、〇二年末「電子政府三法」が成立する。国会も世論も拉致問題で沸騰し、この法案への反対もほとんどない短時間審議であった。事実上、ここに国民総背番号制が施行された。旅券の発給や不動産登記がいっきょに簡便短縮されたと実感した人も多いだろう。

△「小」反対？
「マイナンバー法」とは何か。消費税値上げの「救済」措置、低所得者への現金給付の実施に必須だそうだ。小さいね。反対するかい？　（2・22）

237　傑出した詩人にして硬質な抒情的歴史小説の名手であった井上靖の「書斎」が旭川で再現する

二月二十日、旭川の井上靖記念館に、自宅（東京世田谷）にあった居間のソファや書籍等が持ち込まれ、作家の書斎や居間を移転・再現する事業が最終局面を迎えた。お披露目は五月六日だそうだが、北海道にまた一つ、小林多喜二、伊藤整と並ぶ大きな作家井上を身近に親しむことを可能とする文化遺産が増えることになる。すばらしい。

△第一に詩人
井上靖は一九〇七年五月六日旭川に生まれ、半年後に父（軍医）が従軍したので、わずか一歳で旭川を去った。しかしその一年はきわめて強いイメージをこの作家に与えたようで、何度も作品やエッセイでこの北の雪国が登場する。

井上は、伊藤整と同じように詩人として出発した。だが伊藤が詩人から小説・評論家に転身したのとは違って、生涯詩人であり続けた。その小説のどの一節を切り取っても、リリック（抒情的）な詩人の言霊が息づいている。
△「闘牛」と「猟銃」

井上靖を有名にしたのは五〇年に芥川賞を受賞した「闘牛」である。文壇デビューの仕方がその作家の生涯の「評価」を決めることがある。「闘牛」は五七年雑誌『人間』の小説新人賞に応募し、受賞した作品である。四十歳の時だ。翌四八年同じ雑誌の新人賞に応募し「選外佳作」となったのが「猟銃」である。「猟銃」はその内容も表現も戦後の時代風潮、マルクス主義からも焼け跡・無頼派等からもまったく自立というか孤立した作品で、その後の井上作品の基調となったものだ。しかし世評は、「闘牛」のようなエネルギッシュである種ロマンティックな作品こそが井上風であるとみなした。ジンギスカンを主人公にした『蒼き狼』も、歴史小説ではない「ロマンのロマン化」（大岡昇平）だと世評通りに読まれ、墓碑名に刻まれたような硬質の長大歴史叙事詩とでもいうべき高麗朝の顚末を記す『風濤』は視界の外におかれた。

△単孤無頼の人

井上靖は、中学も高校も受験に失敗し、旧制四高（現金沢大学）を卒業したが、大学受験にも失敗し、京大（美学）を出たとき二十九歳になっていた。詩「瞳」の一節に「私は二十歳のとき友の眉間を割り、二十五歳の時思想運動に奔《はし》り、三十五歳の時絶望の思いをもって〔出征先で〕氷定河を渡り、四十歳にしてあるいは市井に名をなしていたかも知れない。」とある。

井上の代表詩「猟銃」は「生きものの命断つ白い鋼鉄の器具で」武装して天城への間道を登っていったある中年男をうたっている。作者はこの猟人《ひと》のように生きたいという。井上靖は言葉の本当の意味で「単孤無頼」だった。その人のものが旭川に来る。（2・29）

国際エリートをめざす東大さん、二番ではダメよ、九月入学制に邁進しなさい

昨年、東大（学長）が九月入学を提起し、十二月二十日『「入学時期の在り方に関する懇談会」中間まとめ』を発表した。グローバルスタンダードにあわせて、激烈な国際競争を勝ち抜く人材を育成する、これが最大の目標だ。ハーバードをはじめ欧米大学に後れをとってはならない。九月入学制は全国トップを自認する東大ならではの提案である。ただし追随もあるが、反発も多い。いくつかの問題を洗い出してみたい。

△九月は「新奇」？

東大の九月入学はまったく新しい提案か？　そんなことはない。

1、上智や早稲田の国際教養学部、いま「全」講義英語で行なわれ注目を浴びている秋田の国際教養大等はすでに九月入学である。国際標準に合わせた措置だ。

2、日本の大学、高校は九月入学制ではじまった。欧米先進国の制度をそのまま取り入れたからだ。それが旧制高校、帝国大で四月入学に移行したのは、大正中期のことで、大学高校の定員数を一気に拡充したため、日本社会の習慣（会計年度、就職期）にあわせざるをえなくなったのだ。といっても大正十五年（1926）の帝国大・官立医科大卒業者数は五千人余にすぎなかった。今日と比較して超エリート校だった。

敗戦後、アメリカ式教育（六・三・三）制度が導入されても、九月入学制にはならなかった。なぜ

か？

△会計年度の壁

近代日本社会の「年度始め」は会計、人事、学事をはじめ四月を通則とした。大正十年まで、大学だけが例外だった。だが敗戦後、連合軍（アメリカ）支配下の日本である。国公立の小中高は別にしても、大学だけを九月入学制にするのはそんなに困難ではなかった（はずだ）。だがそうはならなかった。卒業と入学や就職が連動せず、四月卒業九月入学、九月卒業四月就職までの二半期＝一年分、「遊休」になる、もったいない、という日本独特の通念が災いしたというべきだろうか。

たしかに東大の計画は、小中高も九月入学にせよという独善的なものではない。四〜八月はボランティアや海外留学等を経験させるという内容のものだ。しかしこれを「強要」はできない。

△エリート校は九月!?

それでも東大やそれに追随する国際「エリート」をめざす大学は、すみやかに九月入学を実施したらいい。なに、半期制あるいは四季制にして、七半期あるいは十四季期で卒業すればいいじゃないか。高校卒後、四年、実質三年半で大学卒＝就職である。問題はない。

問題は国際基準に適合する大学教授の質いかんにある。東大教授に九月入学実施に隠然公然たるを問わず猛反対が出る理由だ。だが反対は無力だ。そして東大が実施したら、旧帝大や私立のトップクラスの大学が追随する。あっというまに日本の大学が九月入学になる。

東大の学長さんはじめ、そんな「捨て石」になる覚悟はおありですか？

（3・14）

239

吉本隆明の最後の遺訓は、「反原発は猿だ！」である

三月十六日、吉本隆明（87歳）が亡くなった。戦後日本の世界標準（グローバル・スタンダード）の思想家は誰か、と問われたら、吉本が第一にあがる。二に梅棹忠夫、三に山崎正和である。三人とも平成の最近まで旺盛な思考活動をやめなかったが、すでに十年梅棹を失い、いまは山崎（77歳）が残るのみだ。この三人はきわめて違ったスタイルで言動活動をしたが、科学技術の進化を肯定した点では共通していた。

△「反原発」批判

「思想界の巨人死す」と多くの人がマスコミで発言し、書いたが、ほとんど書かれなかったのは、吉本が原子力発電の科学と技術を肯定したことだ。

もちろん吉本は科学技術万能論者ではない。科学技術の不完全さ、限界を語る。だが、科学（技術）は自然（法則）を超絶することではない。自然の模倣であり、利用なのだ。人間は自然を模倣し、利用しなければ生存できない。その模倣、利用である科学技術に失敗はある。しかし人類が積み上げてきた科学技術の成果を一回の事故で放棄していいわけではないし、できるものでもない。原発はそんな科学技術の成果の一つである。重要なのはこの欠陥を改善し、安全な技術へと不断に高めることだ。こう吉本はいう。

△大江の猿語

大江健三郎はフランスの書店祭で、日本政府の原発再稼働を批判し、原発の即時停止を訴えた。大江は、原発に全面依存しているフランス政府とフランス人に向かって、反原発と即時原発停止を訴えたか。女優の岸恵子のようにフランスの原発は安全ですというんじゃないだろうね。ドイツ政府のように、「脱原発宣言」をしながら、フランスの原発電力購入で口をぬぐうやり方に賛成しているわけじゃないだろうね。

日本は、原発の再稼働か一時停止か否かにかかわらず、想定可能な「危険」を回避できる技術を即刻実現する方向を選択する、これが合理的で実現可能な方策である。でなければ吉本のいうように「反原発は猿に！」という事態を招く。

△自然に万全はない

関東大震災は起こる。想定内だ。この地震の最大震度も想定できる。東京をこの想定される地震に耐えうる建物、インフラに変えることができるだろうか。即刻はできない。ならば東京都民を強制移転するか。できない。東京を捨てるか。できない。起こってみて、できないかできるかがわかるのだ。

阪神大地震の経験をもとに、可能な限り耐震整備を進めるしかない。これが自然とそれを模倣する科学技術とのノーマルな関係である。原発事故もそれを防止しようとする科学技術も例外ではない。自然にも、それを模倣する科学技術に万全はない。万全を期す努力を欠かせない理由だ。（3・28）

240 道民の至宝、安彦良和のマンガ全集発刊を、道庁が企画すべきだ

世界を席巻している日本の「マンガ」は、四七年一月発行、手塚治虫『新寶島』にはじまった、まさに戦後生まれの「大発明」である。手塚漫画とはまったく異風な白土三平（『カムイ伝』）やつげ義春（『ねじ式』）でさえその初期作品は、手塚「作品」といってもおかしくないコピーなのだ。その手塚マンガとアニメから、北海道開拓一家に生まれたマンガ家が誕生した。『ガンダム』の安彦良和である。

△団塊の世代

安彦は四七年生まれだから、現代マンガの誕生と同じで、団塊の世代である。

遠軽の僻村から「上京」し、全共闘運動で逮捕、有罪、弘前大中退、というと、漫画家の多くが他の職業というか、いわゆる正業につけない境遇や性格の持ち主だったように、安彦も引き寄せられるように虫プロに入って、アニメーターの道を歩みはじめた。しかしこの人、根が組織や協働よりも「個人」で、量産よりもひとつひとつコマを埋めてゆくのが気質に合っていた。一人でもできる漫画家に転向。

△アルチザン

安彦は手塚アニメから飛び出した。その安彦の作品、とくに歴史と神話に材を取る作風は、手塚マンガから飛び出て神話と伝記と歴史に材を取る白土三平の画風と比肩することができる。

マンガ評論家の呉智英は、白土マンガは文学や演劇や映画と同列に論じることができる作品であると喝破したが、その評言は白土より十歳若い安彦によりよく当てはまるといっていいだろう。古事記に材を取った『ナムジ　大國主』や『神武』、満洲建国時の関東軍や満鉄の活動を材に取った『虹色のトロツキー』は、周到な勉強とそのなかから生まれる強烈な問題意識、それに稠密な描写力なしには、つまりはアルチザン（職人的芸術家）であること抜きには、生まれるべくもない作品である。

△屯田兵の血脈

安彦は工房をもち、多くのアシスタントを抱えるオルガナイザー（組織者）ではない。アルチザンであり、一人でも闘う意志と力をもつパルチザン（自立戦士）である。正確にはパルチザンであること抜きにはアルチザンであることはできないのだ。

この自立自存の精神は付け焼き刃では生まれにくい。一八九一年、屯田兵として一族こぞって入植し、パイオニア（開拓農民）として痩せ地にクワを起てた血脈を受け継いだものだといいたい。いま道民から稀薄となった、取り戻したい第一のスピリットである。

安彦の最高傑作は、「イエスとはなにものか」を描いた『イエス』（NHK出版）だ。どんなイエス伝よりも説得力をもつ。ダ・ヴィンチ『最後の晩餐』をなんどか実見してその感をさらに強くした。

（4・10）

241 「昨今、水泳もまた商売である」と北島康介にいわせてみたいね

「ロンドン五輪で優勝したら、三〇〇〇万円を贈る！」と日本水泳連盟が、四月九日発表した。金を出すのは水連ではない。協賛スポンサーだが、額の大きさに驚きの声があがっている。オリンピックの精神は「勝つことではなく参加することだ」（クーベルタン男爵）という言葉は、完全に有名無実化した。大いに結構、といってみたい。

△「イモ」じゃ勝てない

「フジヤマのトビウオ！」は、敗戦にうちひしがれた食糧難の時代、「イモ」を食いながら、競泳自由形四〇〇、八〇〇、一五〇〇米で世界記録を連発し、戦勝国の選手を打ち負かした古橋広之進を讃える異名であった。「水泳は日本のお家芸」といわれたが、古橋の全盛期は「占領」期で、日本人はオリンピックに出場できなかった。

どんな「お家芸」も廃れる。水泳も例外ではなかった。水連（古橋元会長）は、五輪出場資格を、選考会（日本選手権）決勝レースで、五輪決勝進出可能な「選考基準タイム」を破り、「二位以内」に入った者にかぎった。これはアメリカが陸上や水泳等で実施してきた方式で、「参加することではなく勝つことだ」を目的とする。

北島、入江、星、メドレーリレー等、掛け値なしに日本が金メダルをねらえるのは、「一発勝負」と「少数精鋭」でゆくという、日本水連の決断があったからだ。

△たかが三〇〇〇万円

それで金メダルの三〇〇〇万円である。高いか。安い額ではないが、家一軒建たない。年金なら何年分に相当するだろう。「同じメダルだ、銀三〇〇万円、銅一〇〇万円は安すぎる」という声がある。二番、三番でなぜいけないの（！）ではなく、一番とそれ以下は、雲泥の差なのだ。

なんだ、スポーツを金の多寡ではかるのか、というなかれ。「作品は金のために書くのではない」と断じた夏目漱石が、「新聞屋が商売ならば大学屋も商売である」「作家も商売だ」と喝破した。スポーツは金のためにするのではないが、スポーツ屋は商売だ、商売抜きにスポーツは成り立たない、と実感したのが「イモ」を食って頑張った（たらざるをえなかった）古橋である。ジャイアンツの川上哲治である。水泳や野球を商売にまで高めた偉人だ。

△学商・福澤諭吉

池波正太郎の三大シリーズでもっとも好きなのが「剣客商売」である。火付盗賊改メ方をビジネスにできない「鬼平」と、ビジネスのためにだけ人を殺す「梅安」との中間に、剣は商売のために修業するわけではないが、強いから商売にできる「小兵衛」がいる。

『学問のすゝめ』の福澤諭吉は「学商」と揶揄された。だが「学者商売」や「水泳商売」までいったら一流だろう。

（4・17）

242　大車輪の火力発電増強。しらけ鳥飛んでいけの温暖化防止やCo_2削減

一体全体、地球とそこに住む生物の、とりわけ人類の生存を脅かす大気汚染、温暖化の「元凶」である二酸化炭素を削減すべしという声は、どこにいったの？　どこからも聞こえて来ないじゃないか。

それどころじゃない。福島原子力発電所の爆発で、いっきょに地球と人類の生存の危機を迎えているんだ。いま原発を止めないで、廃止しないで、地球を、人類を救うチャンスは訪れない。こういわんばかりである。本当か？

△原子力技術の破棄

科学技術を盲信し、たんなる「便利さ」「快適さ」を求めてはいけない。それが「自然破壊」に、ひいては自然の一部にしかすぎない「人間破壊」を生むからだ。

その典型例が福島原子力発電所の爆発である。「原発安全」神話は完全に覆った。たんに被災地区の自然が、住民の生存と生活が破壊されただけではない。電力を原発に依存する国と国民が廃棄すべきは原発とその技術だけではない。原子力を完全に制御する技術はないのだ。核兵器はもとより原子力技術それ自体を破棄すべきである。

これを全部「信用」するとしようか。

△CO_2いらっしゃい!?

ではなぜ「便利さ」や「快適さ」を控えて、原発に代わる火力発電の大増強を止めようとしないの。これじゃあ「CO_2いらっしゃい」「温暖化も仕方なーい」といってるのと同じじゃないか。

エッ、火発増強は、クリーンな再生可能エネルギーの開発・実現が波に乗るまでの一時・臨時措置にすぎない、こういいたいの？

じゃあ、一時的とはいつまでか？　大量のクリーン発電が可能になるのは十年、五十年後と「目途」はたたない。じゃあ、それまではCO_2を排出しっ放すんだね。「温暖化」問題は棚上げにするんだね。

△ＥＶ車なんか⁉

率直にいこう。できれば正直にね。

再生可能なエネルギーの利用は、地球と人類の生存に障害をもたらさないの？　もたらさないと科学的にいえるの？　研究済みなの？「神話」じゃないのね。

それよりもなによりも、手っ取り早く生活の「便利さ」や「快適さ」を抑制する気にはならないの？　消費電力を抑えるために、まず生産と消費にかかわる経済活動を落とす、もちろん生活の質を落とす。大流行の兆しがあるクリーン電気自動車（ＥＶ）なんかもちろん「当分」（ずーっと）いらないいんじゃない。生産・販売停止でいいよね。

△百害あって

わたしは科学万能主義ではない。もともと科学と技術に「万能」はない。「絶対安全」もない。それでも科学・技術を「利用」し、「改良」してゆく。これ以外にないのだ。原子力利用もそんな科学・技術の一つである。これを「魔女」扱いしたい気持ちは分かるが、「百害あって一利なし」。

これが人類の歩みが指し示すところだ。（5・15）

243　米ヤフーのCEOが「学歴詐称」で更迭された。企業倫理だけでなく、人間倫理に関わる問題だ

インターネット関連サービス会社、米ヤフーのCEO（最高経営責任者）スコット・トンプソン（52歳）の退任がきまった。一月にこの地位についてわずか半年に満たない在任期間であったこと、「学歴詐称」告発によって退任を余儀なくされたこと、この告発後超短期＝半月で退任が決定したこと等で、大きな反響をよんでいる。しかしこの問題、対岸＝アメリカの火事と高みの見物視できない事情をもっている。

△主導権争い

ヤフーは九四年にスタンフォード大学生二人が創業した新興企業で、あっというまに花形産業界を席巻した。しかし、〇五年以降はグーグルとの競争で劣勢に立たされ、迷走と低迷を続けてきた。業績悪化が続き、経営陣もこの五年間で暫定CEOを含めると六人も交代したことになる。

そんな中で起用されたのがトンプソンで、前任のインターネットを利用した決済サービス企業、ペイパル社で辣腕を振るった期待の社長であった。しかしヤフー首脳陣と、社株の五・八％を握る投資会社サードポイントとのあいだで、経営権をめぐる株主の委任状争奪戦が演じられてきた。この辞任で、ヤフーの主導権争いはひとまず投資会社の主張を受け容れる形で、決着を見た。

△「信用」が第一

たかが新興企業じゃないか。「学歴詐称」なんてどこでもあるし、どうでもいいだろう。ましてや「会計学」と「コンピュータ科学」の学士号のうち、後者は取っていないなどという詐称は、社長の実力と無関係だろう。むしろ「学歴」偏重がこんな「詐称」を招くのだ。こういう指摘がある。

しかし「企業」は「信用」が元手である。そのトップが、新興であろうと老舗であろうと、権力闘争の結果であろうとなかろうと、自ら「業績」や「学歴」詐称におよんだら、「言い逃れ」はきかない。トンプソンが経営者としてどれほど「優秀」でも、否、優秀であればあるほど、自己責任は免れない。「社業」の信用失墜を、社員と株主の利害を損ねる結果を招くからだ。

△犯罪以上の「罪」

「学歴詐称」は、過去も現在も、世界でも日本でも、考えられている以上に多いし、軽い気持ちで行なわれている。露見すれば「訂正」すればいいじゃない、ですまされる。

トンプソンが卒業した大学は、カソリック系のストーンヒル・カレッジ（単科大学）である。学都ボストンにある学生数二千人規模の落ち着いた中位の教養大学だ。たしかに「コンピュータサイエンス」の学位は、トンプソンの経営能力とほとんど無関係だろう。

だが「学歴」詐称は、「公文書偽造」犯罪以上の「罪」、人間に内属する道徳的・教育的罪である。これを軽視し、黙視すると、人間が、社会が、国家間が大混乱と大損害を蒙るだけでなく、真と偽、正と不正の識別を曖昧にし、道徳・教育・倫理感を麻痺、融解させる。この事件を他山の石

とすべき理由だ。（5・29）

244　独占体質は停滞と衰滅を産む母体である。札幌都構想に名乗りを上げたら！

かつて北海道の御三家といわれた「巨象」、拓銀・北電・道新のうち拓銀はいまはなく、北電は泊原発の再稼働の目途がたたず立ち往生し、道新はインターネットの進展で後退を余儀なくされている。ともに独占体（幕藩体制）の解体と再編を迫られている。それに道と札幌市と開発局の三重行政が道の喉元を締め続けている。範を大阪の「都構想」に仰げとはいわないが、自由で闊達な議論さえ巻き起こっていない。

△ミヤンマー進出

スズキ自動車がいよいよミヤンマー（旧ビルマ）で現地生産をはじめようとしている。ミヤンマーにはチャイナやタイが資本参加してきた。だが安い労働力を求めて、生産現場がチャイナ→タイやベトナム→ラオスやミヤンマーへと移動していることが手に取るようにわかる。一面では技術力が向上したチャイナの「独占的地位」が崩壊し始めたことを意味する。

○八年、日本車が世界を席巻した。トヨタはビッグスリーを追い抜き、スズキはトヨタを追撃し、チャイナやインド市場でも圧倒的な占拠率を誇った。しかしこの五年間で、巨象トヨタは、チャイナ市場でフォルクスワーゲン（独）に大きく水を空けられただけでない。影さえも踏ませないと冷視してきたヒュンダイ（韓）に水を空けられ、日産の後塵を拝する苦汁を味わった。

△トヨタの逆襲

トヨタの車は、品質（性能・燃費）はいいが、高い。二割ほども高い。スタイルも重厚すぎる。これがチャイナ人の声だ。ならばと、品質を落とさずに、大幅なコスト削減、スタイル一新、営業サービスの効率化をはかることに成功する。トヨタの「底力」である。スズキも国内軽自動車でダイハツに抜かれた。抜き返すほかにない。

パナソニック、ソニー、日立、東芝等々、かつての日本企業の模範生、家電メーカーの凋落が激しい。相手は韓国やチャイナである。独占的地位を完全に奪われた。技術はどんなに精巧でも、コピーし、転移できる。技術革新を続けないかぎり追いつかれ、追い抜かれる。これが自然法則だ。

△北都札幌、西都福岡

例を東アジアの市場経済に見るまでもなく、競争する必要のない北電、道新、道庁や札幌市役所や開発局が停滞し、凋落するのは必然である。だが電力、新聞、行政機関の「自由化」は、自由市場経済のように簡単ではない。たとえば、個人や企業が発電する再生エネルギーを電力会社が自由取引で買うとどうなるか。大阪都は賛成だが、予備の「都」が二つあって悪いわけはない。札幌（小樽・石狩・江別・北広島・恵庭・千歳）という二五〇万都が生まれる。北米やヨーロッパへ一番近い都だ。なに西都福岡だって、東アジアに一番近い。

（6・5）

245 道産米「ゆめぴりか」が世界標準米（グローバル・スタンダード・ライス）になる日が来た

「道産米はまずい。」これが日本人の、否、道民の一般評価＝世評だった。ところが「ゆめぴりか」が本格でビューして三年、はやくも「コシヒカリ」をしのぐ美形・美味だという評価を獲得しつつある。平成に入って、「きらら397」「ほしのゆめ」等と続いた道産ブランド米の「夢」がついに達した、といったら早計になるだろうか。そんなことはない。

△厚別米はうまい

白石村字厚別（現札幌市厚別区）に生まれた。有数の米作地帯であった。生家が米穀商を営んでいた。父の口癖は「厚別米が内地米と混ぜられ寿司米として売られる」であった。〈道産米はまずい。だが厚別米はうまい。その厚別米が密かに内地の米と混ぜられ、寿司米＝内地米として売られる。悔しい。〉という地元愛の嘆きである。「本当か？」というのが子どもの正直な声だった。家で通常食する配給米はじつにまずかったからだ。

十八歳で大阪にいった。学食や食堂で食べる低価格の米飯はまずかったが、親戚の家で食べる飯は抜群にうまかった。コシヒカリである。〈学生だ。貧しい。こんなうまいものを食ってもったいない。〉が変わらない感想だった。

△一四〇年来の快事！

二十三年ぶりに郷里に戻り、縁あって米所の空知は長沼町に移住し、契約農家から米を買って食してきた。就職してから、貧しかったが、伊賀で道内の普通家庭にはありえないうまい米を食ってきたと思っていたが、見劣りしない。そして「ゆめぴりか」は誰に食わしても驚きの声を上げ、

「コシヒカリ」をしのぐという。

十八世紀に蝦夷地に上陸した稲作は、明治初年、国策で耕作禁止されたが、移住者の熱意ですぐに復活した。寒い。稲作に向かない。そういう世評をはねのけて、北海道は全国有数の米所となった。だが「まずい」という世評がついて回った。その世評がついにひっくり返る期を迎えたのだ。私事としていえば父の無念が、公事では道民一四〇年の怨念が晴れた快挙（？）にちがいない。

△世評に甘んぜず！

たしかにコシヒカリやあきたこまち離れは、福島原発「汚染」や「風評」要素が入っていることは否定できない。しかし「目」と「舌」で食する人間の欲望を、ゆめぴりかが実現したのである。北海道稲作関係者の長期にわたる技術革新の勝利なのだ。しかも「寒さ」がこの食味と照りを実現する不可欠の要素だというのだから、感動ものである。「不利」や「失敗」が、「有利」や「成功」の原因になったからだ。とはいえゆめぴりかの評価はまだ価格に反映されてはいない。しかもいちばん危険なのは、〈日本米はうまい〉〈道産米はうまい〉などという世評に甘んじることだ。技術革新の足を止めることだ。すぐにコピーされ、追い抜かれる。（6・12）

246　恐るべし！　消費税値上げも原発再稼働もすいすいと通す野田「どぜう」

野田首相の「辣腕」ぶりには驚かされっぱなしだ。その議会運営の「見事さ」は、民主党政権の舵を取った鳩山（小沢）、菅（岡田）首相の低劣・惨状ぶりと比較してだけのことではない。同じように衆参ねじれ国会だった自民政権時代の福田（康）、麻生と比較しても際だっている。このようにいうと意外な思いにうたれる人も多いだろうが、事実だから仕方がない。

△増税野田の「圧勝」?!

国民全員からまんべんなく「税」を徴収する消費税は、それをはじめて国会に上程したあの最高実力者竹下をさえ政権の座から振り落とし、二パーセント値上げを断行した橋本（龍）を参議院選「敗北」に導き、退陣に追い込んだ。それほどに消費税は悪評で、支持率低下を招いてきた。

ところがどうだろう。野田は民主党の「公約」を破り捨て、「社会保障と税の一体改革」をかかげて消費税値上げをぶちあげた。高邁さのカケラもない「どじょう」だ、財務省の「犬」だ、実行力のともなわない松下政経塾の「優等」生だ、などとさんざんな陰口をたたかれながら、消費税値上げを国会に上程し、自民・公明をやすやすと抱き込んで、決着への道を踏み固めている。

△「一体改革」とは?

朝日や毎日新聞は「社会保障で大幅譲歩」などといって、野田政権をたたいたつもりでいる。だが後期医療制度の抜本的改革や年金の一元化などは、はじめっから野田にやる気がなかった。民主政権は実現不能な公約をぶちあげたのだから、クールな野田は「一体改革」で「消費税の値上げ分は社会保障費に回す」といってきたにすぎない。これって「普通」の増税案だろう。ところが国民の半分は「増税反対！」ではない。

それに四面楚歌の大飯原発再稼働を「指示」した。こんな「芸当」は自民党政権下でも容易にできない。

△人事の野田⁉

面白いのは、消費税値上げ・現行の後期医療制度と年金制度の続行を主張してきた自民・公明案の「丸呑み」段階に入った六月の内閣と党の人事である。

野党が要求した二閣僚の交代はもちろん、貿易自由化を促進するTPP（環太平洋戦略的経済連携協定）に反対する郡司彰（参議院・元全国農林漁業団体職員労働組合連合＝全農連副委員長）を起用したことだ。

TPP交渉に臨めば、アメリカの主張を抑えるのがどれほど困難か、TPP拒否が日本の国益にどれくらい反するか、たちどころにわかる。野田は反対派を「自沈」させるために郡司を起用したとしか思えない。

それに幹事長の輿石を留任させた人事は、にくい。輿石に、馬鹿の一つおぼえに「公約」違反しか語らない党内反対派対策の下駄を預けたのだ。

△「どぜう」力

だからといって野田を誉めたいのか。違う。「国益」に適うが強固な反対論がある案件を、潮満つれば暗礁に乗り上げた船も動き出すように、やすやすと着地点に導く手腕を侮るべからずといいたいのだ。このどじょうただの「どぜう」じゃない。

（6・19）

247 トヨタの大転換！「安価・高質」を求めて！ 雇用も同じ法則で動く。維新だ！

「背に腹は替えられない」という諺がある。トヨタの国内生産台数五〇万台削減発表（6月20日）を聞いたとき、すぐに浮かんだ言葉だ。十数年前、トヨタが絶好調のとき、低迷を続ける日産の大リストラ断行を目にした、当時のトヨタ会長で日経連会長（財界総理）の奥田碩《ひろし》は「リストラするなら経営者は腹を切れ」と断じた。現在、この言葉を、現社長の豊田章は思い起こせ、自省せよ、などといいたいのではない。

△一〇〇万台削減！

トヨタは国内生産台数三〇〇万（最盛期四〇〇万余）を死守するために、五〇万削減が「必要」で、海外に生産拠点を移す、これがトヨタが選択した基本方針で、「他の選択肢はない」ということだ。もちろん生産削減には、大リストラが「必要」だ。特に雇用の削減は「避けられない」（必要だ）。トヨタはピラミッドの頂上部分（本社）の雇用は守るが、下請けは自助努力で乗り切れ、と断じたのだ。

しかしまたいいたい。トヨタを非難してではないと。「背に腹は替えられない」とはNecessity knows no law.（必要に法則などない）である。

国内需要がとまり、海外新興国に市場（販路と安い労働力）を求めなければならない。「なければならない」は「必要＝必然」（necessity）である。

△優しいだけじゃ、やってけない

トヨタはまだいい。パナソニックやソニー等の家電メーカーはすでに海外に生産拠点を移している。それでも隘路が開かれない。業種転換を余儀なくされている。チャイナや韓国との競争で劣勢を強いられているからだ。

国内産業を、なによりも雇用を守れ、そのためには国内需要を喚起せよ。競争ではなく、相互扶助と国家保護が必要である。国内需要＝消費を喚起するためには、雇用拡大と賃金上昇が必要だ。そのためにはTPPなど自由貿易協定など論外である。こういう声がつねに聞こえる。これこそ国内産業の競争力を削ぎ、結果として雇用を失う、優しいが無力な声ではないか。

△安価で高質な商品を

市場は「安価で高質」へ向かって動く。製品ばかりではない。労働力もだ。日産やトヨタが海外に生産拠点を移すのは、より安価でより高品質な現地の労働力を確保できるようになったからだ。労働力ばかりではない。日本は「高技術」を誇っているが、「模倣」や「移転」できない技術はない。これが法則だ。

いまから五十年前、日本は「安かろう悪かろう」でやっていた。その粗悪ぶりは、現在の新興国の比ではなかった。だがどんな技術も、コピー可、移動可だ。トヨタも、ソニーも米をコピーし、大きくなってきたのだ。日本は、産業だけでなく労働者を、ようやく海外へ移転（出稼ぎ）する時機を迎えたのだ。まさに「維新」じゃないか。（6・26）

現在の電力危機は、七〇年代の石油危機よりはるかに深刻な事態にあるんじゃないの

日本列島は、昨年の東日本大震災による福島原子炉の爆発で、国民と政府がドッキングして「脱」原発を合唱し、原発が停止し、文字通りのエネルギー危機に襲われている。日本の電力消費の三〇％が消えたのだから、一九七〇年代、二度の中東戦争によって生まれた「油断！」＝エネルギー危機よりもはるかに重篤なのだ。しかし政府も企業も国民も、この危機を電力危機とのみとらえ、節電等で乗り越えることができるとみなしている。

△資源「大国」日本！

日本と日本人にとってエネルギー資源問題は、つねにアキレス腱とみなされてきた。日米戦争敗北の一原因に「油（が）断（たれた）」があった。一九五〇年代までエネルギー源の主役を演じた石炭大量産出期も、産出の見込めない石油だけでなく高質で低価格な石炭資源を、海外に求めてきた。この構図は現在も変わってない。

ところが最近、日本は「資源大国」であるという印象を与える報道がマスコミやネットに露出しだした。いわく①尖閣列島近海にはイラク並みの埋蔵量の石油がある。②南鳥島付近の排他的経済水域（日本領土内）に日本年間消費量二〇〇年分のレアアースが眠っている。③秋田の油ガス田でシェールオイルの試掘がはじまり、日本の石油消費量の一割程度の産出が見込める。④日本沿岸の深海には、約一〇〇年分のメタン・ハイドレードが埋まっている。

△七〇年代の石油危機

世界の石油埋蔵量は三十年で枯渇する。イスラエルとアラブ諸国の戦争で、石油採掘が停まり、砂上ならぬ「油上の楼閣」日本は「沈没！」する。こういわれた。だが石油の埋蔵量は一万年、中東戦争で石油産出は止まっていない。これが「事実」だった。

問題は石油価格決定権を産油国が握り、価格が高騰したことだ。日本は、一方で節電（すぐに忘れてバブルに突入）を訴え、他方で高騰した石油を買い続け、国民に売り続けた。七八年ガソリン一リッターが一六〇円台に乗った。二〇一二年の最高値と同じである。

△「資源」とは？

大量に埋蔵されている、これが資源の条件ではない。濃集性と経済性がなければ「資源」とはいえない。

①尖閣列島近海の海底油田の存在は一九六〇年代末に判明し、チャイナや台湾が尖閣列島の領有を主張するきっかけとなった。それ以降日本政府は紛争を恐れ石油開発に踏み切れない。②日本領土内にレアアースが存在するというのは朗報だが、a採掘技術とb採算性はまだ未確定だ。③シェールオイルはaとbをクリアする可能性はあるが、④日本の深海に存在するメタンハイドレードはabをクリアするのはおろか、凝集性に欠けるから、資源であるかどうかさえ明らかではない。さあ、このいまあるエネルギー危機をどうする。そうね、高くたっていいじゃないか、か。

（7・19）

「大阪都構想」（?）法案上程。この新法は地域だけでなく国政改革の起爆剤になりうる！

七月二十八日、「大阪都構想法案が八月中に成立する見通し！」という見出しが各紙を踊った。「地域主権」を唱いながら、民主党政権ができてから道州制も地域分権化もほとんど具体化してこなかった。なにが国民第一か。「支庁」廃止を唱った高橋道政も、「総合振興局」と名を変えただけで、道州制実現にまったく熱意を示さない。橋本「大阪都構想」だけが一匹、ぶんぶんうるさく飛び回っているかの感があった。「福音」か？

△大阪都構想

日本に「都」が二つある。東京都と京都だ。ただし、京都は旧都で、京都「府」ないしは京都「市」を指す。東京「都」（首都）とはちがう。ただし「都」（みやこ）は歴史でも現在でも、首都の他に、国府（県都）あるいは都市（市、都会、街など）を指してきた。

橋本の「大阪都」とは、大阪一「府」と大阪・堺（特別）二「市」を「一地方自治体」にして二重行政をなくし、あわせて東京「都」が地震等で機能麻痺に陥ったときは「首都」に代わることができる、という二都構想（物語）をもっている。

△「大阪都構想」法案

民主、自民、公明三党が法制化をめざす「大阪都構想」法案は橋本大阪都構想と同類か？　法案名が異なる。「大都市地域における特別区の設置に関する法案」で、政令指定市と隣接自治体の人口合計が二〇〇万人以上の地域に、東京二三区のような「特別区」設置を設置し、都府県と特別市の二重行政の解消とともに、新設される大都市と特別区の分権化を進める画期的内容のものだ。

一方で地域分権化を進め、日本全体の産業・文化の活性化を図る大都市連合国家構想につながり、他方で橋本「二都」物語を拒否するというなかなか巧妙な法案なのだ。
△地域分権化の推進
「地域主権」などという言葉は有害無益である。「主権」は「国家間」（インターナショナル）に成立するもので、国家と地域自治体の関係にはなじまない。国は自治体に教育や警察等を含む極大の権限を委譲できるが、外交・軍事・治安・国税等を柱とする国政の主要権限を分譲できない。これをなくせば国家は機能不全に陥り、独立を、主権を失う。

この点を見誤らなければ、東京「都政」なみの独自な自治権を大都市圏がもちうるという今回の「都構想」は、その対象になる大阪、札幌、さいたま、千葉、横浜・川崎、名古屋、京都、神戸八都市とその周辺市町村に大きな変化をもたらしうるだろう。
△道の三重行政解消
この新法は、とりわけ議論にさえあがらない道と札幌市の二重行政さらには開発局＝国との三重行政の解消をはかり、道と道民に自活力をもたらす起爆剤になる可能性がある。（8・2）

250 想定内と想定外、きっぱり分けると、何もしないがよいになる。衰退日本のはじまりだ

このところ日本に横行しているのは「想定外は許されない」という馬鹿の一つおぼえだ。とくに東日本大震災以降、原発事故を契機に「想定外＝責任放棄」という熱風が吹き荒れている。危機管理は最悪の状態を想定して行なえというのだ。しかし「程度問題」だ。万事、最悪に備えて対策を立てたらどうなるか。「転ばぬ先の杖」などでは生ぬるい。いっそ「外出しない、歩かない、起ち上がらない」でゆくべきだにならないか。なる。

△危険想定内でも突破

かつて内戦状態のイラクに自衛隊を派遣するのに反対した社会党は、もし死者が出たら誰がどう責任を取る、と小泉内閣に迫った。内戦である。戦闘がある。非戦闘地区といえども、最悪の場合、部隊に死者が出ることは想定できる。では日本はＰＫＯ（平和維持作戦軍）を派遣せず、世界平和に貢献せず、世界中から非難と嘲笑の的になってよかったのか。「よい」を想定内とした人に聞きたい。では「日本は平和を保証されている」という想定は正しいか。他国の平和維持援助は不要だといえるのか。そうではないだろう。

△想定内でも回避

三十数年前、石狩川、夕張川、千歳川が氾濫して、石狩平野が水没した。わたしが平野の真ん中、長沼の馬追丘陵に居を定めたには、理由がある。一・八メートル、長沼の水田地帯全域が水没した。もちろん現在でも一週間雨が降り続けば、千歳、恵庭にまたがる新興住宅地は水没を免れえない、と想定できる。だが洪水時、石狩水系の水を太平洋に流すという対策は美々流域の自然保護を理由に回避され、想定される水害対策はなかば放置された。「想定内」でも実行できないケースがほとんどなのだ。

△最悪を想定すれば、無

最悪を想定して対策を立てろ、という掛け声は、一見正しいように見える。だが、掛け声なのだ。現実にはできうる限り（＝程度）を尽くすでゆくしかない。「刃物は殺傷力をもつ。教室に持ち込み禁止」で、学校からナイフが消え、子供がナイフを使えなくなった。

最悪を想定した言動は、安全策でゆく、を助長する。先日乗車した日高線のかなりの部分は波をかぶる海岸線を走っている。安全策をとるなら、風のある日はストップするしかない。日高線の過半は、すこぶる風の強い所だ。最悪を想定すれば、廃線にするがいい。こういうことになるのか。

△想定は程度問題

最悪を想定して日々を生きようとすれば、国も、会社も、個々人も、困難なこと、失敗を想定できることに手を染めなくなる。停滞と衰退を免れえない。最悪を想定する行き方は極端なのだ。出来もしないことを要求する。程度問題だという理由だ。（8・9）

251　ユニクロは「国賊」か？　国際競争で勝つには「賃下げ」が必要?!

円高である。輸入品が安い。衣食住の消費財だけじゃなく、石油をはじめとする原材料の価格が下がっている。日本酒は値下がりしていないのに、スコッチウィスキーが一〇〇〇円前後で旨いものが買え、五年前の半値感になった。外国製品だけじゃない。衣料も電化製品も、車も野菜等の食品まで、国外で日本企業が生産し、販売している。従業員の大半は現地人で、日本国内の雇用がどんどん失われている。前途、真っ暗じゃない。

△国外生産の必然

トヨタは自社製品の国内・国外生産比率を一対一にすると発表した。「発表」とはすでに準備段階を超え、実施段階に移っているということだ。一対二だってありうる。ユニクロは自社ブランドを世界の大都市で売りまくる。生産も販売も、そのほとんどは現地人でまかなう。邦人を雇うより賃金が安く、その能力も邦人に劣らない。こう明言する。

一九八〇年代のアメリカの自動車会社の衰退と、アメリカ人のジャパンバッシングを思い出す。安くて、故障しにくく、燃費がいい日本車である。アメリカ人も買う。当然だろう。しかし、日本車はアメリカのビッグスリーを窮地に陥れ、大量の雇用を奪った。日本車を買うな、だけでなく、日本製品を買うな、さらには日本はアメリカの「敵」だ、という反日感情が随所で爆発した。「高い給料を取って働かない」これが日本の対アメリカ人感情だった。

△技術の平準化

二〇〇〇年、渡米したとき、空港からのタクシーのなかで、突然、運転手に「日本の経済がダメなのは、日本人がレージー(怠惰)だからだ」と揶揄された。ムッときたが、アメリカの国民感情だろうと、グッとこらえた。
先日、ローカル列車に乗ったとき、「ユニクロは日本にも国民にも益をもたらさない」といって、ユニクロを国賊並みに大声で罵っている客がいた。日本車の世界進出・展開は、大競争時代を生き抜く必須の条件であった。結果として韓国、台湾、チャイナ等の近隣諸国だけでなく、世界中に、安く少故障良燃費車の生産を可能にした。これを「技術の平準化」という。かつては日本がアメリカの恩恵を受け（ただし日本人は感謝を表明したわけではないが）、現在は韓国やチャイナが日本の恩恵を受けている（ただし感謝を示していないが）。

△大幅賃下げの必然

では日本の国内企業と労働者はどんな態度を取るべきか。雇用にだけかんしていえば、「鎖国」をしくことは不可能だ。国内賃金を国際競争できる程度に下げて日本企業の国内回帰を図るのか、国外に職を求めるか、大別すればこの二つに一つである。いずれも賃金の大幅低下は免れない。

（8・23）

252　北海道に歴史がないって？　歴史は日々発見され、記録されてできるのだ

北海道は歴史が浅い。誇りにたる伝統などというものもない。日本は開国一四〇〇年近くなるが、北海道に「皇統」など行き渡っていなかった。日本ではないのだ。こんな通念がある（らしい）。ところがつい最近まで、僻村が、信州勢、秋田衆、越前衆ならまだいいが、「山本」（男爵の

所有地）だの、小野幌だのとせいぜい一〇〜二〇軒かたまって、生きていた。それぞれ正月の雑煮や祭る身仏が異なった。ローカリズムの世界だ。

△地域偏狭性

日本人の共通・共同の無意識つまりは歴史伝統と切れた、地域分散性というローカリズムに気づかない「自由」主義、気安いニヒリズム、これを思い切って断言してみれば、道民「意識」といえるのではないだろうか。井上美香の最近刊『北海道歴史ワンダーランド』（言視舎）を一読した初感想である。

北海道に歴史がないなら、アメリカやカナダはもちろんのこと、南米のすべての国にも、ロシアにも、中国共産党のチャイナにも、歴史伝統というようなものはない。だがアメリカは一方では新しがりだが、ギリシア・ローマ以来の歴史伝統を自国が守っているのだという選良意識をかかげている。チャイナはいうまでもなく四〇〇〇年を誇っている。

△伝統継承力

もちろん蝦夷には歴史がある。正しくは「歴史」は発見され、記し留められ、多くの人の記憶にとどまることができて、はじめて歴史になるのだ。ギリシア・ローマは歴史を誇るが、ヘロドトスやプラトンがいたからじゃないのか。彼らが残した＝書いたものを、英仏独等の西欧近代人が発見し、検証し、評価し、継承しようとしたからだろう。もちろんアメリカがすごいのは、その発見を引き継ごうとしているからだ。「パックスアメリカーナ」（アメリカのもとに平和がある）は政治経済軍事の場面だけではなく、歴史伝統を継承する意志にもかかっている。
△世界沿岸地図・最後の秘境
日本に、日本だけではなく世界の中心となりうるような「伝統」はないのか。もちろんある。蝦夷・北海道にないのか。もちろんある。

井上は、その冒頭に、「世界地図に最後に書き込まれた場所」、間宮海峡の発見を記し留めている。間宮林蔵は、樺太が沿海州（大陸）と陸続きの半島であるという「通説」を、苦難に満ちた探検で、孤島であると発見し、地図帳に書き記した。といってもこの「発見」は、彼の力だけによったのではなく、先人の多くの測量・探検家、あるいは江戸幕府や水戸藩等の国策の結果でもある。日本に歴史伝統がなければ不可能だったのだ。「伝統」の発見とは、事物の古さを競うことではなく、認識し、表現し、そして継承してゆくことだ。歴史は、言葉の本当の意味で、つくられる、日々創造されることなのだ。

井上の女力で、今後も北海道の歴史＝伝統の発見あることを切望してやまない。（9・6）

253　都鄙《とひ》戯歌　無惨なり　石はらあべ下の　町村プリンス

自民党総裁選がはじまった。共同通信がおこなった全国自民党党員・党友を対象とする支持動向の調査結果が発表された。石破茂（55）が三二・六％、地方票三〇〇の過半に迫り、石原伸晃一八・八、安倍晋三一七・五、町村信孝五・〇、林芳正一・七とつづく。本道出身で、外務大臣や官房長官を歴任した自民最大派閥をひきいる町村に、人気がないとは予想されたが、これほどまでとは、と驚いたのはわたしだけではないだろう。

△野田首相対自民

民主党代表選選は、野田の圧勝に終わるだろう。なにせ対立候補が悪い。出がらしだ。赤松（元社会党右派）、原口（小沢支持）、鹿野（政策は野田と同じ）だからだ。内政・外交とも野田にまさる自前のものがまるでない。

自民総裁は、民主党代表選に左右される。なぜ自民総裁は、谷垣ではいけなかったのか。第一の理由は、野田に負けていたからだ。同じ理由は、人気では№1と目されてきた石原にも当てはまる。石原が総裁になっても、谷垣＝野田の枠組み（三党合意）に引きずられ、総選挙が「近く」ならない。野田内閣が長引くと、石原自民の人気が落ちる。少なくとも高くならない。総選挙で圧勝は望めない。

△石破のポイント

石破が地方党員党友に人気があるのは、野田および民主党政権の最大欠点、外交・国防にブレがないからだ。国民と国家の安全と治安を守るために、日米安保を基軸に現法規で可能なことはすべてやる、という姿勢を崩していない。なによりも注目したいのは、民主政権の外交・防衛の失敗は、自民政権の「つけ」を支払わされているということにある。ロシア、チャイナ、韓国の近隣諸国と「摩擦」を起こさない、摩擦が起きても相手を刺激しない、こういう「穏便」な態度に終始してきたことによる。石破はこれと「多少」違う。

石破は議員のなかではさしたる票をもたない。だが橋本を破った小泉の例がある。じゃあ、石破が勝つのが日本にとっていいのか。石破首相が日本再生のキーマンになるのか。ひとまずは非常に難しいとだけいっておこう。

△可愛気がない町村

道民としてもっとも嘆かわしいのは、町村の不人気である。前回の選挙区では落選し、比例代表区の繰り上げ当選組である。実に情けない。地元でも、全国でも、マスコミにもまるで人気がない。一目瞭然、この人には「実」が見えないのに、目立ちたがり屋だ。どんなに政策通でも、官僚「操作」や人事の「機略」に長けていても、「大衆」（多数）の人気・人望がない。こういう人が総裁や首相になるのは、田中角栄のようなよほど強いキングメーカーがいる場合だ。ところが派閥の長だが、親分森の支持もえられていない。（9・20）

254 自民の安倍・石破コンビは、問責撤回・国債特例・定数是正、即刻できることをすぐやりなさい

九月二十六日、自民党総裁選挙は第一回投票で総数四九七（地方三〇〇、国会議員一九七）票のうち、石破茂（55）が地方（党員党友）票の過半数をえて一九九票、安倍晋三が一四一票で、両者の決戦となった。決戦は国会議員票数で争われ、安倍一〇八、石破八九で、安倍が新総裁となり、安倍は石破に幹事長就任を要請し、ここに安倍・石破の新コンビが生まれた。任期は三年である。

自民総裁選とこの新コンビの今後を占ってみよう。

△変化した党勢力図

谷垣は、よりまし＝ベターな総裁で、ベストな総裁ではなかった。谷垣を推したいわゆる「長老」(森・古賀・青木等)が、今回は谷垣のハシゴを外し、石原伸晃(幹事長55歳)をたてた。石原が、長老推薦者のせいで、議員票ではトップ・地方票はわずかの九六票で、惨敗した。地方票の僅少な町村信孝は三四票、林芳正は二七票にとどまった。結果、「長老」の交代は必死となり、世代交代で自民党は一気に若返りを果たす。

国民票にもっとも身近な地方票の過半をえた石破が決戦で敗れた。異常だという意見が多い。俗論だ。国政を仕切るのは国会議員だ。むしろ異常なのは自民議員が大激減し、議員票が一九七しかなかったことなのだ。

△即刻やるべきこと

新総裁・幹事長は、三党合意を打ち消す、首相問責決議に賛同した負の遺産を引き継いでいる。「近いうち」解散を実現するためには、首相問責決議を撤回ないし無力化する必要がある。旧幹事長石原が総裁ではないのだから簡単だろう。

問題は、定数是正をして違憲状態を解消する問題だ。民主は小選挙区で「〇増五減」、比例代表で「四〇削減」、一部に「小選挙区比例代表連用制」導入を盛り込んだ選挙制度改正法案を提出し、衆院で可決したが、自民は「〇増五減」に固執、参院で審議拒否した。その意図はどうであれ民主案のほうがぐんとよりましだ。公明も賛成できる。
かつて自民は小選挙区制に賛同したが、比例区の廃止あるいは定数の大削減は年来の基本政策である。「四〇削減」に異を唱えるのは異常だ。
△後がない野田政権
三党合意を実行し、自民が定数是正に賛成したとして、野田政権が「近いうち」解散をなし崩し的に引きのばすことは、ありうる。野田になくても民主議員にはある。最長は二十五年九月十五日まで、過半数割れで野田が政権を投げ出さないかぎり、実質的には二十五年度予算決定の可否が判明するまでだろう。どんなにのびても半年、のばせばのばすほど民主は総選挙で惨敗する。麻生政権が例示したとおりだ。自民新執行部はあわてず騒がずやるべきことをやれば、おのずと政権が転がり込んでくる。それにしても野田内閣改造はお粗末だ。

（10・4）

255 人生談義1　わたし、人生最後の「峠」にさしかかりつつあります

作家の丸谷才一が八十七歳、吉本隆明と同年で亡くなった。わたしが書き物で大きな影響を受けた人で存命なのは大西巨人（93）と長谷川慶太郎（85）だけになる。人は幸いなことに死ぬ。かぎられた時間を生きるのだから、四十歳で教職から身をひいたのが丸谷の幸運であったと思える。この人のレパートリーは実に広かった。小説、評論、翻訳、連歌等々、文壇政治にも長けていた。
△なにものでもない

人生に三つの「峠」がある。三十五歳、五十五歳、七十五歳だ。この峠をどう登るのか、登り切ることができるのか、でその人が見る人生の景色（ステージ）は大いに異なる。

第一の山が三十五だ。大学を出ても、仕事についても、まだなにものでもない。評価に値するようなことは成し遂げていない。この時期は辛い。

とくに人生において何か重要なことを成し遂げたい、その意欲もある、能力も多少なりとあると思っている人間にとって、何かを成し遂げ、それに値する評価をえていないことほど辛く切ないことはない。なによりも辛いのは、この峠を「いつ」越えることができるのか、まったく不確かなことだ。この不確かさがいつまで続くのかという不安だ。

△不意の手応え

それでも三十代のすべてをかけて必死に登ろうという意欲だけは欠かしたくないものだ。自分が進む道に奔命していると、「ある」とき「不意」になにか手がかりというか手応えのようなものを感じるチャンスが訪れるからだ。わたしの場合は谷沢永一『読書人の立場』を手にしたときだった。どんぴしゃりの三十五歳、なんの変哲もない本との偶然の出会いにすぎなかったが、峠越えの鍵をつかんだように思えた。といっても先になにが待ちかまえているのか、は不明のままであったが。

△「有」頂点

五十になるまで、意力まかせ、体力まかせであった。とにかく力勝負で、はいずり回るという表現がピッタリする。丸谷と違って小才である。仲間もいなく、過疎地に屋台を張る体である。ところが不意に評価がやってきた。哲学専属の気鋭の評論というレッテルがついた。追っかけるように本が売れ出した。注文がやってきた。もしこの時期、書き下ろしの長尺ものの注文がなかったなら、「有頂天」が高じて、あらぬ方角へ飛ばされていたと思える。

△余命・余録

五十五歳で、六十五歳で、この「仕事だけ」はするんだ、と決めた。七十歳になって、『日本人の哲学』の第一部を出すことができる。全十部、七十五歳までは続けることができるだろう。そうすれば七十五歳の峠を越える越えないは問題ではない。あとは余命、余録、プレゼントにちがいない。（10・21）

256　人生談義2　人生＝自分史は現代史に、日本史および世界史にあいわたる

岡田英弘（1931〜）は世界標準の歴史家である。モンゴル帝国をもって洋の東西を統合する「世界」の誕生とし、チャイナ＝唐から独立し最初の天皇となった天智の即位をもって日本が誕生したと記す。したがって「世界史」はまだ書かれていない、日本史は「日本書紀」とともにはじまるとする。くわえて「中国」という国は一九一二年はじめて生まれたという。異端かつ驚天動地の主張に思えないであろうか。

△『世界史の誕生』

Ａの人生はＡの歩いた道＝個人史である。Ａの作品（作ったもの＝作品＝業績＝work）である。岡田英弘の人生は、彼の労多き研究から生まれた精華（『世界史の誕生』『日本史の誕生』『歴史とはなにか』等々どれも読みやすい）を抜きに語ることはできない。

岡田の作品は、現代日本や中国（中華人民共和国や中華民国）を知る手がかりを与えるだけではない。チャイナの圧倒的影響のもとから独立し、自立した日本の歴史を知る決定的な手がかりを与える。それは岡田が、世界を、チャイナとりわけモンゴルや満洲を、そして日本をへめぐり歩く研究に明け暮れた結果、彼の人生の成果である。

△『日本史の誕生』

歴史とは「記録」（書かれたもの）である。西洋史はヘロドトス『歴史』、チャイナ史は司馬遷『史記』から、日本史は『日本書紀』からはじまる。だが歴史はたんなる事実の記述ではない。ものの見方である。日本書紀はチャイナ史からまったく無関係に日本が生まれたという見方のもとに書かれている。

じゃあ誤った見方から書かれた歴史は無価値なのか。そんなことはない。七世紀後半、隋・唐の侵略をなんとかまぬがれるため、国内統一を図り自立しようとした天武を中心とする支配者の意志が強く込められているからだ。ひいては日本の歴史が、チャイナ文明の圧倒的影響のもとで自立を保とうとして、つねに「反チャイナ」の見方で貫かれてきた理由でもある。

△『日本人の哲学』

こういう研究＝人生を閲してきた岡田の歴史家としての道は、国内外で「孤立」を余儀なくされてきたように思える。だが現在の鬱陶しい隣国＝中国との関係を理解するためには、岡田の作品を読む必要が不可欠であるのだ。最新刊『読む年表　中国の歴史』（ワック）をぜひにも一読されたい。

七十歳のわたしは七十五歳以上は人生の「余沢」と思っている。これを逆にいえば、余沢をえるにふさわしい「仕事」を仕上げたいと切望する。近々『日本人の哲学1　哲学者列伝』（言視舎）が出る。わが人生、ラストスパートの体勢に入ったかに思える。（10・25）

257　人生談義3　人生＝個人史が日本歴史の本源（ルーツ）に連なる感じをえるとき

一九七七年というからかなり前になるが、アレックス・ヘーリー原作のTVドラマ「ルーツ」があった。西アフリカのガンビアの一族に黒人クンタ・キンテが生まれ、アメリカに奴隷として売られてから南北戦争までの約一〇〇年間、一家七代にわたる軌跡を描いて、日本でもたいそう評判になった。といっても日本にはもともと「家系図」というものがあり、出自は社会的評価の重要な一環であった。

△ルーツ黒丸城

家系図、門地門閥などとは過去の遺物である。生家のルーツなんてナンセンス。私は私だ。核家族、単婚家族、単家族が主流で、「家系」など関心の的になりようもない。

まさにその通りである。わたしは、曽祖父が一二〇年ほどまえ越前福井の片田舎から札幌に流れてきて厚別（白石村字厚別）で一家をなした、程度の認識で自家の歴史をすませてきた。父母にルーツの黒丸城に連れて行ってほしいと懇請され、訪問をしたことがあった。ところがバブルがはじけ、本「家」は一家離散した。どこであれ「家」の歴史は衰亡する。これが自然感情であるかもしれない。しかし無関心のせいでもあるだろう。

△ルーツ源氏・書紀

それでもわたしは「家の歴史」に興味がある。年老いたからではない。消滅する危機にあるからでもない。エピソードなりと書き残しておきたいと思うのは、やはり『源氏物語』や『日本書紀』等を愛読したからだ。

『源氏物語』を時代小説として読む。一、光源氏のモデルは、醍醐天皇の皇子で左大臣まで進んだ源高明《たかあきら》（９１４〜９８２）である。二、直接のモデルは当代の藤原道長である。三、司馬遷の『史記』や『日本書紀』の歴史記述（皇統譜）を踏まえている。つまりたんなる王朝ロマンスではないのだ。書紀は日本（天皇家）が唐（皇帝家）から独立する宣言書だ。日本国と日本人のルーツ物語なのだ。

源氏や書紀を読んで日本と日本人のルーツにつながる。日本人の無意識（ＤＮＡ）をもつ。こう感じ取ることができるようになった。

△言葉の力

父母がいて姉妹につながる。妻がいて子どもにつながる。その同心円が波状型に拡大してゆく。最低でも二〇〇人になるのではあるまいか。だがほとんど没交渉である。これが当代の家意識だ。このエピソードを拾ってゆこう。

これとは別に、わたしより四代前まではっきりと出自がわかっている。しかしわたしの「直系」は別にして、「鷲田」という名を聞いただけでも「つながり」めいたものを感じてしまう。言葉の力だ。だがさかのぼっても四せいぜい五代前までしか「鷲田」はたどれまい。わたしがより強く源氏や書紀の言葉（共同の無意識）とつながる理由だ。

（12・10）

＊連載が終わった。およそ十年余好きなことを好きなように書かせていただいた。膨大な量になる。一度も訂正を食らったことはない。とりわけ編集部長鈴木義郎氏に感謝したい。

◆自民安倍政権のリベンジと混線

258　北海道・選挙区で自民・公明完勝！　比例区と札幌圏内で維新善戦！　民主完敗!?

十二月十六日の総選挙で、自民が（一一九↓）二九四で圧勝し、連立を組む公明（二一↓）三一を加えると三二五＝三分の二議席をえた。維新（一一↓）五四、みんな（八↓）一八、これら四党が躍進し、民主（二三〇↓）五七、未来（六二↓）九は壊滅状態に陥った。ねじれ国会のもとでも、自公政権は単独法案採決力をもつことになったのだ。

△マスコミの大罪

北海道選挙区で自民（一↓）一一、公明（〇↓）一と完勝し、「政権交代」を謳った前回選挙とは真逆になった。民主王国を誇った北海道である。予想外の結果か？　そうではない。共同通信や朝日新聞の世論調査と大差なかったのだ。夜八時の開票と同時に発表されたＮＨＫの「出口」調査は、選挙結果と寸分も違わなかった。これはなにを意味するのか。

マスコミが三大選挙争点とした原発・消費税・ＴＰＰが選挙民の選択肢と符合せず、争点は景気回復・社会保障・財政再建・安全保障にあったということだ。つまり景気回復を前面に出した自公を選んだ選挙民が正く、だからマスコミや政治談義屋の疑似選択の台上で踊った民主（とりわけ北海道）や未来の候補者が惨敗したのも当然の結果であったのだ。

△民主党の大罪⁉

民主の惨敗は「近いうち」選挙を断行した野田首相の責任だといわれる。ちがう。選挙をさらに延期したら、惨敗はさらに大きくなっただろう。たしかに民主の政権担当能力のなさが露呈した三年余であった。とくに鳩山・小沢、菅とその周囲の無能さは目を覆うばかりだった。しかし政権をはじめて担当してえた貴重な経験が、リアルな政治能力ある中核が、反転攻勢力が残ったのである。惨敗に学べば、民主選挙である。復活は必ずある。

△民主王国の崩壊？

北海道選挙区の民主は議席ゼロになった。わずかに比例で横路と荒井が復活するにとどまった。比例の得票率一八％余で、自民に八ポイント余の差をつけられた。〇五年「郵政選挙」で民主が大敗したときでさえ、道民主は選挙区で八議席をえたのだ。今回の道民主惨敗の第一戦犯は鳩山と横路である。民主王国というが、横路王国に鳩山や小沢が加わったのだ。その鳩山や小沢が消えた。じゃあ北海道民主の「再建」はあるか。

横路や荒井は旧社会党の思考と行動を色濃く残した「旧」人である。この二人を中核にした党再建の道は暗いといわざるをえない。しかも小沢派が抜けた民主には「新」人がいない。政権を取ってみて、重要なポストについてみてはじめてわかったのは、旧人たちが非能力口先集団であったことだ。「王国」の崩壊が一気にやってきた理由だ。この隘路をどう抜けるか。

△土建王国に転じる？

自民は圧勝した。相手の失策で勝ちを拾っただけではない。前回までの惨敗を顧みて、四、八、九区で候補者を絞ったこと、公明に一〇区をゆずって選挙協力を密にしたことがあげられる。それに前回一つになって戦った民主、大地、未来が相打ちになったことも大きい。つまりは選挙戦術が功を奏したのだ。だから完勝に喜んでばかりはいられない。

北海道自民が民主や大地と同じように、地域の特殊な利益を日本全体の利益に先立てるような主張を続けているからである。たとえばＴＰＰ交渉に「参加」することさえ反対する頑な態度だ。当選者の顔ぶりを見ると、またぞろ土建推進で官民癒着の弊に陥る危険が十分にある。かつての自民に戻るならば、つぎの総選挙を待たずに、来年の参議院選で、選挙民の鉄槌が下るだろう。

△維新の風が吹いた

北海道で維新はまったく準備不足であった。だが比例で一議席えた。奇跡か？　そうではない。維新は大阪選挙区で一二議席をえて自公の七を断然引き離した。比例区（全国）得票数で民主を抜いた。二トップというが維新の風は橋下にあることを証明した。橋下と都知事猪瀬との相性は、石原よりあう。大都市部での維新の健闘は、札幌でも例外ではなかった。無名の泡沫候補に等しい一〜三区の三人がともに第三位で、一、三区では大地を抜き、二区では民主に肉薄した。大都市札幌でも維新の風は確実に吹きはじめたのだ。最後に「未来」をもてあそんだ小沢に未来はないといいたい。

（12・19）

13年＝平成25

1　大学教員の賃金

＊◆『大学ランキング　2014』（朝日新聞出版　2013・4・16）

現状の問題点とその当面の改善策にかぎって述べてみよう。

1　大学教員の「賃金」は何で決まるか？

△大学教員には固有な「機能」（はたらき）がある。簡約すれば、①教授・准教授には研究・教育（課外・地域活動をふくむ）、②助教には教授の「補助」、③臨時教員には「教育」である。①②③で賃金体系が異なる。△問題は①である。日本の大学教授は「研究」をしてもしなくても同じ賃金体系である。その賃金水準は基本的に「生活費」だ。したがって「研究」費は多少にかかわらず大学内・外から「自前」で獲得しなければならない。自前で獲得せずに旺盛に研究している人は、生活費を削っているとみなしていい。△大学教授の賃金をその機能で決めようと思えば、「教育」賃金と「研究」賃金に分ける必要がある。問題はその比率いかんである。

2　賃金の大学間格差はなくなるか？

△大学間に賃金格差がある。同種企業間で格差があるのと同じだ。△格差を埋めようとすれば、経営者の手腕とともに、基本的に（よき就職先がある）よき志願者の集まる銘柄大学にする他ない。その基本はアダム・スミスが二五〇年前に喝破したように、教員自身が研究と教育の質を高めること以外にない。△教員賃金ランキングで上位を占めていても、「収入」以上に「待遇」のいい大学（教員賃金比率の高い大学）はいずれ凋落する。

3　「はたらき」に見合う賃金か？

△「賃金分だけはたらけばいい」という考えがある。わたしはとらない。「はたらきで賃金が決まる」といいたいのか。そんなことはない。「はたらき」（works = 教育と研究）には「評価」が必要だからだ。△成果主義は批判の的になるが、教育も研究も「成果」が問われる。「教育」は「量」=「時間」（もちコマ数）が評価を決める重要なポイントになる。研究では「時間」の長短は「評価」の尺度にはならない。「成果」だけが問題なのだ。△いい教育をするには訓練と研究の「成果」が必要だ。この成果を賃金に反映させる必要がある？

4　「評価」は賃金にどう反映《あらわ》れているか？

△「研究」の成果はわずかだが賃金に反映される。教授（賃金体系）にはX（五〜？）本、准教授（賃金体系）にはX〜二本（程度）、助教には〇〜二本（程度）の研究論文が必要だとされる。だが教授になってしまえば、研究成果と賃金は関係ない。准教授止まりでかまわないなら、研究成果を

示さなくていい。助教で採用されても自費で研究成果を出して教授になることもできる。△「教育」の訓練と研究の成果は勤務「年数」で賃金に反映されてきた。それ以上でも以下でもない。△研究の「成果」も教育の「成果」も「本数」や「年数」で評価され、その「質」は問われない。つまるところ大学教員には成果主義などと呼びうるようなものは、実質存在しない。

5　実質評価は必要か？

△教員の賃金に反映する教育と研究の「成果」を実質評価することが必要だろうか。必要だ。だが遺憾ながら至難のわざだ。第一、実質評価の確たる基準を設定できない。第二に、理事会、教授会や学科、「上司」、第三者機関が実質評価するのは至難だ。△専門が同質の同僚や他大学の教員なら実質評価は可能だろう。だが彼らに評価責任を負わせることは難しい。可能だとしても採用・昇格時にかぎられる。△アメリカのように、学長直属の部・科長のような評価査定を任された「上司」を設定しないかぎり、実質評価を下し、賃金に反映させることは難しい。賃金と「研究」成果を連動させることはさらに難しい。教育や研究の成果に見合った賃金体系は至難である。可能な場合も、基本給と「成果」給の組み合わせが関の山だ。

6　大学教員の賃金は高いか、低いか？

△大学教員は賃金形態でいうとサラリーマンで、労働の形態でいうとフリーランスに似ている。知的サラリーマンとしては、拘束時間が短い割に賃金が高い。フリーランスとしては、収入は安定しているが、どんなに頑張っても高収入は見込めない。△欧米と比較すると、日本の大学教員は拘束

時間も緩やかで、賃金も高い。日本の大学教員は気楽でいい稼業かというと、いいのだ。△だが一定水準の成果＝業績を残そうと思えば、どんなに時間を費やしても、研究費を費やしても、きりがない。仕事にきりがないと思える人間に大学教員資格がある、がわたしの持論だ。大学教授になって、気楽に趣味の研究をやりたいなどという人は、大学に来てほしくない。

7　任期制の導入と定員制の廃止は必要か？

△自助努力なしに定員は埋まり、経営は安定し、賃金は上がる。この異常状態はすでに去った。いいことだ。問題は教育・研究に意欲のある教員をいかに獲得してゆくかにある。「意欲なきものは去れ」を制度化する任期制が必要な理由だ。問題はプロに短期（フリーエージェント）、半プロに長期（育成）、落プロに短期（再生）の任期制を敷けるかだ。△規模（定員数）まずありきの教育ではなく、「入学数に見合う教員数」が正常である。定員制の廃止が必要になる。そのためにも教員が大学間を自由に移動することができる自由契約制が必要だ。

以上、大学の危機は、大学教育と研究の危機ではなく、その改善であり、とりわけ教員の質向上の飛躍台となりうる視点から考察した。日本の大学は斜陽ではない。半熟期をようやく超したのだ。

2 〔設問　日本国憲法の評価点と難点〕

＊『現代用語の基礎知識　２０１４版』（自由國民社　２０１４・１・１）

設問について以下のように応答させていただきます。

１　現憲法の評価すべき最大点は、かろうじて第一章に「天皇」を定めたことだ。ただしその主意が適正でない。皇統（＝皇室・皇位伝統）は日本建国以来の国体（憲法）のアイデンティティ（ＩＤ）であり、現行憲法がそれに従わなければならない「憲法原理」であって、あるべき日本国憲法に欠かすことができない「原理」（はじめ）なのだ。現憲法にも日本国民にも、この不動の歴史事実が忘れられている。

２　現憲法の最大難点は、その全体を貫く「国民主権」という思考だ。もとより「天皇主権」は憲法になじまないし、明治憲法にも存在しない概念である。

重要なのは、「法の支配」と「法治主義」（法治国家）を混同しないことだ。「法」と「法律」は異なる。「国民」も「天皇」も「法の支配」の下にあるので、日本に連綿と続く「法」（コモンロー）とは端的にいえば「皇統」のほかなく、現憲法は「立法」（法律）にすぎない。

３　現憲法でも「平等」は「法の下での平等」と規定＝限定されている。それが「真の平等」「実質的平等」の実現をめざす前提である、などと拡張解釈されてはならない。私有財産制を基礎とする「基本的人権」と、私有財産制を否定する「平等主義」を混同してはならない。
4　第二章、第九条に明記すべきは、自国と自国領土の防衛が国民の「義務と権利」であり、防衛のために国軍を保持するのが独立国として当然であるという思考だ。
5　付言すれば、以上の点だけでも、自民党の憲法改正案は憲法の体をなしていない。この党には今のところ改正をまかすことはできない。改悪を招きかねない懸念大である。
6　わたしは憲法改正論者だが、日本の憲法・政治学者、政治家、ジャーナリズムの無思想現状を考えると、憲法ならびに皇室典範改正は改悪に結果する危険がある。（13・9・11）

14年＝平成26

3　吉本隆明

1　隆明さんはいない　一人で歩くこと……

＊14・03・12　6：00〜7：30　横浜市緑区区民文化センター　主催：社会福祉法人「試行会」講演レジメ

1　「現在」の最も困難な問題に正面から立ち向かう
①吉本は、つねに人間大衆（の生活）に、世界（の生存）に、開かれた「現在」を対象に思考をする独立の自立者（free thinker）。
②吉本は、レヴィ＝ストロースやミシェル・フーコーよりも、グローバルスタンダードに思考す

る。
③個人にとっても、社会にとっても、世界にとっても、「現在」を開く＝解決する思考、これが吉本思考の大前提だ。

1・1　「現在」は消費資本主義である

「大衆の豊かさ」という視点＝①大衆が収入の五〇％を消費。②消費の五〇％以上が選択的消費（日本では六〇％以上）、③消費税の拡大が労働者に有利、④労働日の短縮（1／3〜1／2が休日）

消費資本主義は「乗りこえ不能」なのか？　吉本は不能といい、資本主義の不能を予測する。

ポスト消費資本主義は存在するのか？　吉本は存在する。わたしも存在するが、資本主義だ。

1・2　日本の「停滞」本当か？

①停滞＝デフレ：原因、社会主義の崩壊＝安い生産（労働）コスト、価格のグローバル化＝高いところ→低いところ、技術の移転：but、いずれ「平準化」してゆく

②国家を超えて＝ボーダレス→国家は開かれる。（ワシダ　同時に国家権益を保持しようとする。）

「平和」貴重だが、軍備拡充志向。

③産業構造の、高速変化→日本は突破可能：but、国際競争力にさらされる。

④日本と日本人は「停滞」しても生きてゆける→yes　but、これは予測不能だ：「生きてゆける」の意味いかん。

1・3　社会主義の崩壊　決定的

①「鎖国」は困難、一国中心主義は難しい。ロシアで起きたことは、チャイナでも起きている。
②「利潤」獲得をめざす資本の活動＝資本主義は、「過剰な欲望を無制限に発動しようとする」人間にフィットしている乗りこえ不能のシステム。最大利潤をめぐる戦いは不可避。
③社会主義は、社会主義政策であって、自由競争から生まれる格差の是正。したがって、社会主義「運動」（衝動）はなくならない。

2　家族の「現在」

2・1　対幻想＝性関係に基礎を置く、閉じられた関係

2・2　家族関係と会社関係は、「逆接」

会社にいいことは、家族に不都合だが、家族にいいことをもたらす。
家族にいいことは、会社に不都合だが、家族に不都合をもたらす。
いい会社人であり、同時にいい家庭人であるためには、よほどの「努力」を強いられる。

2・3　家族の崩壊　家族の再生産の必然（必要）に迫られなくなった

健康保険＋年金→家族の再生産を必然としなくなった。老後の生活の心配が無くなる。子どもが不可欠でなくなる。一人でも（のほうが）よくなる。

3　原発を「現在」問題としてみる

3・1　科学は自然の模倣にすぎない

①原子炉は自然の模倣：太陽も（その子の）地球も原子炉（釜）、エネルギーの「塊」である。

②原子力エネルギーは統御が困難だ、危険なエネルギー源。太陽も地球も、その自然力に任せるしかない。but、人間の技術はともかくも「釜」に閉じ込めることを可能にした。

③廃棄物の再処理技術の確立は「現在」までできていない。自然にまかせるしかない。しかし不可能か？　ともに「不十分」だが可能にしている。

3・2　科学の応用である科学技術には、科学性（自然の模倣）と応用性（倫理　政治）という、次元の異なる問題がある

①政治の次元で技術を捨てる、賢愚、どちらをとるか。

②政治と倫理の理念を振りまわすと、現在ある技術のほとんどを否定しなければならなくなる。飛行機、新幹線も、自動車も、自転車でさえ、さらには、あらゆる乗り物でさえ。

③技術文明を削減したり、廃棄した経験が、人間社会にはない。それをやるのか。

3・3　原発　反原発（科学）と反核（政治）を結びつける理念は錯誤だ

①原発も、ただの技術だと見極めるべきだ。

②統御には細心な注意を払う必要がある。しかし「万一」とか「想定外」を理由に「原発」を廃棄すると、どうなるか。水力、火力、「自然再生エネルギー」（風力、太陽光）に、万一や想定外はないのか。

③原発も、自然再生エネルギーではないのか？

2　吉本隆明・読書案内

＊『北海道新聞』夕刊　3・14

まず吉本隆明（1924～2012）の思想にスポットライトをあてましょう。読書案内のためです。吉本は難解だといわれます。でも理解したくない人が、知識人やマスコミに多いからでもあるのです。

案内といっても、膨大な著作のうち数冊限定で、書名（キー・ワード）にかぎります。

1　吉本ぬきに、戦後日本の思想を語ることはできません。しかも、十八世紀はイギリスのヒューム、十九世紀はドイツのヘーゲルが世界標準でしたが、二十世紀後半と二十一世紀は吉本が世界標準なのです。この時期、吉本と比肩する仕事をした人は、世界にまだいません。

2　吉本は「情況」＝「現在」（いま・ここ）が抱える、流動ままならない、複雑でやわらかく、鋭い対立を呼び起こす、最も難しい問題を考え、明解に答えました。

例えば、「不登校」「バブル」「差別」「性差」「原発」等々です。しかも「現在」の問題を、「世界史の中心の構造的変化」とのかかわりでとらえます。たとえば、「バブル」を高度＝消費資本主義の不可避の現象とみなし、その肯定面、大衆が豊かになった（生存に不要な消費＝浪費が生存に必要な消費＝必需を上回り、労働時間が劇的に短縮した）側面に光をあてます。

①「現在」は『重層的な非決定へ』（85年「重層的非決定」）

②「中心構造の変化」は『自立の思想的拠点』（70年「大衆の自立」）と『大情況論』（92年「消費資本主義」と「選択消費」）

3　吉本は流行問題を、時代の構造変化としてだけではなく、人間と世界の基本認識、つまりは哲学＝原理論としてもつかまえます。人間世界全体を、最新のグローバル・ネット社会を包括する「関係の絶対性」（「存在は実体ではなく関係だ」）の哲学で、しかも対自（自己）・対他・対《つい》（の三関係でつかむのです。独特なのは対＝「性」関係で、この関係抜きに家族は理解できないとします。

③「原理」論は三部作『言語にとって美とは何か』（65年）、『共同幻想論』（68年）、『心的現象論』（71年〜）です。人間の本質は「言葉」＝「幻想」である、言葉は関係の絶対性としてつかまれる、という要点をおさえてください。

4　吉本の思考力の源泉は、その独特の「読解力」、書物を読み解く力にあります。書物は世界の一要素、ときに中心の一つです。書物を読まない、読めない思考の功罪はとても大きいのです。

④「読書」は『書物の解体学』（75年「初期条件」）

二〇一二年三月十六日に亡くなった吉本の仕事＝著作から学ぶのは、これからなのです。

4　「帝国」の原理が「帝国主義」を超える!?

＊『北海道新聞』〔書評〕 10・5　柄谷行人『帝国の構造　中心・周辺・亜周辺』青土社　2014・4・24

1　著者は、ペルシア帝国の「周辺」にギリシア文明が、モンゴル帝国の「亜周辺」（周辺の周辺）に西欧ならびに日本の近代世界史システム（資本と国家と民族の三位一体）＝帝国主義が成立したと書く。これは「生態史観」（梅棹忠夫）や文化人類学等がすでに明示した歴史認識で、西洋＝文明・非西洋＝非文明とする西洋中心主義史観の否定だ。

では著者の独創はなにか。⑴世界史を「生産様式」（マルクス）の変化ではなく、より包括的な「交換様式」の変化で読み解き、⑵歴史遺物と化した「帝国」に新しい光（働き）を見出し、⑶マルクスやレーニンとは異なった方式で、十九世紀後半にうまれ世界戦争の危機をつねにはらむ帝国主義の克服をはかろうという志向だ。

2　ペルシア、秦、モンゴル等の「帝国」は、多くの部族や国家の統合（支配＝保護・福祉）体である。帝国主義のような一民族国家（英米独仏伊露日）の支配＝膨張とは異なる。著者は、対立・分裂・世界戦争を内包する帝国主義を克服するために、「帝国」の統合原理を高次復活すべきだとする。だがそれにとどまらない。

著者は、ロシア帝国の後継であるソ連（共産ロシア）とロシア国家共同体に、清帝国の後継である中共（共産チャイナ）とチャイナ国家共同体に、「世界共和国」（世界国家共同体）の祖型を見出すのだ。

3　こうして著者は歴史の遺物にすぎない「帝国」を歴史（文明）の中心に据え直し、さらに二十世紀末に歴史の悪夢として葬り去られた社会主義共同体（「帝国」）を歴史の闇から再浮上させる。マルクス者柄谷の「壮大な」試みだ。

だが「世界共和国」は、カントの「永久平和」・「国際連盟」、日本国憲法第九条・「国際連合」の理念を体現するといわれると、著者のあまりにも誇大な「観念主義」に呆然とするのはわたしだけではないだろう。

15年＝平成27

5　「甘夢」の捨てどころ

＊◆「日刊ゲンダイ」一〇〇〇〇号記念（10・8）

『日刊ゲンダイ　北海道版』創刊一万号記念、おめでとうございます。

わたしは、二〇〇一年十二月から一二年十二月まで、連載コラム「一刀両断」等をはじめ、政治経済・思想文化・歴史遺跡等の短期連載あるいは単発記事を書かせてもらいました。ほぼ一千本に達します。幸運でした。私の専門は哲学、とりわけ思想史です。旧説中心です。だがその哲学にこそ、最新ニュースとの切実な接点が必要なです。『毎日』（変化球）、『道新』（今を読む）、『東京』（大波小波）連載のあとにいただいたのが、本紙連載でした。この経験は貴重でした。感謝の他ありません。さらにこの記念号に誌面を与えられました。北海道の近景をテーマに、二三の存念を記したいと思います。

1　三人の首相候補が去って

北海道には「首相」の座を期待された三人の同世代政治家がいました。横路孝弘（41〜）、町村信孝（44〜15）、中川昭一（53〜09）です。二世議員で、父の節雄・金吾・一郎も傑出した政治家でしたが、私見では、三人とも親をしのぐ知力や地位をもち、道民の期待も大でした。だが、新時代を切り拓く、また「火中の栗」を拾う胆力をもつ政治家にはならず、北海道政治停滞の因を作りました。むしろ晩年は、前進の枷になります。

横路は、（旧）社会党のプリンスといわれ続け、道知事も歴任し、つねに旧社会党系の多数派の中枢にいました。国政でも「政権」を三度担います。でも、一度は自社「村山政権」に埋没し、非自民「細川政権」、さらには「民主政権」では、小沢一郎と結びます。いつも接着剤の役割しか演じられず、国・道政で、「失政」を招きました。

町村は、小泉首相を擁した自民党最大派閥を受け継ぎ、安倍政権を指揮する地位にありました。だが一度たりとも、「王手」を掛けずに終わります。道政では横路との直接対決を避け、高橋知事の後見役を任じ、「苦汁を飲むこと」を嫌って、道民の輿望を担う熱意を示さなかったのです。町村蹉跌＝失政の因です。

一世代若い中川は、政策立案力も、断行型の政治姿勢も、横路や町村より上と思えました。でも、父と同じように、「悪癖」で政治生命を断ちます。

三人のリーダーは、首相候補の任を果たさず、北海道に政治「無力」をもたらす元凶役を演じ、彼らより小粒の「模造」政治家しか育てなかったのです。彼らの死を、政治再生の絶好チャンスしようではありませんか。

2　文学王国「憂鬱」の核心

北海道は文学王国です。小説にかぎっても、出身者に、戦前は小林多喜二、長谷川海太郎（谷譲次＝林不忘＝牧逸馬の三役）、久生十蘭等が、戦後は、ベストセラーを連発した伊藤整や原田康子、三浦綾子、渡辺淳一、さらには現役で活躍する多作の、佐々木譲、東直己、今野敏、京極夏彦、藤堂志津子、宇江佐真理、桜木志乃等を生みました。でも、政治家ほどにも、パッとしません。しかし作家のせいではありません。

「北海道政治」などありません。同様に「北海道文学」なるものも存在しません。文学は地域に根をもつとはいえ、「個人大」、「日本大」、わけても「世界大」です。かつて谷譲次（長谷川海太郎）は「無国籍」を標榜します。小林多喜二は「国家を廃絶する」を標榜しました。伊藤整や佐々木譲の作品は、「国境」を超えたところに「国」がある、と考えているように思えます。日本の中で、歴史上、位置上、「国境」を最意識しなければならないのが北海道です。ところが、この「国境」

という特別な切迫意識に欠けているのが道民ではないでしょうか。「平和と民主主義」を金科玉条にするだけでは、すぐれた文学も、文学愛好熱も生まれない。こうわたしは考えます。

3　ファイターズが来たりて、笛を吹く

北海道にも「沸騰」が生まれました。〇三年八月、サッポロ（ドーム）を本拠地とするファイターズが誕生します。ジャイアンツ一辺倒だった北海道のスポーツ熱は、一変しました。しかもこの弱小球団は、〇六年、一躍リーグ優勝し、日本一になり、常勝軍団にはせ登ります。ダルビッシュ、中田、大谷という人気と実力をそなえたスターを輩出します。バブル崩壊後、これほど地域活性化に益したケースを知りません。

九六年創立され、九八年J1リーグに参入したコンサドーレ、一六年統一バスケットリーグの一部に加入なったレバンガに、今ひとつ人気がありませんが、「札幌」は集客能力抜群のスポーツ拠点になり、道民にその面白さとビジネス力のすごさを知らしめました。すごい！

4　観光北海道、足の整備を

一五年、海外からの訪日者数が、昨年（千四百万人）の五〇％増になると予測されています。道も例外ではありません。冬場の集客を見込める本道は、さらに有望なのです。

でも不安が先に立ちます。産業基盤が弱いといわれる北海道は、観光資源をフル活用して「観光立国」をはかるべきだ、とは長年いわれ続けてきました。そのチャンスがまさに到来したのです。だがその努力は、部分的場当たり的です。すでに観光客を収容する宿泊施設は、札幌近辺でパンクしています。

「資源」があっても、利用できなければ、宝の持ち腐れです。最大の弱点は、従来から指摘されてきたように、観光ビジネスに必須な接客サービス精神の欠如です。くわえて、最大不安要因は、輸送＝足の大本を担うＪＲ北海道が、「苦境」にあえいでいることです。対策とりわけ、道民の声援が必須です。

5 「不幸」意識の払拭

先進国は、八〇年代、生産中心から消費中心社会に入り、デフレ基調を続けています。これは自然過程で、政策や個人努力でどうなるものではありません。

消費中心社会への移行に対応できず、社会主義国が崩壊し、安価で良質な労働市場が近隣諸国で大量に生まれました。「大量生産」は日本の独壇場ではなくなり、海外に工場が移転し、あらゆる分野でリストラが進みます。当然「価格破壊」「人事破壊」が続きます。道も例外ではありません。官主導の「本丸」、御三家といわれた拓銀、北電、道庁が、破産やリストラの波に翻弄されます。国家に癒着した北海道の政治経済と道民生活にとって、痛切な新事態でした。でも、既得権を「失って」はじめて、自前の「再生」が可能なのです。二十一世紀も十五年を経過しました。日本はすでに「喪失」感の時代を過ぎ、「新生」のステージに立っています。道がその一端を担う北の翼なのです。

どうぞ、『日刊ゲンダイ』が、従来にもまして、異論や偏見をも含めた自由な議論に紙面を開き、この「新生」時代を生きる道民に光と熱を与えてください。期待します。

6　美的精神をふるわせる偉業

＊『東京新聞』〔書評〕11・1　長谷川宏『日本精神史』講談社　上下　2015・9・7

1　「日本精神史」。抱負多き主題である。上下・千頁、大作かつ書き下ろしだ。よく知られる和辻哲郎『日本精神史研究』が、正・続とも論文集であるのと好対照だ。たしかに両著とも、美術・芸能・文学を主軸に「精神の流れ」を扱う。長谷川の特長はなにか。三内丸山遺跡（二足歩行の共同体意識）から鶴屋南北『東海道四谷怪談』（江戸末期大衆の分裂意識）まで、日本列島一万年を超える「精神」の最頂点作品をすくいとり、それぞれを対象に即して存分に論じきり、間断のない一大長流に仕立て上げてみせたことだろう。

2　本書は、美術、とりわけ鎌倉までは彫刻、それ以降は絵画の叙述がめざましい。彫刻では「阿修羅像」（興福寺）や運慶「大日如来像」（円成寺）の「解読」（解説）が見事だ。遠近、前後、上下、左右、著者の眼は滑るように対象を自在に解析してゆく。（デジタル技術の援助なしには不可能に思える、分析ぶりだ。）対して、「源氏物語」や本居宣長等の文学作品解読は、一通りを超えていないように思える。そう、「源氏」を宣長の目線で追うだけに過ぎないようなのだ。「源氏」が「時代小説」（稗史）でもある、という視点が欠落しているからだ。

3　本書は「俗」の精神にも十分に目配りをしている。「阿修羅像」の解読を読みながら、あっ、夏目雅子像のモデルかな、と感じ、長谷川等伯「松林図屏風」が美術番組の映像描写とつながる美意識に違いない、と思えた。この印象は著者を貶めるものではないだろう。著者の意識は、モダーン（ミーハー）なのだ。和辻と違うところで、アカデミズムに足を掬われずに、ひたすらヘーゲルの主著をだれもが読める訳語で提供し、七十五歳、本書で屹立した著者の難業《レーバー》のたまものだ（と思える）。本書にも専門用語はない。日本語に通じた人なら、だれでも読める本だ。とりわけ全国に散在する美術館員にとって福音（基本テキスト）となるに違いない。読むべし。

16年＝平成28

7〔思想家の自画像〕

＊拙著『山本七平』（言視舎　2016・4・30）の「はじめに」

1　処女作にはすべてがある。

すぐれた処女作は、どんなに作者から離れているように見えても、「自画像」である。

吉本隆明（1924～2012）「マチウ書試論」（1954　『芸術的抵抗と挫折』1959）＝イエス（ジュジュ）はいつキリストになったか

小室直樹（1932～2010）『ソヴィエト帝国の崩壊』（1980）

丸山真男（1914〜1996）「超国家主義の論理と心理」（1946『現代政治の思想と行動』1964）

司馬遼太郎（1923〜1996）『梟の城』（1960）

イザヤ・ベンダサン『日本人とユダヤ人』（1970）

山本七平（1921〜1991）『ある異常体験者の偏見』（1974）

これら処女作のすべては、「いまだ何ものでもない」ものが「何ものか」になろうとして、「何ごとか」（something）を書き上げた成果である。しかも、「自伝」である。「立志伝」（a story of a self-made man）であり、「偉大なこと」（something great）をなし遂げる「端緒」である。と同時に、処女作には、作家が成就するもののすべての要素が含まれている、と断じてもいい。とりわけ山本がそうだった。その全作品は、「自分」（self made man）研究でもある。自分史を、暗黙裏のうちに、書く。これが山本の「立志」であった（と思える）。

2　日本と日本人の「履歴書」を書く。

しかし山本（「現存在」）は、「自分」からもっとも遠いもの、比較対象化された、日本と日本人の「歴史」を書こうとする。端的にいえば「日本と日本人とはいかなるものか？」に、日本と日本人とは異なる対象と比較＝相対させ、答えようとする。そうしてはじめて日本と日本人の「自画像」が書ける、とするのだ。従来の自画像に欠落したものを、民主主義（作法）と科学（作文）を、まったく異なった形で提示するに至る。

山本七平は、民主主義と科学と平和の「敵対」者のごとく語られることがある。少なくない。保守反動という人がいる。多い。天皇主義者で、軍国主義の復活を願う人間だ、と指弾する人がいる。とんでもないことだ。すべて、一読しないでする、読んでも「自分とは違う」と感じることから生じる「幻像」(imago)だ。

わたし(鷲田)自身の山本「像」は、七〇年代、八〇年代、九〇年代と変わらなかった。一読もなかった(?!)ので、「わたしとは違うな!」という幻像にとどまった。それが、二十一世紀になるまで、山本の著作を本格的に読まなかった、結果である。

わたしは仕事で(書くために)山本作品を読みはじめた。しかし、肝心なところを読み間違っていた。「ベンダサン=山本」としていたからだ。本書で訂正したい。できるなら、読者の皆さんにも、訂正してもらいたい。

本書は「山本七平への旅」である。かなり長い。でもていねいに辿れば、遠くはない。

17年=平成29

8　日本文学研究に燦然と輝く成果だ

＊全国小津安二郎ネットワークの会報『ニュースレター』102号　中澤千磨夫『精読　小津安二郎』(言視舎　2018・2・28)

1　もう何年になるか。旅先から絵はがきが送られてくる。わたしと家人宛だ。独特の筆跡の中澤さんからで、数十枚になる。全部が小津関係の旅だ。羨望の目で見てきた。わたしにはできない芸である。その中沢さんが小津論の二冊目を出した。前作の副題が「生きる哀しみ」であり、今作が「死の影の下に」だ。

一九六〇年代、マルクスやレーニンの「言葉」を金科玉条とするマルクス主義論に代わって、テキスト細部を精査する研究、マルクス「コンメンタール」（逐条的評釈）が現れだした。マルクス主義大解体の先駆けだった。中澤さんの映画（フィルム）を文学（テキスト）として読む試みは、映画研究変革の先駆けの一つだだが、最初の素晴らしい成果だ。これで、日本文学研究（評論）は、古代に折口信夫、中世に小西甚一、近世に中村幸彦、近代に亀井秀雄、現代に伊藤整、そして最現代に中澤千磨夫をもつことになった。こうわたしは推断する。中澤は亀井の学徒で、師を継ぐ者となった。

2　映画は読解可能なテキストである。プラトン研究の泰斗、田中美知太郎はプラトン作のなかに（のみ）作者の意想と人生を読み取る。『プラトン』（全4巻）がその成果だ。中澤氏にも田中と、テキストの種類は違うが、同じ軌跡を進み、同種のゴールに到達することを希求したい。

最新作で最もうれしかったのは、『父ありき』を冒頭において詳論していることだ。わたしが小津のなかでいちばん好きな作品で、ちょうどわたしの父が佐野周二（本名関口正三郎）と佐野の息子関口宏と孫の知宏は、ご丁寧にも、わたしの父とわたしと息子と年齢が重なる。舞台状況は異なるが、他人事には思われない作品だ。

一つだけ。「麦と兵隊」（火野葦平）をサブテキストに、小津と山中貞雄の邂逅と山中の死が南京大虐殺を場面として、くりかえし語られる。死者をおくる麦穂の波が現前に浮かぶ。作者（中澤も）は、その群れを「無」とよび「普遍」と記す。是としたい。ただ「集合意識」であり、「無意識」＝「普遍」とよぶと、もっといい。

3　じゃあ、作者中澤の「精読」が、映画を面白くするかというと、ことは簡単ではない。精読のない「読み」はつまらない。「精読」（穿鑿）に過ぎない読みは、つまらんちんだからだ。中澤の「精読」には、まだまだ、細部に神（全体）が宿る（だけ）式の、金太郎飴的言説が散見できる。もう少し、ゆったりした精査の構えが必要ではないだろうか。

本書最大の思想テーマは、「戦争に負けてよかった」だ。「反戦意識」にさまざまな階梯がある。わたしの父（の世代）は、「敗戦」でほっとしているのに、敗戦を呪った。わたし（の世代）は、「負けた方がよかった」で、負けたのはあんたたちのせいだ、だ。大言壮語する父親たちに向かって、生意気にも、政治家・軍人たちだけない、あなたたちのせいでもある、と言い放ったとき、ビンタは来なかった。

そして、鶴見俊輔のような、攻められたらホールドアップしようという、非武装非戦意識が徐々に強まっていった。中澤さんはわたしより一世代下だ。わたしより少しうえの人たち（例えば西部邁）は、「ヤンキーゴーホーム」であり、酔うと「軍艦マーチ」を絶叫する。わたしたちとも、中澤氏が「六二年は高度経済成長期のまっただなか」と書く意識（無神経）とも、かなりずれる。

9 「日本」の未来と「西洋」の終わり

＊〔書評〕『理念と経営』17・11　伊藤元重『伊藤元重が警告する日本の未来』（2017）ビル・エモット『「西洋」の終わり』（2017）

本二著のように、タイムリイで、バランスがよく、オープン・マインドな、時間と頭脳を費やすに値する書物は稀だ。どちらとも、トランプ政権の誕生後までを議論の視野に入れた、力作だ。ただしトランプ政権の保護主義（実はアメリカ・ファースト）への対応は異なる。伊藤は交渉相手に（できると）し、エモットは、「強権政治、孤立主義、移民排斥」と特徴づけ、主敵にする。ただこの興味ある論点には深入りしない。以下、一・二は伊藤、三・四・五はエモットを主対象に述べる。

1　人工知能（AI）の衝撃

「自動運転車」は、ごく少し前まで、オモチャの世界のことだった。たとえ部分的に（高速道路等で）実現しても、運転快感が奪われる、といわれる。だが自動変速車《オートマティック》の普及を考えてみればいい。利便に新快感が加わったのだ。

では自動運転を可能にする技術は何か？　ＡＩだ。その技術の主役は、ダイムラーやトヨタではない。ＡＩシステムを開発するグーグルだ。しかもグーグルに自動運転に必要な膨大《ビッグ》な情報を提供するのが、無数の個人が自動的に提供するスマホ等の位置情報システム（アンドロイド）だ。これは、裏を返せば、「個人のあらゆる関心がグーグルに筒抜け」ということだ。

すでにＡＩはあらゆる分野に浸透している。この自動知能＝機械＝システムは、少子高齢社会の労働力不足の解決の切り札になる。他方、日本の強みだった、「ものつくり」伝統の「破壊」につながる。人の手から、町工場から、仕事を奪う。

じゃあ、ＡＩ技術の進化に背を向けるのか？　できない。日本の産業も、日本社会も停滞し、衰退してゆく。人口減少に拍車が掛かる。

問題は明確だ。解決策は、日本がＡＩ技術の先進地になる以外にない。官民学・大中小零の農工商あげてだ。ただし日本には「自衛」力が弱い。その不可欠な一環、サイバー自衛力《セキュリティ》が脆弱だ。

伊藤の強調点だ。

2　「働き方を一新しなければ経済は変わらない」

伊藤は、経済活性化の決め手は「労働市場」改革にある、という。

ドイツは社会民主党政権下（「アジェンダ２０１０」）で、労働組合が決定権を握ってきた解雇規制を緩和した。産業界は競争力を大きく回復、労働生産性が上がり、失業率が低下、ドイツは再躍進の突破口を開いた。だが日本は、労働基準法の改正（03年）にもかかわらず、正規雇用に手厚いままにとどまっている。

労働力不足の時代だ。少子高齢化であるか否かにかかわらず、正規・非正規に関係なく、どれだけ多くの人が働けるのか、が重要だ。もう「人を使い捨てにするビジネスモデル」は終わった。生産性の低い企業は、労働者に逃げられ、廃業に追い込まれる。かくて、「同一労働同一賃金」というルールが否も応もなく浸透してゆく。伊藤はこう断じる。
3 「開放性がなかったら、西洋は繁栄できない。だが、平等がなかったら、西洋は存続できない。」
エモットは、日本のバブルを主題に、『日はまた沈む』（90年）と『日はまた昇る』（06年）を書いた、知日家のエコノミストだ。書題の「西洋」とは、「開放性」（openness）とその指針「平等」を理念とする社会のことだ。「強権」「孤立」「排斥」のトランプ政権出現は、西洋の「終わり」を意味し、この打倒なしに、「自由と豊かさ」を取り戻すことができない、という。

これは、安倍「一強政権」を、戦前の東条軍事独裁政権の再来とみなすほどには児戯的ではないが、明らかな一面化だ。トランプの主張は、アメリカ・ファーストだ。アメリカの変態でもない。米優先策《ファースト》は、アメリカの常態だ。これに反すると、修正の余儀なしということだ。その程度には、トランプ政権も柔軟で、開かれている（と、伊藤とともにいいたい）。

エモットは、「民主主義はその個人主義と釣り合いを取る鍵である。」という。だが民主主義も開放性も、個人主義（エゴイズム）の基盤である「私有財産」（わたしの命と財産はわたしのもの）

権のないところには、育たない。育ちすぎるとやっかいなのだ。

4　日本という謎

エモットは、グローバリストだ。七章「日本という謎」で、日本がグローバル化に遅れている事例を二つあげる。興味深い。

⑴英語による講義。ソウル大（韓）で七〇％、早大でその五分の一。

⑵日本の国内市場は大きい。国内で、「ガラパゴス化現象」＝年功序列賃金と終身雇用が幅をきかす。開放性に乏しい。

だが、日本は、韓や中と異なり、自国に蓄積された豊かな学知芸（arts and sciences）を自国語で伝え、かつ翻訳ＡＩソフトで英語に直し、自国語を守りながらグローバル化へと進むことができる、唯一の先進国ではないだろうか。

年功序列と終身雇用は、エモットも知るように、ガラパゴスだ。だが格差を小さくする社会のエトス（慣習＝無意識）でもある。ま、エモットには、分からないだろうな。

5　「あらゆるレベルと年代の教育は、平等を支える唯一の重要な柱であるとともに、国の存続に欠かせない経済的・社会的資源である。」

この知見はエモットの最大貢献だ。では、日本の大学受験における機会均等を、もっと評価してもいいだろう。「金」や「地位」で、合格を勝ち取れない日本の法・道徳だからだ。（17・8）

10　ロシア革命100年：われわれは何を学んだのか？

＊『季報・唯物論研究　141号』17・12

1　ロシア革命で、ロシア共産党は、マルクスが基礎を置き、レーニンが定式化した共産体制の「理念」を頭上高く掲げた。経済的搾取（生産手段の私的所有・賃労働と資本関係）、失業と貧困（市場経済・恐慌）、政治的支配（国家・暴力装置）、戦争（侵略・領土拡大・他民族支配）、宗教（イデオロギー）の廃止・否定だ。だが、真逆の体制、政治独裁・戦時経済・貧困の「平等」・国家哲学（マルクスレーニン主義を唯一の教義）等を実現した。一言でいうなら戦時国家社会主義体制だ。革命＝「解放戦争」国家だ。

社会主義ロシア（ソ連）は、第二次大戦の終末期、米英資本主義連合軍に参戦、独・日・伊基軸軍に勝利し、一気に社会主義勢力図を東欧・東亜に拡大した。ソ連は、ここでも、戦争＝解放＝革命を旗印にし、米と世界を二分する政治・軍事大国になってゆく。

一九六〇年代、世界の政治経済軍事文化勢力図が、米を中心とする資本制とソ中を中心とする社会主義制に二分されるほど、社会主義勢力は躍進した。同時に、資本主義を経ずに社会主義を実現するという新しい社会主義への道が提唱され、世界地図は、赤とピンクが過半を占めた。

2　だが社会主義は、社会主義のソ中内部分裂があり、資本主義との競争に破れた。特に八〇年代に本格化する情報社会に乗り遅れた。なるほど、この敗北は、一時的なもので、現存する「社会主義」の敗北ではあっても、社会主義の敗北ではない、ということも可能だ。たしかに、マルクスは、資本主義の発展・成熟を基礎に社会主義を構想した。だから、後進社会での「社会主義」の敗北はあったが、先進社会での社会主義は、これからだ、というように。

わたしもこの意見に条件付きで同意できる。レーニンの社会主義は、所詮「社会主義」(共産党の軍事独裁政治)で、理論的・歴史的錯誤にすぎない、と。ただしこの一党独裁制は、マルクスの社会主義論＝プロレタリア独裁論を引き継いだもので、民主制と相容れない、根本的に誤ったものだ。

3　九〇年に始まる社会主義の敗北・解体を「直接」決定づけたのは、「ペレストロイカ」だ。「ペレストロイカ」は、現実には、社会主義世界体制の解体と、資本制の政治・経済・軍事・文化メカニズムへの段階的同調過程であった。つまりその「原則」は、ソ連(ロシア民族)が国家として生き残るために、「社会主義」の放棄ばかりでなく、東欧同盟諸国の切り捨ても辞さなかったことに現れている。

では、「ペレストロイカ」に始まるソ・東欧諸国の「改革」を否定的に見るべきだといいたいのか。違う。「社会主義」を否定し、社会主義の新たな可能性を見いだすための不可避的な過程だったのだ。

だが「社会主義」の解体は、内部必然性が生み出した結果であるだけではない。世界史の中心構造の変化が生み出した一過程でもある。戦後四十五年を経て、世界は、「米ソ二極構造」から「米日独三極構造」への転換の道を決定的にした。「社会主義」は世界史の中心構造から脱落した。「社会主義」は、資本制の経済・政治・文化メカニズムを、端的にいえば、自由競争原理を導入しないかぎり、国家破産は免れない、と自己認識したのだ。だが導入の結果、大量失業と超インフレが国民生活を襲い、国民生活が破壊過程を歩んだ。

資本制のメカニズムに転換すること抜きに、この歴史困難を乗り切ることはできない。ソ連と東欧「社会主義」はこの選択に踏み切った。だがロシア革命の負の遺産は途方もなく大きく、社会主義諸国と国民に重くのしかかった。また六〇年代以降、「社会主義」の覇権をソ連と競った中国は、大胆な自由経済を導入しつつ、共産党・軍独裁制を維持し続けた。ロシア革命の、まだ解消されていない最大負の遺産が残ったのだ。その純粋形態が北朝鮮だ。

4　では、社会主義は、理念的かつ現実的に、不毛であり不能である、といいたいのか？　否だ。マルクスもいったように、社会主義は資本主義の達成のうえに打ち建てられるべき〈なにものか〉だ。ただしマルクスが「構想」した資本制とは異質な独立「社会」（「経済的社会構成体」）ではない。資本制の危機に対応する「補完物」（safety net）、すでに「社会政策」（social policy）とか「社会主義（政策）」（socialism）と呼び慣れてきたものだ。

ただし、この補完物が大きくなりすぎると、本体（資本制）の桎梏になる。資本主義の危機対応策として社会（主義）政策の拡充は必要だが、同時に対策の肥大化が危機の最大原因となるということだ。まさに第二次大戦時の独伊日の国家社会主義がそうだった。日本もロシア革命の負の遺産を引き継いだのだ。

ちなみにいえば、第二次大戦を、「平和と民主主義」対「戦争と独裁」、米英ソ連合軍と独伊日基軸軍の戦いとみるのは、浅慮をまぬがれえない。三つの社会主義、国家社会主義＝ソ連、国家社会主義＝日独伊、社会主義政策（ニューディール）＝米英、の巴戦だ。

5　社会主義の可能性は、資本主義の否定・切断のうえに成り立つのではない。否むしろ、資本主義の無意識の存在を前提にして、はじめて社会主義の意識的展開は可能となる。ここから、二つの哲学的命題が導きだされる。

一つは、縮小された欲望と消費、過小な「自然」を価値あるものとする人間論、社会論ではなく、拡張された欲望と消費、過剰な「自然」を内部受胎した人間論・社会論のもとで構想される社会主義だけが、未来を代表する、というものだ。端的にいえば、ブルジョア的欲望（唯物論）といわれてきたものを、それがどのようなものであれ、肯定的に評価することが前提になる。

第二は、合理と計画は、非合理（盲目性）と非計画の基礎のもとで、初めて可能になる。社会主義の基底部分（自然）は資本主義だ。社会主義の計画化とは、市場経済を前提としてものに他ならない。資本主義は、社会主義の無意識部分であり、自然なのだ。この意味で、土台である。この無意識の存在を前提したうえで、初めて、コントロールの問題が出てくるので、その逆ではない。

社会主義者は、資本主義の不断に生み出す欲望（エゴ）の自由を止揚する、ないしは、コントロールすることを好む。だが肝腎なのは、欲望の自由、とりわけ個人の欲望の自由を前提として、しかも、その存在を否定しないやり方でするコントロールだけが、肯定される。エゴの自由を、ブルジョア的特権＝腐敗として断じる心性や行動からは、不毛と悲惨しか生まれない。つまり、欲望の自由は、類的欲求、社会的公正さの基礎に置かれなければならないのであって、その逆ではないということだ。民主主義もまた、エゴの自由のもとに打ち建てられなければならない。

ここまでくれば、マルクスやレーニンが案出した社会・共産主義革命は誤っており、ロシア革命が人類史最大の悲惨さを生み出した理由も判然とする。

＊以上は、一九九〇年「社会主義フォーラム」の創立集会で冒頭演説し、一部から「裏切り者」との罵声を浴びせられた。それを文章化（「社会主義の可能性と不可能性」『経済と経営』札幌大学経済学会1991・6）したものをもとにしている。古証文だが、現在のロシア革命・社会主義に対する見解は、加えるところがあっても、変わっていない。

18年＝平成30

11 「孫に読ませたい一冊の本」

＊「文春アンケート」（『文藝春秋』18・9）

孫（の代）に読ませたき本はいくつもある。ただし一冊となれば、谷沢永一『紙つぶて』だ。

読んでもらいたい、読んで益するところ多い、と薦めたい本は、いくつもある。小説では、司馬遼太郎『花神』、開高健『輝ける闇』だ。評論では吉本隆明『大情況論』、岡田英弘『日本史の誕生』、山本七平『旧約聖書物語』、そして福沢諭吉『学問のすゝめ』がその一端だ。

だが「一冊」をといわれれば、書物コラム『紙つぶて』を挙げるしかない。本書は、広大無辺な書の世界を、六五〇字、類を見ないシャープな筆さばきで、その核心を抜き出し、縦横無尽に評し尽くすのだ。「どんな本でも三行に縮尺できる。」これが著者の口癖だった。そんな奇跡は、書痴で、近代文学研究者、書誌学者、人間・歴史・書評・時評通であり、愛（雑）知の人だった著者にしてのみ可能だった（と思える）。馬には乗ってみよ。人には添ってみよ。書物は手に取り読むしかない。

本書は、著者が論壇に登場した出世作（『署名のある紙礫』１９７４）から、単行本『完本 紙つぶて』（78）等をへて、文庫版『紙つぶて（全）』（86）また『紙つぶて（完全版）』（99）となり、一〇〇〇頁になんなんとする『紙つぶて　自作自注最終版』（２００５）となった。著者畢生の書なのだ。

あとがき

平成＝同時代史をつぶさに観察し、多少は調べ、考え、書いた。いま、その一部、コラム群をまとめてみて、あらためて感じる。一見して、「言いたい放題」ではなかろうかと。ただし悔悟ではない。なによりも平成とともに、書く・考えることを中心において、活きいきと生きることができたのだから だ。

わたしの観察の中心は、「書」を通じてである。あらゆる種類の書だ。哲学流とは、「読解」法のことだと考えている。一冊に魅了されたら、その作者の本群をいつの間にか読破していた。結果、コラムを書きつらねることもできた。

コラム連載が終わったのち、『日本人の哲学』（全5巻・10部）にとりかかり、二〇一七年、完成することができた。大げさにいえば、日本人の至宝「書」の解読である。だが、私念では、コラムによる「世界」の解読とつながる。直にだ。

コラム『平成思潮』（2冊）、『日本人の哲学』（5冊）、そして『書評集成』（3冊）が同じ出版社から続けてでるという幸運をえることができた。望外のことで、ひとえに言視舎編集長杉山尚次氏の配慮あってのことだ。深謝のほかない。重ねてお礼をいいたい。

平成30年11月1日　　鷲田小彌太

[著者紹介]
鷲田小彌太（わしだ・こやた）
1942年、白石村字厚別（現札幌市）生まれ。1966年大阪大学文学部（哲学）卒、73年同大学院博士課程（単位修得）中退。75年三重短大専任講師、同教授、83年札幌大学教授、2012年同大定年退職。
主要著書　75年『ヘーゲル「法哲学」研究序論』（新泉社）、82年『書評の同時代史』86年『昭和思想史60年』90年『吉本隆明論』（以上　三一書房）、91年『大学教授になる方法』（青弓社）、96年『現代思想』（潮出版社）、2007年『人生の哲学』（海竜社）、2012年（〜17年　全5巻全10部）『日本人の哲学』15年『山本七平』17年『生きる力を引き出す 超·倫理学講義』『【最終版】大学教授になる方法』（以上 言視舎）ほか、ベストセラー等多数。

本文DTP制作………勝澤節子
編集協力………田中はるか
装丁………山田英春

大コラム 平成思潮 後半戦
平成14＝2002年〜

発行日❖2018年11月30日　初版第1刷

著者
鷲田小彌太
発行者
杉山尚次
発行所
株式会社**言視舎**
東京都千代田区富士見2-2-2 〒102-0071
電話 03-3234-5997　FAX 03-3234-5957
http://www.s-pn.jp/
印刷・製本
モリモト印刷㈱

ISBN978-4-86565-132-4 C0036